浙江文化名人传记精选修订丛书

原 主 编：万 斌

执行主编：卢敦基

丹青圣手

黄公望 王蒙 吴镇 传

寿勤泽 著

浙江人民出版社

图书在版编目（CIP）数据

丹青圣手 ：黄公望、王蒙、吴镇传 / 寿勤泽著.
杭州 ：浙江人民出版社，2024. 12. -- ISBN 978-7-213-11800-5

Ⅰ. K825. 72

中国国家版本馆CIP数据核字第2024Z30L83号

丹青圣手：黄公望、王蒙、吴镇传
DANQING SHENGSHOU HUANG GONGWANG WANG MENG WU ZHEN ZHUAN
寿勤泽　著

出版发行　浙江人民出版社（杭州市环城北路177号　邮编　310006）
　　　　　市场部电话:(0571)85061682　85176516
责任编辑　卓挺亚
助理编辑　吴紫欣
责任校对　王欢燕　汪景芬
责任印务　程　琳
封面设计　王　芸
电脑制版　杭州天一图文制作有限公司
印　　刷　杭州富春印务有限公司
开　　本　710毫米×1000毫米　1/16
印　　张　16
字　　数　242千字
插　　页　6
版　　次　2024年12月第1版
印　　次　2024年12月第1次印刷
书　　号　ISBN 978-7-213-11800-5
定　　价　68.00元

“浙江文化研究工程成果文库”总序

有人将文化比作一条来自老祖宗而又流向未来的河，这是说文化的传统，通过纵向传承和横向传递，生生不息地影响和引领着人们的生存与发展；有人说文化是人类的思想、智慧、信仰、情感和生活的载体、方式和方法，这是将文化作为人们代代相传的生活方式的整体。我们说，文化为群体生活提供规范、方式与环境，文化通过传承为社会进步发挥基础作用，文化会促进或制约经济乃至整个社会的发展。文化的力量，已经深深熔铸在民族的生命力、创造力和凝聚力之中。

在人类文化演化的进程中，各种文化都在其内部生成众多的元素、层次与类型，由此决定了文化的多样性与复杂性。

中国文化的博大精深，来源于其内部生成的多姿多彩；中国文化的历久弥新，取决于其变迁过程中各种元素、层次、类型在内容和结构上通过碰撞、解构、融合而产生的革故鼎新的强大动力。

中国土地广袤、疆域辽阔，不同区域间因自然环境、经济环境、社会环境等诸多方面的差异，建构了不同的区域文化。区域文化如同百川归海，共同汇聚成中国文化的大传统，这种大传统如同春风化雨，渗透于各种区域文化之中。在这个过程中，区域文化如同清溪山泉潺潺不息，在中国文化的共同价值取向下，以自己的独特个性支撑着、引领着本地经济社会的发展。

从区域文化入手，对一地文化的历史与现状展开全面、系统、扎实、有序的研究，一方面可以借此梳理和弘扬当地的历史传统和文化资源，繁荣和丰富当代的先进文化建设活动，规划和指导未来的文化发展蓝图，增强文化软实力，为全面建设小康社会、加快推进社会主义现代化提供思想保证、精神动力、智力支持和舆论力量；另一方面，这也是深入了解中国文化、研究中国文化、发展中国文化、创新中国文化的重要途径之一。如今，区域文化研究日益受到各地重视，成为我国文化研究走向深入的一个重要标志。我们今天实施浙江文化研究工程，其目的和意义也在于此。

千百年来，浙江人民积淀和传承了一个底蕴深厚的文化传统。这种文化传统的独特性，正在于它令人惊叹的富于创造力的智慧和力量。

浙江文化中富于创造力的基因，早早地出现在其历史的源头。在浙江新石器时代最为著名的跨湖桥、河姆渡、马家浜和良渚的考古文化中，浙江先民们都以不同凡响的作为，在中华民族的文明之源留下了创造和进步的印记。

浙江人民在与时俱进的历史轨迹上一路走来，秉承富于创造力的文化传统，这深深地融汇在一代代浙江人民的血液中，体现在浙江人民的行为上，也在浙江历史上众多杰出人物身上得到充分展示。从大禹的因势利导、敬业治水，到勾践的卧薪尝胆、励精图治；从钱氏的保境安民、纳土归宋，到胡则的为官一任、造福一方；从岳飞、于谦的精忠报国、清白一生，到方孝孺、张苍水的刚正不阿、以身殉国；从沈括的博学多识、精研深究，到竺可桢的科学救国、求是一生；无论是陈亮、叶适的经世致用，还是黄宗羲的工商皆本；无论是王充、王阳明的批判、自觉，还是龚自珍、蔡元培的开明、开放，等等，都展示了浙江深厚的文化底蕴，凝聚了浙江人民求真务实的创造精神。

代代相传的文化创造的作为和精神，从观念、态度、行为方式和价值取向上，孕育、形成和发展了渊源有自的浙江地域文化传统和与时俱进的浙江文化精神，她滋育着浙江的生命力、催生着浙江的凝聚力、激发着浙江的创造力、培植着浙江的竞争力，激励着浙江人民永不自满、永不停息，在各个不同的历史时期不断地超越自我、创业奋进。

悠久深厚、意韵丰富的浙江文化传统，是历史赐予我们的宝贵财富，也是我们开拓未来的丰富资源和不竭动力。党的十六大以来推进浙江新发展的实践，使我们越来越深刻地认识到，与国家实施改革开放大政方针相伴随的浙江经济社会持续快速健康发展的深层原因，就在于浙江深厚的文化底蕴和文化传统与当今时代精神的有机结合，就在于发展先进生产力与发展先进文化的有机结合。今后一个时期浙江能否在全面建设小康社会、加快社会主义现代化建设进程中继续走在前列，很大程度上取决于我们对文化力量的深刻认识、对发展先进文化的高度自觉和对加快建设文化大省的工作力度。我们应该看到，文化的力量最终可以转化为物质的力量，文化的软实力最终可以转化为经济的硬实力。文化要素是综合竞争力的核心要素，文化资源是经济社会发展的重要资源，文化素质是领导者和劳动者的首要素质。因此，研究浙江文化的历史与现状，增强文化软实力，为浙江的现代化建设服务，是浙江人民的共同事业，也是浙江各级党委、政府的重要使命和责任。

2005年7月召开的中共浙江省委十一届八次全会，作出《关于加快建设文化大省的决定》，提出要从增强先进文化凝聚力、解放和发展生产力、增强社会公共服务能力入手，大力实施文明素质工程、文化精品工程、文化研究工程、文化保护工程、文化产业促进工程、文化阵地工程、文化传播工程、文化人才工程等"八项工程"，实施科教兴国和人才强国战略，加快建设教育、科技、卫生、体育等"四个强省"。作为文化建设"八项工程"之一的文化研究工程，其任务就是系统研究浙江文化的历史成就和当代发展，深入挖掘浙江文化底蕴、研究浙江现象、总结浙江经验、指导浙江未来的发展。

浙江文化研究工程将重点研究"今、古、人、文"四个方面，即围绕浙江当代发展问题研究、浙江历史文化专题研究、浙江名人研究、浙江历史文献整理四大板块，开展系统研究，出版系列丛书。在研究内容上，深入挖掘浙江文化底蕴，系统梳理和分析浙江历史文化的内部结构、变化规律和地域特色，坚持和发展浙江精神；研究浙江文化与其他地域文化的异同，厘清浙江文化在中国文化中的地位和相互影响的关系；围绕浙江生动的当代实践，深入解读浙江现象，总结浙江经验，指导浙江发展。在研究力量上，通过课题组织、出版资助、重点研究基地建设、加强省内外大院名校合作、整合各地各部门力量等途径，形成上下联动、学界互动的整体合力。在成果运用上，注重研究成果的学术价值和应用价值，充分发挥其认识世界、传承文明、创新理论、咨政育人、服务社会的重要作用。

我们希望通过实施浙江文化研究工程，努力用浙江历史教育浙江人民、用浙江文化熏陶浙江人民、用浙江精神鼓舞浙江人民、用浙江经验引领浙江人民，进一步激发浙江人民的无穷智慧和伟大创造能力，推动浙江实现又快又好发展。

今天，我们踏着来自历史的河流，受着一方百姓的期许，理应负起使命，至诚奉献，让我们的文化绵延不绝，让我们的创造生生不息。

2006年5月30日于杭州

目录

黄公望传

王蒙传

吴镇传

黄公望传

第一章　想从忆昔少年游

姑苏少年

黄公望是14世纪中国最为著名的画家与绘画理论家，也是中国古代山水画史上杰出的一代大师。

黄公望原姓陆，名坚，江苏常熟人。后来，出继浙江永嘉黄氏为义子，因改姓名，字子久，号一峰、大痴道人，晚号井西道人。曾为中台察院掾吏，被人诬陷入狱。后来，加入全真教，往来于杭州、松江、常熟等地卖卜。

黄公望是一位才情勃发的艺术家，他工书法，通音律，善散曲。绘画艺术上最精山水，宗法董源、巨然。常在虞山、三泖、富春等处，领略自然之胜，遇好景随笔模记。设色以浅绛居多。其水墨画运以草籀之法，苍茫简远，而气势雄秀，后人致有“峰峦浑厚，草木华滋”之评。

他还著有《写山水诀》，对明清山水画影响甚大，后人把他与吴镇、王蒙、倪瓒合称“元四家”。

12世纪后半期，蒙古民族崛起于漠北。宋开禧二年（1206），蒙古族领袖铁木真在斡难河源召开忽里勒台（蒙古语，意为“选举大汗和决定军国大事的贵族代表会议”），建立了蒙古汗国，铁木真被推为大汗，称为成吉思汗（蒙古语“海洋”或“强大”之意）。此后，蒙古汗国对外发动了一系列征伐战争。蒙古窝阔台七年（1235），蒙古军队经过近三十年的征伐终于灭亡了金朝。从灭金第二年开始，蒙古军便对南宋发动了全面进攻。

公元13世纪，北方的蒙古族在成吉思汗的领导下逐渐强大起来，向周边各政权发动了军事进攻，先后打败金、西夏，并且远征欧洲。中统元年（1260），成吉思汗孙子忽必烈即位后，蒙古的势力更加强大。至元八年（1271），忽必烈取《易经》“大哉乾元”之义，改国号为“大元”，次年将燕京（今北京）由中都升为大都。从此以后，元成为宋朝的北方劲敌。

南宋后期，特别是宋度宗咸淳年间（1265—1274），南宋的政治、外交、军事都已进入内忧外患的时期。朝廷内权相贾似道专权误国，政治黑暗，朝政昏昧，国家的重大决策尽决于贾氏私宅。社会矛盾与危机进一步加剧。

北方的蒙古在陆续征服西夏、金以后，对南宋的半壁江山形成了高压态势：蒙古军直驱南下，先后占领今四川、湖北、湖南等省的部分地区。1258年，蒙哥汗亲率军队，分三路大举攻宋。1259年，蒙古军队沿江东下攻取临安，形势日益明朗，7月，因蒙哥死于钓鱼城下，忽必烈急于北返以求稳定蒙古内部政局，所以接受了贾似道的和议请求，撤军北返。

经过几年整治和准备，忽必烈稳固了自己的统治地位，又开始了攻伐南宋的军事行动。从至元四年（1267）开始，蒙古军向长江中游的南宋军事重镇襄樊（今属湖北）发动了长达七年的猛烈进攻，终于在至元十年先后攻克樊城和襄阳。南宋自襄樊失守后，门户洞开。次年，忽必烈发布平宋诏书，命中书左丞相伯颜为征宋主帅，督诸军兵分两路大举南进。此时的南宋政权“主弱臣悖”，权臣贾似道独揽朝政，政治、军事衰败至极，根本无力抵抗元军的进攻。元军由汉水入长江，然后顺江东下，所向披靡。至元十二年二月，芜湖（今属安徽）丁家洲一役，元军一举击溃贾似道所率宋军主力，宋军精锐丧失殆尽。同年七月，阿术所率元军又于镇江（今属江苏）焦山大败张世杰等所率宋军，宋军的正面抵抗至此基本结束。德祐元年（1275）七月，宋恭帝终于将作恶多时的权相贾似道贬谪，安置于循州，贾似道后于漳州木棉庵被义士郑虎臣杀死。

同年十月，元军分三路进攻南宋都城临安（今浙江杭州）。左参政阿剌罕等率右军由建康（今江苏南京）出发，经广德（今属安徽）趋临安北面之独松关

（在今杭州余杭西北的独松岭上）；参政董文炳等率左路舟师取道江阴，由长江入海，经今上海地区绕行入杭州湾；伯颜督中军，由常州直下临安。十一月，常熟失陷。十二月，南宋谢太后遣使赴伯颜军营求和，被元军拒绝。元军兵临临安城下，宋廷上下人心震恐，右相陈宜中一意主和，几次遣使至元军营中，奉表称臣、称侄、称侄孙，但元军决意灭宋，和议自然成为泡影。文天祥、张世杰等主战派坚请三宫入海，愿率众背城一战，但为陈宜中所阻。至元十三年（1276）正月十八日，在陈宜中的劝说下，宋太皇太后谢氏遣使奉传国玉玺和降表至伯颜军中请降。

次日，张世杰率师往定海（今属浙江），继续抗元。宋度宗之子益王赵昰和广王赵昺在廷臣的保护下潜出临安，经婺州（今浙江金华）至瑞安府，辗转入闽。文天祥被谢太后任命为右丞相兼枢密使，使往元营面议降事，随即被元军扣押。随后，元军主帅伯颜分兵把守临安各处，包括南宋宫城，并将南宋马步军殿司及诸司军众分置元军。元军完全控制了临安。

二月四日，南宋正式无条件投降。谢太后应元军之命，诏谕未下州郡归降。元军攻占临安，宋恭帝以及三宫后妃嫔从被元军押往北方。五月，南宋将领张世杰、陆秀夫等在福州拥立益王赵昰为帝，是为宋端宗，改元景炎，继续抗元。1278年，宋端宗病亡，张世杰、陆秀夫军又拥立卫王赵昺。1279年，宋军在崖山被击溃，陆秀夫负帝昺投海而死，张世杰溺亡，历时320年的赵宋王朝灭亡。

宋亡以后，大批江浙地区的南宋遗民对元朝统治采取不合作态度，并采取非暴力的形式进行斗争。他们坚守民族气节，或沉迹草野，或遁入空门，拒绝征召和入仕，表现出不与元朝统治者合作的鲜明态度。不少南宋遗民通过诗歌创作来表达对故国的思念和对元朝代宋的悲愤。钱塘（今浙江杭州）汪元量，为南宋宫廷琴士，宋亡时曾随宋三宫北上，后归江南。他的诗集《湖山类稿》中充满了亡国的哀痛，如《钱唐》云："踯躅吞声泪暗倾，杖藜徐步浙江行。青芜古路人烟绝，绿树新墟鬼火明。事去玉环沉异域，愁来金碗出佳城。十年草木都糜烂，留得南枝照浅清。"禾黍之悲溢于字里行间。浦江方凤，宋太学生，入元后隐居教书，与谢翱、吴思齐等在浦江创月泉吟社，聚集两浙一带的南宋遗民，以诗歌创作来表达故国之思和抗节之情。他本人的《述志》诗有云："只因生在胡元世，岂将蓝缕换罗衣。壮怀落落还中止，高蹈悠悠且遁肥。”直白地表露出对元朝的强烈对抗情绪。

至元二十二年（1285），元江南释教都总统杨琏真迦在八月和十一月率河西僧两次挖掘在绍兴的南宋皇室陵墓，高宗、孝宗、光宗、宁宗、理宗、度宗六陵及诸皇后陵均被挖。他们劫取宝货无数，甚至断理宗头颅以沥取水银含珠。又裒陵骨杂以牛马枯骨，于杭州故宫内建白塔，号曰镇南。杨琏真迦的这一暴行，激起了绍兴等地人民的极大愤慨，一些遗民采取非暴力的形式与之斗争。当时正寓居绍兴的平阳（今属浙江）林景熙（宋太学释褐，曾任宋礼部架阁）与同里郑朴翁（宋太学释褐，曾任宋国子学正），乃相率为采药者行于陵上，背竹箩，手持竹夹，潜收宋陵骨。又铸银作两许小牌百十，以取赂西僧。收得高宗、孝宗两陵骨殖，盛以二函，托言佛经，于兰亭植冬青树以志之。绍兴唐珏，亦倾家筹资，夜集里中少年潜拾宋陵遗骨，以黄绢为囊裹之；复盛以木匣，分为六函，记明陵号，秘密移葬。林景熙、唐珏等人的行为，在当时得到了舆论的高度赞扬。明嘉靖年间，绍兴还建立起双义祠，纪念林景熙和唐珏这两位义士。

元朝是中国历史上第一个由少数民族贵族建立的全国性统一王朝。在建立统一的集权统治以后，蒙古统治集团依据民族的不同将全国人民分为四等，分别是蒙古人、色目人、汉人、南人。色目人是指西域各少数民族；汉人是指原在金朝统治下的北方汉人；南人是指原在南宋朝廷统治下的南方汉族人。

由于浙江地区南宋军民的军事抵抗和情绪对抗都比较强烈，元朝统治者在占领浙江地区的过程中及以后的一段时间内，除军事征服外，也通过一系列举措来安抚人心，以消弭对抗，建立和巩固统治秩序。为了加强对南宋故地的管理，元朝统治者采取了许多新政策。对于征服地区的南宋故官，元朝政府也量加录用。至元十五年（1278）六月，命“宋故官应入仕者，付吏部录用”。后来又采取了“宋故官纳诰敕，仍量授官”的政策。对于浙江地区有影响力的人物，元政府则通过荐举、征召等方式予以收罗，既有笼络南士之意，也有选拔人才之心。至元十三年，元御史大夫相威行台江南，“且求隐逸”。

至元二十三年（1286），江南行台侍御史程钜夫奉诏求贤江南，荐名士二十余人，属于浙江地区的有叶李、赵孟頫、张伯淳、孔洙等。通过荐举、征召而出仕的浙江名士，或任职于朝，或为官于乡，他们熟悉浙江地区的民情风俗，对元朝在浙江地区统治的巩固发挥了一些作用。如叶李不仅对元朝朝政多所建言，对元朝治理江南也提出过有益的意见。元世祖“欲徙江南宋宗室与大姓于北方”，叶李乘间进言：“宋已归命，其民安于田里，今无故闻徙，必将疑惧，万一有奸人乘衅而起，非国之利也。”元世祖遂放弃此事。

通过以上措施，加上严密的军事控制，元朝在浙江地区的统治逐渐得到了巩固，到元世祖末年，浙江地区的社会秩序基本上稳定了。

元代地方行政区划有行省、路、府、州、县及录事司。府的级别低于路，多隶于行省，也有的隶于宣慰司。州的级别高于县，其下可属县，亦可不属县。录事司设于路治，负责城市管理，级别略低于县。随着元军逐步占领浙江地区，浙江地区的行政体系也逐渐建立和完善起来。

当时浙江地区是江浙行省辖境的一部分。江浙行省的前身为江淮行省，其治所和辖地屡有变化，情况比较复杂。元军平宋之初，两浙路由伯颜主持的军前行中书省统治。至元十三年（1276）二月，行中书省承制在临安设置两浙大都督府和两浙宣慰司，对两浙地区进行军政管理。五月，元廷罢两浙宣慰司。六月，罢两浙大都督府，在临安设置具有地方管理机构性质的行中书省，管辖南宋故地，这便是江浙行省建制的开端。同年七月，元军下扬州（今属江苏），两淮地区相继为元军占领。十月，元朝于扬州设置行省，称江淮行省，又称扬州行省。临安的行中书省和江淮行省，均为管理南宋故地而设，前者管辖两浙，后者管辖两淮和江东。至迟在至元十五年十一月，临安、扬州两处行省合而为一，仍称江淮行省。此后，江淮行省的治所在扬州和杭州之间数次迁移，名称也屡有变动。至元二十六年后，江淮行省及其后身江浙行省的省治固定在杭州，再未迁徙。至元二十八年十二月，元朝于汴梁（今河南开封）置河南江北等处行中书省，江淮行省所隶江北诸郡改隶于河南行省。由于不再管辖两淮地区，故改江淮行省为江浙等处行中书省。大德三年（1299），元朝罢福建行省，其地隶于江浙行省。至此，江浙行省的辖区也最后稳定下来，大致包括今浙江全境、福建全境、江苏的苏南、安徽的皖南和江西的上饶地区。

元代的行中书省，“掌国署务，统郡县、镇边鄙——亦钱粮、兵甲、屯种、漕运，军国重事，无不领之”。江浙行省作为东南大藩，管辖的是元代最富裕的地区，其财赋“恒居天下十六七”。其辖区人口达两千八百七十余万，占全国人口总数的三分之一以上；其地又为当初南宋统治的中心地区，维护统治秩序和镇压反抗的任务也十分繁重。因此，江浙行省职掌之事比其他行省更为繁多。元人阎复说：“惟两浙东南上游，襟江带湖，贸迁有市舶之饶，岁入有苏湖之熟，榷货有酒盐之利，节制凡百余城，出纳以亿万计，实江南根本之地。盖两浙安则江南安，江南安则朝廷无南顾之忧。”元人柳贯也说：“省以江浙名而治于杭者，有地方数千里，统名城三十三，在江以南，屹为巨镇，而土贡方输之岁上京师者，尤为天下最矣。”在元代江南三省（江浙、江西、湖广）中，江浙行省的地位最为重要，是元廷统治整个江南地区的根本所在。江浙行省的治所几经变动后确定于杭州，这与杭州的地理位置及政治、经济地位密切相关。杭州处于江浙行省的地理中心，又是原南宋都城和政治、经济、文化中心，商业发达，文化昌明，加上地处沿海，便于海上交通和控制海外，因此是元朝统治东南地区的最佳省治。

元朝统一中国后，它的领土，“北逾阴山，西极流沙，东尽辽左，南越海表”，成为当时世界上疆土空前辽阔、国力空前强盛的帝国。忽必烈根据新的政治形势需要，在社会经济、思想文化等各个方面，都采取了新的措施，以稳固自己的统治。首先，元朝为了加强对地方的控制与管理，积极完备地方统治机构，逐步设立了行省制度。其次，元朝的民族政策有了新的发展。元灭南宋后，把原属南宋的江南汉人称为新人、新附人或南人，政治地位要比原来属于金国的汉人要低。在忽必烈统治时期，官方文书上虽然没有规定蒙古、色目、汉人、南人四等的记载，但等级区分是实际存在的。原南宋统治下的汉人，地位最低。

元朝统一中国后，面对蒙古统治集团推行的各项政策，江南地区士大夫的心态经历了剧烈变化。元代，社会上素有“一官二吏三僧四道五医六工七猎八娼九儒十丐”之说。在前朝一直具有“万般皆下品，唯有读书高”之社会荣誉感的文人士大夫，感受到了现实社会巨大的生存压力，他们的思想与心态经受了前所未有的煎熬。

文人士子的思想反映与现实抉择通常有两类情况。一种是面对异族统治的现实，他们既感悲愤，又感无奈，只得“泪泉和墨写离骚”，矢志守节，不仕元朝。郑思肖就是其中的代表。另一种则是，在审时度势之后，采取了融入新政权的举动，参与元朝政治活动。赵孟頫是其中的代表。

宋室南渡以后，江南的社会经济与文化教育得到了新的发展，中国的经济文化重心南移，长江下游地区日渐成为文化发展的重心。常熟北临长江，南接苏州，西邻无锡，东倚上海，境内地势平缓，气候温和，青山秀水，景色宜人。虞山峰峦起伏，琴川河穿城而过，雅园幽巷点缀其间，“十里青山半入城”，构成了一幅极为明丽和谐的吴中风情图。

黄公望出生于南宋度宗咸淳五年（1269），逝世于元至正十四年（1354），江苏省常熟市虞山镇人，其故居在今常熟市虞山镇东言子巷。

常熟被元军占领的那一年，黄公望只有7岁。在征服中原与江南过程中，元军烧杀抢掠，社会民众对此颇为恐惧，也产生了忧愤、仇视之情。少年时代的黄公望耳闻目睹宋元鼎革的历史剧变，思想上受到很大触动。

黄公望出生在一个普通的平民家庭，现存史料中均无关于他先祖资产、家庭财富等方面的记载，可见他的出身是平常而普通的。最早记载黄公望事迹的重要文献史料见于元钟嗣成的《录鬼簿》、杨维桢的《西湖竹枝词》和夏文彦的《图绘宝鉴》。

钟嗣成《录鬼簿》称：“黄公望字子久，乃陆神童之次弟也。系姑苏琴川子游巷居。髫龀时，螟蛉温州黄氏为嗣，因而姓焉。其父年九旬时方立嗣，见子久，乃云：‘黄公望子久矣。’先充浙西宪令，以事论经理田粮，获直，后在京为权豪所中。改号一峰，原居松江，以卜术闲居。目今弃人间事，易姓名为苦行净竖，又号大痴翁。公望之学问，不待文饰，至于天下之事，无所不知，下至薄技小艺，无所不能。长词短曲，落笔即成，人皆师尊之，尤能作画。”又称：“黄子久，名公望，松江人。先充浙西宪吏，后在京，为权豪所中，改号一峰，以卜术闲居，弃人间事，易姓名为苦行，号净墅，又号大痴。公之学问，不在人下，天下之事，无所不知，薄技小艺亦不弃。善丹青，长词，落笔即成，人皆师事之。”[①]

杨维桢是元代具有较高声誉的文人，个性鲜明，极具才情，精通典籍，学识渊博，书法绘画艺术兼通。他与黄公望两人惺惺相惜，长期保持着深厚的友情。杨维桢《西湖竹枝词》中记载：“黄公望，字子久，自号大痴哥。富春人，天资孤高，少有大志。试吏弗遂，归隐西湖筲箕泉。博书史，尤通音律图纬之学。诗工晚唐，画独追关仝。其据梧隐几，若忘身世，盖游方之外，非世士所能知也。”

夏文彦是元代著名的绘画史论家，原籍吴兴，后移居云间（松江），家富收藏，常年浸淫于宋元名迹，赏鉴品藻，百不失一，是一位具有很高艺术修养的学问家。他最重要的著作是《图绘宝鉴》，其中记载：“黄公望，字子久，号一峰，又号大痴道人。平江常熟人。幼习神童科，通三教，旁晓诸艺。善画山水，师董源。晚年变其法，自成一家。山顶多岩石，自有一种风度。”

在宋末元初这样动荡不安的社会环境中，一个生活在社会地位低下的南人区域的平民子弟，显然更容易早熟，也更能立志图强。

据两位与黄公望交往较多、相知较深的艺界好友杨维桢、夏文彦的记载，黄公望“天资孤高，少有大志”“幼习神童科”。儒家的入世思想深深融入黄公望的世界观之中，他曾有过远大的政治抱负和积极的进取精神。从黄公望幼习神童科的经历来看，面对江山易帜、蒙古统治者压制汉人的现实境遇，他的家庭为他选择的依然是通过科考跻身官场以求出人头地的士人之路。在读书中举之路上，他本是一位具有先天禀赋和现实竞争力的少年。因此，他的心灵成长之路必然是曲折多艰的，这在黄公望成年后存留的诗文文献中有着间接而隐晦的反映。

黄公望的里籍，从现存史料与文献来看，有四说：

一是常熟说。《新元史·文苑传》《录鬼簿》《吴郡丹青志》《宝颜堂秘笈》等都记载其为江苏常熟人。这一说旁证材料最为丰富，后世信服者最多。

钟嗣成《录鬼簿》中就说其“系姑苏琴川子游巷居，髫龀时，螟蛉温州黄

① 〔元〕钟嗣成：《录鬼簿》，文渊阁四库全书本。

氏为嗣，因而姓焉”。钟嗣成是元代著名曲论家，是一位有深湛学养的士人，他与黄公望相交，对其甚为熟稔。《录鬼簿》撰写成书时，黄公望61岁，还健在人世。钟嗣成之说，基本是可信的。

这里所说的姑苏是指现今的常熟。《大清一统志·苏州府山川目》称，琴川“乃常熟县地”，就是现今常熟市政府所在地虞山街道，因境内有七条小河流淌而过，其状极似七弦古琴，故名之曰琴川。明陈继儒《宝颜堂秘笈·笔记》卷二中，也承袭了钟嗣成的说法，他称：“黄公望，本常熟陆神童之弟，出继永嘉黄氏，故姓黄。”这些记载，把黄公望的籍贯、家庭状况、过继与人的历史、姓氏来由等情况都有介绍，有助于后人对黄公望生平的理解。

二是富阳说。称黄公望为富阳人，主要见于《杭州府志》与《无声诗史》。

三是衢州说。称黄公望为衢州人，主要见于董其昌《画禅宝随笔》。

此外，还有称黄公望为“徽州人”的，见陈善《杭州府志》。

因黄公望的生平活动都与浙江富阳、衢州有关，因而会被指为富阳人、浙西人，但这些说法还缺乏可信的依据，只能作为学术研究的参考。至于称其为“徽州人”，则更缺乏史料的支持。到现在为止，根据对黄公望相关几处活动地域的调查考察与文献资料的综合分析，常熟说得到了大多数绘画史学者的认同。

对于黄公望的生年，学术界基本没有疑义。对其卒年，主要有两说：

一种说法是黄公望在至正十七年（1357）还健在于世，主要理由是，黄公望自题《江山胜览图》云：“余昔于春日，往来于广陵淮海间，览江山之胜，恍然会心，遂与倪云林合参，先后凡十年，乃克成此卷，虽质之古人，亦差不愧。是图始于至正八年三月，竟于十七年仲秋十日也。大痴道人。”《武林新道志》（张冷僧钞本）称：“子久年九十，白发童颜，无疾归道。”

另一种说法是黄公望于至正十四年（1354），死于晚年居住地杭州西湖边的筲箕湾，后来归葬常熟，时年八十有六。其墓今在常熟虞山西麓。陈高华先生认为，这一说法尚需考证。

至于如王摒登《吴郡丹青志》称“黄公望字子久，常熟人，洪武中尚在”则缺失史料支持，不足采信。此外，还有好事者因黄公望信奉道教而敷衍出“羽化”“仙去”“蝉蜕”的故事，如：周亮工《书影》称“李君实曰：‘常闻人说黄子久……一日于武林虎跑，方同数客立石上，忽四山云雾拥溢郁勃，片时竟不见子久，以为仙去’”；孙承泽《庚子消夏记》载“人传子久于武林虎跑石上飞升”；方薰山《静居论画》载“辞世后，以有见其吹横竹出关，遂以为蝉蜕不死”。后人的这些记载只是一些臆想与传说罢了，从中反映出后来的文人士子对于这位艺臻化境的大画家的倾心仰慕。

官场受挫

从青年到中年时期，黄公望过着习艺求职、入仕为吏的生活，其中有比较长的时间是在浙江杭州、衢州一带度过的。

元朝稳固政权后实施的民族政策，对生活在江南的士人所造成的生活压力和精神痛楚是直接而持久的。元朝在近80年时间里不开科举，使大批秉承儒家思想传统、胸怀济世理想的江南士人经受了心灵煎熬。黄公望是其中一员，尽管“天资孤高、少有大志”“博学多能”（《山居新语》），“经史二氏九流之学，无不通晓”（《画史会要》），但他很长一段时间没有机会入仕为吏。

至元二十八年（1291）后，黄公望得到了一个入仕的机会，浙西廉访使徐琰赏识黄公望的才干，任用其为行署的秘书。《浙江通志》载：“元至元中，浙西廉访使徐琰辟为书吏，未几弃去。”《无声诗史》卷一载：“浙西廉访使徐琰辟为掾。”《录鬼簿》卷下称：“先充浙西宪吏”。在这段时间里，黄公望与诗人杨载结识，时常交往，同游于杭州、苏州一带。徐琰于大德三年（1299）被任用为翰林学士承旨，赴京履职。这之后，黄公望也离开了任所。

至大四年（1311）前后，黄公望又得到了一个任职机会，被江浙行省平章政事张闾任用为书吏。皇庆元年（1312），张闾赴京出任中书省平章政事，黄公望也随之入京，在御史台下属的察院任书吏。有论者称黄公望曾“从事经管并计划征收田粮工作，略具成绩，后即被提升到北京的尚书省，担任监察御史院的职务”[①]，这是不准确的。在元代，吏与官是有严格区别的。吏是具体的办事

① 温肇桐编：《黄公望史料》，上海人民美术出版社1963年版，第2页。

人员。黄公望当过吏，却没有做过官。他在浙西廉访司充当书吏，后来到大都，在御史台下属的察院也是当书吏。

元大都为当时的全国政治文化中心，黄公望任职于大都，虽因位低职卑而没有留下多少政绩，但是有了饱览大都风物、结识社会名流的机会，为他开阔眼界、提升画艺提供了有利条件。延祐元年（1314），张闾向仁宗爱育黎拔力八达建议，朝廷宜在各地恢复“经理”制度，力呈“税入无隐，差役开均”等好处，仁宗认可了这件事，于是“遣官经理”。

自元世祖忽必烈开始，至仁宗爱育黎拔力八达，都有一个共同点——不断择用官吏聚敛天下财富。据《元史·奸臣传》，元世祖任用王文统、阿合马、桑哥等，“挟宰相权为商贾，以网罗天下大利”，巧取豪夺，搜刮民财，充实国库，激起深刻的社会矛盾。王文统、阿合马、卢世荣和桑哥，四任宰相都因诛求太甚，树敌过多而遭杀戮。元仁宗时的张闾（一作章闾），也走了王文统等人的老路，不恤民情，恣行苛刻，结党营私。元仁宗延祐元年（1314），张闾建议经理田粮，元仁宗就派他“经理江南田粮”。他受命到江南后，“贪刻用事，富民黠吏，并缘为奸”，任意敲诈、加倍剥削百姓，以致民不聊生，盗贼四起，并爆发了农民起义。其中规模最大的是江西赣州的蔡五九起义。

仁宗惊恐，命令张闾率军镇压。台臣上奏仁宗，称义军之变全由官逼而起，蔡五九之变源于攸响马丁的“经理田粮”，官员“横加酷暴，逼抑至此”，请求仁宗停止在江南“经理田粮”。元朝政府害怕农民起义进一步扩大，被迫停止经理田粮，并将张闾治罪。过了一个月后，台臣又上奏元仁宗，称张闾“以括田逼死九人”。于是，仁宗下令将张闾下狱查办，一代贪官得到了应有的下场。这场政治风暴洗涤了腐败的人与事，但也祸及一些无辜的人，包括黄公望。在张闾被逮捕下狱治罪的时候，凡是跟随张闾到江浙行事的随员都受到牵连，全都被关进了监狱。张闾于延祐二年（1315）九月下狱治罪，黄公望入狱自然应与之同时。此时的黄公望已经47岁，萧萧秋风中，高墙深院内唯有凶狠的狱吏与冰凉的铁窗为伴。这对于一个“幼有大志”，才华横溢而又长期艰难地谋取一席晋升之地的低级小吏来说，人生也走到了绝望的边缘。黄公望“受累”入狱前后，向至交好友杨载倾诉内心烦闷，杨载书《次韵黄子久狱中见赠》，安慰和劝解大狱内的黄公望，给这位遭遇不幸的文友至交以精神的慰藉。

黄公望身陷囹圄究竟多长时间，史料缺乏记载。美术史论家王伯敏先生认为，黄公望在狱中时间“估计并不久远，所以黄公望在出狱之时，可能年龄还不到半百”。

黄公望此次遭遇的人生厄运对他的心灵伤害是巨大而直接的。他“通三教，旁晓诸艺”，长期以来期待通过科考博取仕进之路，艰难的生活一直没有磨灭这位南国士子的进取之心。他不甘心“老于刀笔筐箧”，但在他遭受牵连下狱的时候，元朝廷刚好举行了第一次开科取士，他因此失去了一次难得的机会。

对于元朝统治者网开一面开科取士的举措，有人一针见血地指出：“至于科目取士，止是万分之一耳，殆不过粉饰太平之耳。”[①]尽管如此，对于儒生士人来说，朝廷开科取士毕竟是难得一遇的机会。据记载，从仁宗延祐二年（1315）恢复科举考试，到元末一共开科12次，每次选送300名举人进京会试，包括蒙古、色目、汉人、南人各75名。额定取100名，四个等级各取25名，直接授予正八品到从六品官职。换句话说，每隔三年，汉人、南人能被授予官职的举子也仅50名。对身处江湖山林数量庞大的士人来说，这个数字确实是微乎其微的。

不难想见，这对仕途功名有着追求之心的黄公望当时那种绝望心情。他的好友杨载在延祐二年（1315）的科考中登进士第，显功扬名，这也给黄公望以强烈的刺激。绝望之下，他的思想发生了变化。

这里，我们可以对延祐年间的社会历史状况与基本特征作些分析，有助于进一步深入地理解黄公望思想发生转折性变化的内在动因。

元仁宗时期，由于蒙古统治集团的专制腐败，社会积弊日深。从元始祖以后，历代统治者的贪欲无节制地膨胀，国库入不敷出，民众陷入赤贫。官场腐败风气一日甚于一日。明初士人叶子奇目睹了当时社会情状，胸怀不平之气，在其著作中描述说，元自平南宋以后，太平日久，民不知兵，将家之子，累世

① 叶子奇：《草木子·杂俎篇》，转引自么书仪《元代文人心态》，文化艺术出版社1993年版，第248页。

承袭，骄奢淫佚，至于武事，“但以飞觞为飞炮，酒令为军令，肉阵为军阵，讴歌为凯歌。兵政于是不修也久矣！及乎天下之变，孰能为国爪牙哉”！可以说，当时的社会矛盾已经积重难返，江南有相当多的士人对元朝廷的政治幻想破灭了。这种社会氛围，无疑对经受了一场牢狱之灾的黄公望产生了深刻的影响，促使他断绝功名心，绝意仕进路。一个人到中年的士人，要下定绝意仕途的决心，肯定不是一天两天的事，但由于各种社会因素的刺激，最终痛下狠心“弃人间事”，则是那个时代一个底层士人身上必然发生的事情。

黄公望出狱后思想发生了重要的变化，他深感宦途风波、官场险恶，每走一步都要小心躲避陷阱，因而越来越接近佛道玄学，对待社会与人生变得超脱和淡泊。50岁以后，最直接影响他思想的要数当时社会上风行的全真教。

全真教起源于两宋时期，最早创设于南宋孝宗乾道年间（1165—1173）。创始人王重阳原来也是士人。全真教传到王重阳弟子丘处机时，由于受到成吉思汗的礼遇，发展成为元朝社会影响最大，对儒生士人感召力最强的宗教流派。历史学家陈垣先生称：“全真王重阳本士流，其弟子谭、马、丘、刘、王、郝，又皆读书种子，故能结纳士类，而士类亦乐就之。况其创教在靖康之后，河北之士正欲避金，不数十年，又遭贞祐之变，燕都亡覆，河北之士又欲避元，全真遂为遗老之逋逃薮。”[①]黄公望接近与接纳全真教，显然与他朋友至交的推介与引见有关，他的几位往来频繁的友人如张雨、杨维桢、方从义、倪昭奎等都早已成为全真教门中人。他们入教以后，在社会上的影响也越来越大，自然也影响了黄公望的思想和选择。

黄公望加入全真教是诚心诚意的。他做到了全真教所要求的“屏去妄幻，独全其真”，剪除乱心，炼性定心，加强自己的修炼。全真教有《立教十五论》：第一论住庵；第二论云游；第三论学术；……第七论打坐，述静坐之心得；第八论降心，述剪除乱心，而术定心；第九论炼性，述对于理性，应使得紧肃与宽慢之中；……第十五论离凡世，述脱落心地，是为真离凡世。[②]黄公望完全按

① 陈垣：《南宋初河北新道教考》，中华书局1962年版，第15页。

② 陈传席：《中国山水画史》，天津人民美术出版社2001年版，第273页。

照教义行事，虚精凝神，超凡脱世，慢慢解除了思想上的苦闷。

天历年间（1328—1330），黄公望与倪瓒同时入道。此时，倪瓒“玄窗谈禅”，黄公望则是“玄窗作画”。他与金篷头、莫月鼎、冷启敬、张三丰等道友往来频繁，诗酒相酬。黄公望拜金月岩为师。金月岩被时人呼为蓬头道人，《道藏目录详注》辑录了他的作品。黄公望有赞题其画像，称“普愿学者，唯师是式”，于此可见他对老师的尊重之情。他还在苏州天德桥设立了三教堂，吸收教众，相与宣教。据沈周记述：当时如有“三教之人，杂然问难”，黄公望就会“论辩其间，夙韵疏逸，口若悬河”。可以说，全真教在黄公望陷入迷茫绝望的时候“超度”了他，拯救了他，他也在精神复活后彻底成为一个虔诚的新道教徒，完成了人生的蜕变。

第二章　大痴胸次多丘壑

江南游子

在近五十年的生命历程中，黄公望经历了从“少有大志”到“试吏弗遂”再到“弃人间事”的曲折过程，最后他审时度势，选择了退隐于世而寄乐于书画的生活方式，他的人生打开了另一重境界。

黄公望出狱后云游四方，隐居江南。他的足迹所及主要在吴越两地，先后到过常熟、无锡、松江、南京、杭州、湖州、嘉兴、绍兴、富阳等地。王逢《奉简黄大痴尊师》称：“十年淞上筑仙关，猿鹤如童守大还。”由此可知，黄公望曾在松江栖居十余年。他在苏州天德桥开设三教堂，佛、道、儒三派思想并行不悖，这也是元代宗教发展史上的新现象。

吴越之地，山清水秀，物华天宝，黄公望游览其间，多次到过太湖、西湖、吴中天池山等名胜佳地。

天池山在今江苏省苏州市吴中区藏书乡境内，位于苏州城西30华里，山的东半部又被当地人称为“华山”，山上草木茂盛，青松夹道，景色幽雅。黄公望游天池山当在泰定年间（1324—1328），画了《天池图》。明高启《凫藻集》卷四《题〈天池图〉》小引中记云：“吴华山有天池石壁……元泰定间，大痴黄先生游而爱之，为图四、三本，而池之名益著。”黄公望从对仕宦生活的绝望中走出，转向会心的云游生活，手中画笔成了他抒发性灵的得意工具，对青山秀松、幽洞奇谷，他爱之赏之，形之笔墨。他所独具的写实画风也在逐渐形成之中。

尽管遭遇人生困厄，但黄公望一直保持坦荡直率、诙谐洒脱的个性，他疾恶如仇，深得时人好评。陶宗仪《南村辍耕录》卷二十四记载：“嘉兴林叔大镛掾江浙行省时，贪墨鄙吝，然颇交接名流，以沽美誉。其于达官显宦，则刲羔杀豕，品馔甚盛；若士夫君子，不过素汤饼而已。一日，延黄大痴作画，多士毕集，而此品复出。扪腹阔步，讥谑交作。叔大赧甚，不敢仰视，遂揖潘子素，求题其画。子素即书一绝句云：‘阿翁作画如说法，信手拈来种种佳，好山好水涂抹尽，阿婆脸上不曾搽。’大痴笑谓曰：‘好水好山，言达官显宦也；阿婆脸不搽，言素面也。’言未已，子素复加一句云：‘诸佛菩萨摩诃萨。’俱不解其意。子素曰：‘此谢语，即僧家忏悔也。’哄堂大笑而散。叔大数日羞出见客。人之鄙吝，一至于此，亦可怜已。”[①]从黄公望幽默冷峻的言辞中，可见其性情之一斑。

黄公望多次与友人游览太湖。杨维桢是浙江会稽人，为元代文坛颇具影响力的人物，他与黄公望是至交挚友。从杨维桢《东维子文集》中数次提到黄公望的地方可以知道，黄公望在60岁前后及77岁时与友人泛舟太湖，观赏湖山胜景。杨维桢《跋君山吹笛图》云：“予往年与大痴道人扁舟东西泖间，或乘兴涉海，抵小金山。”《望洞庭》诗序称：“乙酉（1345）除夕，余雪中望洞庭。”《望洞庭》诗曰：“琼田三万六千顷，七十二朵青莲开。（大痴）道人铁精（铁笛）持在手，啸引紫凤朝蓬莱。”《山居新语》（《武林往哲遗著》本）中记云：“黄子久公望自号大痴，吴人，博学多能之士，阎子静、徐子方、赵松雪诸名公莫不友爱之。一日与客游孤山，闻湖中笛声。子久曰：‘此铁笛声也。’少顷，子久亦以铁笛自吹下山。游湖者吹笛上山，乃吾子行也。二公略不相顾，笛声不辍，交臂而去。一时兴趣，又过于桓伊也。”画友倪云林栖居太湖之溪，黄公望前去探望，留下了多处踪迹。

---

① 〔元〕陶宗仪撰，李梦生校点：《南村辍耕录》，上海古籍出版社2012年版，第263页。

浙江踪迹

黄公望晚年居于浙江杭州为多，与钱塘江、富春江的感情最深。他与富春江结下了不解之缘，千古名作《富春山居图》是天时、地利、人和的精品杰构。据史料记载与实地踏访，富春江西岸与黄公望有关联的地方有今富阳区的里山坞、庙林坞诸地。王伯敏先生长期关注并研究《富春山居图》的创作与艺术描写问题，曾得到杭州画家王小摩提供的线索，得知富阳西南三山乡一带民间留存着与黄公望有关的“雨淋岩”传说。

据说，当年黄公望来到三山乡陆家村附近的山林，头戴竹笠，脚踏芒鞋，坐在一块奇峭的山岩上观赏山中景色，不巧下起大雨。黄公望陶醉于雨中山景，一直坐在山岩上观赏风景，久久没有动身，直到雨收云开，山色清空，才返回下榻处更衣。当地村民于是把这块岩石叫作“雨淋岩”。这个传说长期在三山乡一带流传，原富阳县文化馆史定荣同志曾多次到三山乡调查、征集相关素材。这个传说与李日华《六研斋笔记》中引陈郡函所言非常相似。《六研斋笔记》载：“陈郡函尝谓余言，黄子久终日只在荒山乱石、丛木深筱中坐，意态忽忽，人莫测其所为。又居泖中通海处，看激流轰浪，风雨骤至，虽水怪悲诧，亦不顾。”

这些记载中最引人注目的是“意态忽忽，人莫测其所为”及“虽水怪悲诧，亦不顾”数语，正反映出一位与山水为伍的艺术家情动于中而“思接千载”、遗世独立的独特状态，十分符合彼时彼地黄公望的生活情状。王伯敏先生对此有一段精到的评论，他说，其实黄公望坐于雨淋岩，又终日只在荒山乱石间，其“意态忽忽”时，正是他与自然同化的一瞬间。与其说他“痴”，不如说他“专”，正如石涛所谓“山川使予代山川而言也，山川脱胎于予也，予脱胎于山川也，搜尽奇峰打草稿也”，画家进入大自然之怀抱，产生了移情的作用。

里山坞之外，黄公望到过株林坞。株林坞位于富阳东北面，与富阳中心区相距15华里左右，东洲北岸，与大岭、庙山坞相邻。村子背山临江，是典型的江南山村，景致清幽，风光宜人。村外山峦起伏，丘壑逶迤，好似一幅山水长卷。富春江至东洲埠，中有沙滩地，形状尖长，沙洲之南边是富春江，之北面为富春江的里江。株林坞就面临里江，沿江而行，多有坡地，丛竹杂树、野花间发，山鸟相呼，一派江南山居风光。王伯敏先生曾在很长一段时间里观察此地，他联系画史与地方文献等，不断地分析推测黄公望在富春江畔的遗踪。他说："黄公望在自题《秋山招隐图》中提到他在富春山'构一堂于其间，每春秋日焚香煮茗，游焉息焉'。还说：'当晨岚夕照，月色当窗，或登眺，或凭栏，不知身世在尘寰矣。'在这个隐居处，还题匾额曰'小洞天'。小洞天是否即在株林坞，还得进一步查考。"王先生还引黄公望的诗作来印证，他说："黄公望有诗写道：'结茅离市廛，幽心幸有托。开门尽松桧，到枕皆丘壑。山色晴阴好，林光早晚各。景固四时佳，于秋更勿略。'与株林坞的景色相合，不能不引起注意。"①笔者曾于2005年秋在桐庐大奇山王伯敏先生寓所观赏王小川先生拍摄的富春江畔株林坞、庙山坞等地多幅照片，将其与《富春山居图》原件照片相比对，发现黄公望笔下的富春山景与现实的富春山景确有很多形神融通处，饶有佳趣。

与黄公望传说相关的还有一个地方叫庙山坞，位于株林坞之西，小山低丘，江流绕村，绿树丛竹中三五成群的村舍隐隐可见，风景清绝，也是一处赏景佳地。清嵇曾筠修《浙江通志》载："元处士黄公望墓在庙山。"至今，墓地已渺茫难寻。王伯敏先生认为，或许此墓是黄公衣冠墓，"不过从而可知，黄公望生前与庙山坞有过关系是无可异议的"。古人说，纸上得来终觉浅，有心者如果真的到富春江畔株林坞一带做番实地探访，无疑会大大加深对《富春山居图》这幅具有浓厚写实画风和抒情格调的千古名作的理解。

归隐湖山

黄公望在80岁以后，移居杭州，结庐于西湖之西的筲箕泉，与他的次子德

---

① 详见王伯敏：《黄大痴的"痴"及其他》，载《上海博物院集刊——建馆三十五周年特辑》(总第四期)，上海古籍出版社1987年版，第85—89页。

宏共同生活了一段时间。《无声诗史》《南村辍耕录》《常熟县志》《庚子消夏记》等文献，都称黄公望漫游西湖，叹山水之幽静，于是择地而居，“遂结庵其上”。

当年黄公望择地而建的居所所在地筲箕泉，今称筲箕湾，位于西湖西南角，赤山埠西北，法相寺南边。陶宗仪《南村辍耕录》卷九四载：“杭州赤山之阴曰筲箕泉，黄大痴所尝结庐处。”它是一处低矮的坡地，三面环山，呈凹形。坡地周围的山，北边的称兔儿山，远观山形似兔，草木青翠；南边的叫月沉山，也不高，青松新篁相生。此地水光山色，独得一个“幽”字，确为隐居避世的佳处。元代时，此地还有高丽寺。近年杭州市在重新整治西湖景区时，在筲箕湾又择地复建了子久草堂，茅檐低小，曲栏回廊，掩映在芭蕉杂树丛中，以供游人瞻仰。郑洪《题黄子久画》诗中云：“筲箕泉上青松树，犹复当年白版扉”，表达了对一代画坛大家的追思之情。段永誉《式古堂书画汇考》，记述黄公望曾作有《筲箕泉图》，可惜这幅画现已无法得见。[①]

晚年的黄公望据西湖之胜，往来吴门，时与画友诗友酬唱，内心是淡泊平和的，精神世界是超脱放逸的。他才艺杰出，精通画艺音律，擅长铁笛，风神潇洒、浪漫洒脱，在后人的记载中留下了不少艺文逸事。明末清初钱陆灿所修《常熟县志》，记述黄公望在故乡虞山“日沽一罂，卧于石梁，面山饮，饮毕投罂于水而去”。酒罂随流漂去，饮酒者的一腔心绪也随流水而去了，由此可见黄公望晚年率性随意的生活情态了。清黄嘉柱《一峰道人遗集》程无黍序称：“（大痴）每于月夜，纵饮独沅虞山胜境，援笔于烟霞出没之际，微吟于昏旦变幻之余。”鱼翼在《海虞画苑略》中记载：“（大痴）尝于月夜棹孤舟，出西郭门，循山而行，山尽抵湖桥[②]。以长绳系酒瓶于船尾，返舟行至齐女墓[③]下。率绳取瓶，绳断，抚掌大笑，声振山谷，人望之以为神仙云。”

黄公望至交杨仲弘《再用韵赠黄子久》诗中这样描述他：“尘埃深灭迹，霜

---

① 此据1984年春调查，当时邀请当地久居的老乡及基建勘察人员多人，费时一天半，走了筲箕湾周围各处。总之，如欲再访黄公望旧庵遗址，现在应以花家山宾馆为基点，然后四散寻访。详见王伯敏《中国绘画通史》，生活·读书·新知三联书店2000年版。

② 湖桥在常熟西门外，今已废。

③ 墓在常熟虞山山麓，由剑门北上。齐女即战国时齐景公之女孟姜。

雪暗盈头。始见神龟梦，终营狡兔谋。雪埋东郭履，月满太湖舟。急景谁推毂，流年孰唱酬?”可见黄公望晚年生活是常在越山吴水间游览旅行中度过的，他积储万千丘陵于一胸，以画笔写胸中块垒。

至正年间（1341—1368），黄公望已是七八十岁的老人了，这个时期，他虽然鹤发童颜，但体力与精力已大不如前，他自题倪瓒《春林远岫小幅》图曰：“至正二年十二月廿一日，叔明持元镇《春林远岫》，并示此纸，索拙笔以毗之。老眼昏甚，手不应心，聊塞来意，并题一绝云：‘春林远岫云林画，意态萧然物外情。老眼堪怜似张籍，看花玄囿欠分明。’”同年，自题追忆董源笔法而作的《夏山图》云：“今老甚，目力昏花，又不复能作矣。”此时的他不再频频出游，而是择地定居，在景幽境清的西子湖畔筲箕泉安定下来，度过晚年生活。

黄公望创作的诗歌，编集成《大痴道人集》，收入《元诗选二集》，又有《虞山黄氏五集》本。

黄公望的诗歌具有独特的艺术风格，一如他的画风，以清雅秀润见长，清郑抡逵《虞山画志》：“余家有子久《层岩叠翠》轴，林木苍秀，山头多矾石，是披麻皴而兼劈斧者，绝似虞山剑门奇险景象，想《浮岚暖翠山房图》不是过也。子久题李成《雪溪仙馆》云：‘大树小树俄变玉，千峰万峰忽失青。高人深掩茅屋卧，不羡围炉醉复醒。’题自画《江千帆影图》云：‘高阁崔嵬俯碧江，布帆归趁鸟飞双。寒烟古木攒秀峰，暗度晴光落短窗。’子久诗喜无元人填词习气。”[①]对黄公望清丽脱俗的诗歌风格给予了赞颂。

黄公望撰有画论《写山水诀》，概要地总结了前人和自己的创作经验，多有心得，在我国古代画论中，这是一篇历来受到重视的画学文献。他的好友陶宗仪将这篇画论收入《南村辍耕录》中，为我们保留了一份珍贵的艺术文献。

---

①〔清〕郑抡逵：《虞山画志》，卢辅圣主编《中国书画全书》第10册，上海书画出版社2000年版，第1005页。

第三章　谁道痴翁不解仙

儒道合流

中国古代的文人士子常处于各种政治矛盾与社会矛盾的夹缝之中，在仕与隐、君与亲、忠与孝、名节与生命、入世与出世、理想与现实等问题上经受思想斗争与情感的煎熬。这种来自思想深处的痛苦，一与中国古代社会长期处于专制集权制度有关，二与中国儒生士子的思想特点与思维特点有关。么书仪《元代文人心态》中认为，元代文人面对蒙古族君主和动乱年代，“所需选择的问题更加尖锐和复杂，内心的痛苦就更激烈，人格的分裂状况也更普遍。”因此，对于每一个元代文人画家，我们确有必要对他们在既定的社会历史条件下遇到的思想矛盾，特别是对文人与政治、与儒家传统观念之间的内在关系，以及他们在遭遇思想冲突时所采取的对策和做出的反应进行微观层面的剖析，以深入发掘、了解他们的名篇巨作之中包含的社会意蕴与情感因素。

黄公望生活的年代，文人与儒家传统价值观、政治观的联系上，遇到了巨大的挑战与变化。么书仪指出：“从南宋灭亡到元成宗时代，正是汉族儒生在元朝的境况逐渐恶化的时候。忽必烈对汉族儒生失去信心，老一代金莲川旧人渐渐老去，新一代围绕在太子真金周围的汉法派又遭到清洗。蒙古、色目贵族跋扈而且肆无忌惮，即使还留在朝中的汉族官员，也非常清楚自己不会有什么机会和作为，一般的知识分子就更不用说了。”[1]因此，“活动于这一时期的知识分子，特别是由南宋入元的，属于‘第四等级’的‘南人’书生，面临的矛盾特别复杂和尖锐。其中，最突出的是精神追求与物质利益、传统信仰的延续与客观现实的许可之间产生的严重错位……进入元朝的书生们在个人的际遇和前途失去了独一无二的封建模式之后，就不得不走向多样。他们不得不开始考虑为自己的前途作出别样的抉择，包括安排自己的生存方式和乱了套的内心世界在内，以争取获得内心与外界的和谐。”[2]

作为士人中的一员，黄公望的人生选择也受着时代与社会的制约，他也在一个相当长的时期内，在各种各样的思想矛盾中做着对于前程与“出路”的种种选择。他的身上有着两个方面的显著特点：

一方面，黄公望自幼接受儒家传统价值观念的洗礼与熏陶，“进而以功业济世”“达则兼济天下”的儒家思想在他的思想中根深蒂固，是他前半生的主导思想。自宋至元，朝代更替，山河易色，两宋时代崇尚理学的世风也逐渐让位于元代崇尚物欲的世风，但在儒生士子的精神世界深处，孔孟遗训一直是其坚守不变的核心价值观。

从黄公望“少有大志”，到师从大儒赵孟頫，愿做“松雪斋中小学生”，再到入仕为吏，他为仕途奋斗数十年，坚持不懈地以“进而以功业济世”为理想。这种思想在黄公望中年以前是极其明显的。以往的绘画史研究中，多有论者从简单的思想分析出发，批评以至批判黄公望因张闾事件受累而入狱一事，认定黄公望是“黠吏”，这是不符合历史事实的，是对古人的苛责。我们认为，把黄公望的仕宦生涯选择放到元代江南士人所处的历史大背景下来考察，特别是结合黄公望一生基本思想观念来分析，他入仕的种种原因是清楚明白的，“黠吏”一说并不确凿。

另一方面，因其后半生的人生选择，黄公望的思想融合了老庄思想与释家思想的特点，儒、道、释思想相融为一，这一个特点也反映在他同时代的其他

---

① 么书仪：《元代文人心态》，第225页。

② 同上书，第225—226页。

江南士子身上。黄公望的思想就是一面镜子，反射出了那个时代文人的思想特征。

从元代文人士子的思想趋势看，儒、道、释思想互相融合是时代使然。在元代知识分子阶层里，不论是身居庙堂之高，还是身处江湖之远，在世界观与价值观的深处，无不反映出三教合流的趋向。元初名臣耶律楚材先后辅佐成吉思汗与元太宗两朝君主，参与了元朝军政大事的决策实施。他信奉“以吾夫子之道治天下，以吾佛之教治一心”。南宋嘉定十四年（1221），他在辅佐成吉思汗执政时称：“穷理尽性莫尚佛法，济世安民莫如孔教，用我则行宣尼之常道，舍我则乐释氏之真如，何为不可也。”[①]

全真教徒

按照儒家的思想要求与道德规范，儒生士子“进而以功业济世……退而以名节励世”，穷则独善其身，无论进退穷通，都应该立身行道。然而，元代科举大门关闭，除少部分被朝廷征用的儒生之外，江南地区的大部分儒生都被摒弃于官场之外，隐逸成为儒生人生道路上的选择。在仕进之路上感到无望与失意的儒生就向其他适合于生存的思想生活方式靠拢，当时最普遍的方式就是向声势日大的新道教——全真教靠拢。

论述全真教的源流，需要追溯两宋时期道教繁衍发展的基本概貌。宋代，由于社会历史条件出现了许多新的变化，宗教的发展也出现了新的变化，尤其是道教。从道教的流派上看，有正一、上清和灵宝三大派，宋哲宗绍圣四年（1097），敕三山为“经箓三山”，形成了三家鼎立局面。南宗是对后世影响最大的道教内丹宗派，这时兴起于南方。其后，全真教在北方兴起。除“经箓三山”外，唐至宋初还有新创的北帝、神霄、清微、天心诸道派。

北宋初年，以符箓为主的道派正一派，逐渐受到宋代皇帝的重视。大中祥符五年（1012），宋真宗诏令改龙虎山真仙观为上清观。宋神宗熙宁年间

① 幺书仪：《元代文人心态》，第59页。

（1068—1077），加封正一始祖张道陵为“三天扶教辅元大法师”；宋徽宗崇宁四年（1105），册封其为“正一靖应真君”；南宋理宗嘉熙三年（1239）加封其为“三天扶教辅元大法师正一靖应显佑真君”，并命第三十五代天师张可大提举三山符箓，正一派从此取得了统领符箓各道派的地位。

大德八年（1304）元成宗敕封张道陵第三十八代孙张与材为“正一教主”，诏令张与材管领江南诸路道教，加授其为“正一教主”，主领三山符箓，正一派从此取得符箓道派的正统地位。

上清派创始于东晋中叶。上清派开创者如杨羲、许谧、许迈等本来都是天师道徒，魏夫人魏华存也曾任天师道祭酒。南北朝时，名士陶弘景（456—563）隐居茅山，为上清派茅山宗开宗立派，茅山成为上清派的中心。宋代，以茅山宗为主的上清派受历代皇帝的重视，代代宗师都获得皇帝所赐的“先生”号。宋真宗赐第二十三代宗师朱自英（976—1029）“观妙先生”称号；第二十五代宗师刘混康（1037—1108）得到宋哲宗、徽宗两位皇帝的赐号。宋代中叶以后，这一派势力渐趋衰弱。到元代，道士杜道坚入觐元世祖，奉玺书提点道教，住持杭州宗阳宫，皇庆元年（1312），仁宗授予其“隆道冲真崇正真人”称号。

灵宝派由晋代葛洪后人葛巢甫创立，因传灵宝部经而得名。葛洪著《抱朴子》内篇，宣扬神仙实有，提倡外丹和黄白术。灵宝派发展至南朝有著名道士陆修静。陆修静是一代道教宗师，他考订灵宝诸经，最后编成《灵宝经目》一书，上呈宋文帝。后人评价他“祖述三张、弘衍二葛”，继承了三张天师道和二葛（葛玄、葛洪）神仙道教两派的传统。灵宝派倡导斋醮祭炼之术，其影响要小于“经箓三山”中的其余两派。

全真教的创始人为王嚞（1112—1170）。王嚞字知明，号重阳子，后人便称其为王重阳。王重阳早年主要在陕西、河南一带活动，与道士交往，修身炼性，在终南山自筑坟墓修炼。金大定七年（1167），他正式创立全真教，收马钰、孙不二、谭处端、刘处玄、王处一、丘处机、郝大通为徒，为全真七子。全真教主张道士必须出家，但不重符箓，专重修身养性。全真教的特色是“三教合一”。王重阳传道或收徒，先让他们读道教的《道德经》《清净经》，佛教的《心经》，儒家的《孝经》。全真教以三教的经书授徒，说明其不但是三教合一的倡导者，也是三教合一的实践者。

元代，王重阳高徒丘处机被成吉思汗召见，成吉思汗对丘处机恩宠有加，赐号“神仙”，封为“长春真人”。丘处机居北京白云观，开“龙门派”掌全国道教，于是全真教的影响遍及天下。

王重阳的众多弟子中，马钰开“遇山派”，谭处端开“南无派”，刘处玄开“随山派”，王处一开“昆仑派”，郝大通开“盘山派”，孙不二开“清净派”。但以丘处机所开道派人数最多，影响最大。龙门派的代表人物有尹志平、李志常、张志敬等。元统一中国后，李道纯（1219—1296）被后世尊为“中派”始祖。他本来是南宗白玉蟾的再传弟子。他以南宗内丹理论为基础，吸收全真教思想，使南北内丹融合为一，完善了全真教的理论体系，对元朝后期的全真教产生了重大影响。

元初与元代中期全真教大盛，至元代后期，全真教与佛教多有摩擦，引起了元代统治者的不满，于是开始扶植天师道，令三十六代天师张宗演主领江南道教，全真教趋于衰弱。

晚唐以降，三教合一逐渐成为文化思想发展的潮流。无论是儒家、佛家还是道家，都有愈来愈多的人提倡三教归一，在他们的作品中，融摄三教的色彩日益浓厚。被誉为“千古丹经之祖”的道教宗师张伯端“幼亲善道，涉猎三教经书，以至刑法书算、医卜战阵、天文地理、吉凶死生之术，靡不留心详究”，具备贯通三教的知识素养。他的《悟真篇》前后序以及其《玉清金笥青华秘文金宝内炼丹诀》，都反映出三教合一的思想。在《悟真篇》自序中，他说：“岂非教虽分三，道乃归一？奈何后世黄缁之流，各自专门，互相非是，致使三家宗要迷没邪歧，不能混一而同归矣！”他认为，儒、道、释三家的根本之道原本为一，因此，要使三教之道“混一而同归”。三教在晚唐五代时期就已经互相吸收，渐趋融合，至北宋更有合流趋势，并且互相启发，互相引用。张伯端的人生经历也是三教合流的时代潮流的反映。他是一个由儒入道，由道参禅的道教学者。他自称：“仆幼亲善道，涉猎三教经书，以至刑法、书算、医卜、战阵、天文、地理、吉凶死生之术，靡不留心详究。”

张伯端认为：“释氏以空寂为宗，若顿悟圆通，则直超彼岸。如有习漏未尽，则尚徇于有生。老氏以炼养为真，若得其枢要，则立跻圣位。如其未明本性，则犹滞于幻形。其次《周易》有穷理尽性至命之辞，鲁语有毋意必固我之说，此又仲尼极臻乎性命之奥也。然其言之常略，而不至于详者，何也？盖欲序正人伦、施仁义礼乐为之教，故于无为之道未尝显言，但以命术寓诸《易》象，以性法混诸微言耳。”就本质来说，禅宗讲“明心见性”，张伯端讲“全性养命”，儒家讲“复性明理”。心理上都追求清静虚明，无思无虑；生活上都追求自然恬淡，少私寡欲。养气守神，这是儒释道三家都一致的，正如张伯端所说：“教虽分三，道乃归一。”

全真教提倡的“渊静以明志，德修而道行”“思辱含垢，苦己利人”“耕田凿井，自食其力”思想与黄公望的精神诉求是契合无间的。他非常乐意过一种“非俗非仙，半醒半醉”的生活。在元代出现的这股隐不绝俗的隐逸风尚中，黄公望也投身其间，选择了西湖绝胜筲箕泉作为隐居去处。

全真教与儒生士子有着天然的亲和关系。全真教友“乐从士大夫游”，与儒生士子结为“苍烟寂寞之友”，儒生士子则与教士们鼓琴咏歌，结为方外友，过一种身居尘世而精神超脱，栖身于人世又隐逸于尘间的适意生活。不难看出，黄公望加入全真教后，与张雨、杨维桢、曹知白、倪云林等友人频繁来往，同游湖山，精神上进入了自由而充实的境界。这个时期黄公望的思想不像50岁以前那样由入世思想占着主导地位，而是融合儒、道、释三家。他既保持着对生活的热情，与人切磋画艺，教授学生，同时又受老庄超越于物的思想影响，隐身湖山，卜居清旷，以乐其志，实践了“或隐居以求其志，或回避以全其道，或静己以镇其躁，或去危以图其安，或垢俗以动其概，或疵物以激其清”[①]的人生理想。当然，黄公望的生活方式不是个别的事例，以隐于西湖佳胜之地为例，前前后后的文人士子著名者还有鲜于枢、戴表元等。他们“脱身轩冕场，筑屋西湖滨。开轩弄玉琴，临池书练裙”式的生活与筲箕泉旁黄公望的生活是没有多少差别的。“元代出现的这一社会现象，是社会环境和知识分子心态在这一特殊年代的产物。它深刻地表明了相当一部分儒士在从政道路受到严重阻碍的情

① 〔南朝·宋〕范晔：《后汉书·逸民列传》，中华书局1965年版，第2755页。

况下，对自己物质生活和精神状态的出路的考虑。由于中国儒学的悠长传统和社会中确立的道德观念的制约，由于知识分子虽在艰难竭蹶之中，仍想努力维护自己的地位和名声的努力，以及在一个前景十分渺茫的社会中信仰、理想的崩坏，这部分人竭力想在物质与精神、享受与声誉、世俗与隐逸之间，寻求一道平衡的、两全其美的通道。这虽然不见得真能实现，但却表现了一种广泛的追求和意向。"[①]我们从黄公望前半生道路的选择中可以清楚地看到一位清醒的士子的人生安排，在一个找不到政治出路的年代，这是知识分子自我设计中最为稳妥的一条生活道路。有的学者认为，虽然黄公望"通三教"，但在他的思想里最牢固的是儒家思想。方外思想为表，儒家思想为里。他一生的所作所为，可以概括为："前半生是力求入世而'兼济天下'，后半生因出世不成而努力做到'独善其身'""或者说，在他的思想中，老庄和孔孟思想是始终并存的，只是在人生的不同阶段，二者产生的影响有所不同而已"。[②]笔者认为，这样的评价，是基本符合黄公望思想实际的。

① 么书仪：《元代文人心态》，第240—241页。

② 崔卫：《黄公望》，河北教育出版社2006年版，第57页。

第四章　故乡兄弟应相忆

吴门师友

黄公望性格豪放，喜爱结交朋友。他交游对象很广，与各个阶层的人都有交往，从名臣显宦、豪门巨富，直到贫寒士子、乡野村夫，三教九流，他都有结识的友人。这些朋友中，有同辈相识的，如曹知白、袁易、吴镇等；有忘年相交的，如王逢、王渊等；还有年长的师辈，如赵孟頫、阎复等；有诗酒唱和、相得言欢的至交，如杨维桢、王蒙、倪瓒等；也有切磋画艺、画技，联手创作的画界友朋，如张雨、张渥等。这些友人，对黄公望的思想观念、生活方式、画风画技，都有过直接而重要的影响。特别值得关注的是，这些朋友基本上以江南一带文人士大夫为主，这是具有深刻的社会现实原因和历史原因的，对此留待后面进行具体分析。

黄公望中年至晚年结识的文人士子以江南一地为主，首先来看他的吴门师友。

黄公望出生于吴地，少年时代生活成长在吴文化的土地上。商朝末年，泰伯、仲雍南奔荆蛮，建立勾吴国于华夏东南；六朝以前，吴地尚武近蛮；六朝以后，中原文化南移，给吴文化带来了冲击与影响。吴地趋文崇儒，民风大变，由崇尚勇武转向推崇文教，家家礼乐，户户诗书。尤其是自两宋以后，士风昌盛，成为全国文化最为发达的区域，文化积淀深厚，文教昌明，人才辈出。《礼记》说过："凡居民材，必因天地寒暖燥湿，广谷大川异制，民生其间者异俗。"大江南北区域文化中，吴文化有其鲜明的特质，它异于齐鲁文化，也有别于楚文化。它接近于相邻相接的越文化，但两者之间又有相异点。所谓"吴为周后""越为禹后"，两者的源头就有差别。黄公望是在吴文化的熏陶、影响下成长起来的。

黄公望结交的友人有：

1. 倪瓒与倪昭奎

倪瓒（1301—1374），原名延，后改瓒。字元镇，又字玄瑛，号云林、懒瓒、幻露生等，江苏无锡人。倪家为江南豪富，资产之富，甲于一乡。倪瓒长兄倪昭奎曾入浙西徐琰幕为僚，与黄公望同事。后又授学道书院山长。后来"以黄老为归"，加入全真教，元朝廷"特赐真人号"，成为道教的上层人物，享有很大的权力。家中筑有清闷阁、云林堂、逍遥仙亭、朱阳宾馆、海岳翁书画轩等。少年时代，倪瓒在兄长倪昭奎扶持下，攻习经史，"强学好修"，勤于读书，打下良好的知识基础。陶宗仪称他："先生自幼读书，过目不忘。暨长，群书博极，不事雕琢。"张端称他："多读书，礼乐制度，靡不究索。"顾瑛称赞他："酷好读书，尊师重友，操履修洁。"倪瓒作《述怀》诗云："嗟余幼失怙，教养自大兄。励志务为学，守义思居贞。闭户读书史，出门求友生。放笔作词赋，览时多论评。白眼视俗物，清言屈时英。贵富乌足道，所思垂令名。"黄公望与倪昭奎同任职于浙西徐琰幕中，因而成为倪家"清闷阁中一老友"，经常与倪氏兄弟一起欣赏阁中藏画，切磋画艺。黄公望与倪瓒相差32岁，但两人十分投缘，黄公望自叹"惟云林能赏其处为知已"。黄公望于至正九年（1349）在清闷阁中绘成的《楚江秋晓图》，让倪瓒心醉神迷，受到强烈的艺术感染："观其江乡野店，绝壑奇峰，复有匡庐、洞庭之想"；叹曰："清闷阁中更和一老友矣"，俨然是话语投机的忘年交。至正十三年五月，两人在清闷阁合作绘成《溪山深远图》。后来，又花更长的时间合作绘就《江山胜览图》。比较相近的价值观、美学观，促进了两人在绘画艺术上的互相影响和提升。黄公望早期作画注重湿笔运用，墨色浓重，到后期常常干湿并用，擅用淡墨皴擦，肯定受到倪瓒好用干笔枯墨的影响。今存倪瓒咏黄公望的诗作有：

题大痴画

山木苍苍飞瀑流，白云深处卧青牛；

大痴胸次多丘壑，貌得松亭一片秋。

黄翁子久，虽不能梦见房山鸥波，要亦非近世画手可及。此卷尤为得意者。甲寅春倪瓒题。

题黄子久画

白鸥飞处碧山明，思入云松第几层。

能画大痴黄老子，与人无爱亦无憎。

题大痴画

大痴画格超凡俗，咫尺关河千里遥。

惟有高人赵荣禄，赏伊幽意近清标。

（上引诗作见《清閟阁集》卷八）

题黄子久画

本朝画山林水石，高尚书之气韵闲逸，赵荣禄之笔墨峻拔，黄子久之逸迈，王叔明之秀润清新，其品第固自有甲乙之分，然皆予敛衽无间言者。外此，则非予所知矣。此卷虽非黄杰思，要亦自有一种风气也。至正十二年一月七日，与明道尊师谒张先生，出此示余，遂得纵观。东海倪瓒题。

（《清閟阁集》卷九）

2. 张中

张中（生卒年不详），又名字中，字子正、子政。松江（今属上海）人。张中在王逢的《梧溪集》中被提到多次，可知他擅长作诗绘画。夏文彦称张中“字子正，松江人，画山水，师黄一峰。亦纯墨戏”，可知张中与黄公望为师生关系，从黄公望处学习山水画。杨维桢记载他：“家有藏书及佳声楼，为延师纳友之所。”黄公望曾与张中合作一幅《松亭高士图》，有表华的诗作《题张子政、黄大痴松亭高士图》为证：

大痴老人天下士，结客侠游非画史。
酒酣墨沉写荆关，咫尺微茫数千里。
筲箕泉头鹤上仙，空遗宝绘人间传。
弟子颠张早入室，重冈叠峰开云烟。
太山斗绝何由缘，下有鸟道丹梯悬。
此中疑是避秦处，仰见茅屋岩崖边。
松亭蒿目者谁子？耳谱流泉横绿绮。
不知捷径在终南，每逢佳处辄留止。
我生亦有山水癖，吴楚燕齐遍游历，
风尘鸿洞难再往，坐对此图三太息。

（《耕学斋诗集》卷七）

从这首诗中可以想见，与张中的合作交流主要是在黄公望晚年隐居筲箕泉时，两人创作的这幅山水画作意境之清幽脱俗，引得“吴楚燕齐遍游历”的耕学斋主袁华也有感“风尘鸿洞难再往，坐对此图三太息”。

3. 曹知白

元朝末年，浙西有三个以招徕宾客而闻名的文士，一个是曹知白，还有两人是无锡倪云林和昆山顾阿瑛。他们邀集名士，诗酒唱酬，谈文论艺，在社会上产生了较大的影响。曹知白是其中影响最大的一位。

曹知白（1272—1355），字贞素，号云西，华亭（今上海松江）人。生于南宋咸淳八年（1272），死于元顺帝至正十五年（1355），活了84岁。大德中被荐为县学教谕。《贞素先生墓志铭》载：“尝游京师，王侯巨公多折节与之交，章辟屡上。先生悉辞，谢曰：‘吾闻燕赵多奇士，庶几见之，岂龊龊求官者比耶！’即日南归长谷中，隐居读《易》，终日不出庭户。尤喜黄老氏之学，扁其居曰：‘常清净’，曰：‘洼盈’，曰：‘厚堂’，曰：‘古斋’。盖于是超然有所得矣。晚益治圃，种花竹，日与宾客故人以诗酒相娱乐，醉即漫歌江左诸贤诗词，或放笔作图画，掀髯长啸，人莫窥其际也。四方士大夫闻其风者争内屦愿交。平居于姻族乡党，赠恤惟恐后。尤笃于友义，若文士许应元、李冲、刘世贤，诗僧崇古，生则饮食之，死则为治丧葬，罔不曲尽其情焉。”①

曹知白家筑有规模庞大的庭园。园内楼阁水榭，花木竹石，引人入胜。陶宗仪在《南村诗集》收有一首《曹氏园池行》长诗，计四十韵，详尽地叙述了曹氏园中诸景的堂名、斋名，堂名有“厚德”“玉照”“求志”“遗安”等，斋名有“玄虚”“淡然”“自立”“止”等，亭名有“楚涌”“暖香”“晋逸”“花竹间”等。《农田余话》卷上记载：“予外族曹云西处士，风流雅尚，好饰园池。有轩花木水石间，曰：洼盈，曰：洁芳。小楼曰：听春雨。有亭竹树阴森中，曰：息影，梅间曰：素笑。近水梅轩曰：清浅。橘中曰：楚颂。花木间有亭曰：遂生。花竹间有桥曰：蹑虹，曰：霞川，曰：月窦，曰：爱莲。命名皆清标不凡。惜乎其家废于己酉、庚戌，园林百岁巨木，佳花名果，辄自枯死，鱼鸟皆无复来止。”②曹家多蓄财富，喜欢延揽宾客，与名士艺人交往。当年的曹家庭院，常常宾客满堂，四方士大夫争相与曹家结交。曹云西也是一位乐善好施的厚道人，据杨瑀《山居新语》记载：“松江曹云西知事善书画。杭士李用之访之，歿于馆中。云西殓之正堂，葬之善地，亦希有也。”

元邵亨贞《野处集》卷二云：曹家“所蓄书数千百卷，法书墨迹数十百卷”，曹知白常常“幅巾野褐，扶短筇竹，招邀文人胜士，终逍遥于嘉花美木清泉翠石间，论文赋诗，挥尘谈玄，援琴雅歌，觞咏无算，风流文采，不减古人”。

曹知白精通画艺，博览史书，有很高的鉴赏眼光和书画技艺。他爱好诗文绘画，以学李成、郭熙为主。明代董其昌《画禅室随笔》卷二云：“吾乡画家，元时有曹云西、张以文、张子政诸人，皆名笔，而曹为最高，与黄子久、倪元镇颉颃并重。曹本师冯觐、郭熙。”元夏文彦《图绘宝鉴》称：“曹知白，字贞素，号云西。华亭人，画山水师冯觐，笔墨差弱，而清气可爱。有仆夏汲清，亦能画。”明何良俊《四友斋丛说》卷十六则云：“吾松善画者在胜国时莫过曹

① 〔元〕贡师泰：《玩斋集》卷十，清乾隆南湖书塾刊本。

② 〔元〕张冀：《农田余话》卷上，《元代画家史料汇编》，杭州出版社2004年版，第600页。

云西，其平远法李成，山水师郭熙，盖郭亦本之李成也。”现存曹氏作品有《群山雪霁图》轴、《双松图》轴（一称《松林平远图》）、《疏松幽岫图》轴等。王冕、柯九思、杨仲弘、王逢、袁华、倪瓒、吴镇、黄公望等都作有歌咏曹云西画作的诗歌，以下各举一例：

曹云西画《山水图》

王　冕

前年尝见云西画，今年始识云西翁；
文章惊世世所重，笔力到老老更工。
流水涓涓石凿凿，一啸长林风雨作；
岂云笔底有江山，自是胸中蕴丘壑。
昨日亭东白云起，怅望吴松满江水；
安得先生乘兴来，写我江南雪千里。

（《竹斋诗集》卷二）

题曹云西画卷

柯九思

东吴高士云西客，爱染长笺浅深墨；
空蒙不记山几重，万树疏烟气犹湿。
渔人举网溪流清，野老何来款素情；
上方钟磬出云表，归帆影落空江明。
前村鸡犬日已暮，黄叶秋风满山路；
个中妙境压古人，三复摩挲未能去。

（《元诗选三集·丹丘生稿》）

题云西画卷

吴　镇

云西老人清且奇，随意点笔自合诗；

高尚不趋车辙迹，新图不让虎头痴。
溪中有人空伫立，江上征帆归去迟；
何处溪歌声欸乃，碧云疏树晚离离。

（《元诗选二集·梅花庵稿》）

曹云西画卷

黄公望

十载相逢正忆君，忽从纸上见寒云；
空江漠漠渔歌度，一片疏林带夕曛。

（《元诗选二集·大痴道人集》）

曹云西《山水》

王　逢

世治多福人，时危多贵人。贵人乃鬼朴，福人真天民。
缅忆曹云西，生死太平辰。高秋下孤鹤，想见英风神。
菀菀露榉间，幽幽水石滨。桨打甫里船，角垫林宗巾。
往访赵松雪，满载九峰春。斯图作何年？援笔为嘅呻。
池废余野鸨，井渫摇青蘋。

（《梧溪集》卷五）

寄曹云西

杨　载

羡君卜宅远纷庞，长把丝纶钓大江；
粳稻色枯云惨惨，芰荷声急雨淙淙。
消磨岁月书千卷，傲睨乾坤酒一缸；
甫里当年遗帙在，交锋那肯竖幡降。

（《杨仲弘诗集》卷七）

云西老人《春山平远园》

袁　华

云西老人富文艺，博闻好古无仕志，
我虽不识尝梦之，矫矫丰姿虆磔猬。
驭风骑气上钧天，断缣尺楮人间传，
点染仿佛营丘李，重冈复嶂孤云边。
溪头春还雨新足，灌木苍苍柳将绿，
渔郎划船何处去，待向前村借书读。
人生富贵如秋烟，草木同腐良可怜，
老成典刑不复见，展卷题诗心惘然。

（《耕学斋诗集》卷五）

题曹云西画《松石》

倪　瓒

云西老人子曹子，画手远师韦与李。
衡门昼掩春长闲，彩毫动处雄风起。
叶藏戈法枝如籀，苍石庚庚横玉理。
庭前明月满长松，影落吴淞半江水。

（《清闷阁集》卷四）

题吕德常所藏云西《雪山小景》

黄　玠

前冈崭如削，后巘旋若顾。溪寒鳟嵘晚，雪没剡中路。
将无乘兴人，过彼幽栖处。应待月华生，却棹扁舟去。

（《弁山小隐吟录》卷上）

4. 袁易

袁易（1262—1306），字通甫，江苏苏州人，幼习经史，博通六艺，曾任石洞书院山长，后隐居于故乡。袁易与赵孟頫订交，后又与黄公望相识，在诗画技艺上多有交流切磋。袁易著有《静春堂诗集》四卷，留下不少优秀的诗篇，其中有《独坐怀黄子久》，今录其一，以资参考。

良友多隔阔，邈若参与商。众中见快士，蔚然江夏黄。
词章发华藻，眉目宛清扬。如瞻晨星辉，烨烨吐寒芒。
相逢车马边，俗尘不可障。欲申慷慨怀，告别复忽忙。
具区薮泽深，高天云路长。愿为双鸿鹄，与子俱飞翔。

（《静春堂诗集》卷四）

5. 姚文奂

姚文奂，生卒年不详，字子章，号娄东生，江苏昆山人。幼好学，攻读经史，好吟咏，著有《草堂雅集》，曾官浙东宣慰司令史。他喜爱丹青，收藏唐宋名迹。其中，罕见的王维《捕鱼》《雪溪》二图曾藏姚室。姚文奂与倪云林、黄公望都有交往，互相交流画艺。今存有《题倪元镇〈云林图〉》："昔从云林游，灵光散霞外。回薄万古情，逍遥五噫态。临流以濯缨，息阴为解带。浩歌激清商，参参连天籁。"从诗句中可知姚文奂仰慕倪云林，甘愿以弟子自居。黄公望趁在倪宅相聚时，也到姚氏居所欣赏其所藏唐宋名画。

6. 徐元度

徐元度，江苏无锡人。好习经史，学识过人，喜好结交文人士子。性耿介高洁，与黄公望、倪云林友善。当时士人中，将徐元度与倪云林誉为"无锡两君子"。陈基与徐元度儿子徐仲刚有深交，作有《送徐仲刚诗序》，其中多处叙及徐元度其人其事，录以参考。《诗序》记载："无锡两君子，其一曰：徐君元度，仕为王官，居京师有声。其一曰：倪君元镇，隐居看书，求志不回。余皆辱交焉。仲刚，徐君之子，倪君之婿也。徐君倜傥好义，博雅有识度，与名公巨卿游，许与意气有国士气。倪君读古人书，忘渴饥，为文章有魏晋间人气韵，其高不仕之节，虽汉东都士大夫弗过也。两人者，所习不同，要其归，皆激邛底厉，不与流俗同，然两家是用日益贫。徐君以禄自养，倪君以书自娱，其子弟各习知二父意。”[①]这段序文从徐元度与倪云林两人的对比中写出了他们各自的胸襟性格。黄公望与倪云林交往时，也结识了徐元度，为徐元度画了《为徐元度卷》。

7. 顾信

顾信，字善夫，江苏昆山人。曾任浙江军器提举。书法师从赵孟頫，与赵孟頫弟子俞和、张雨一样，书风带有浓厚的复古色彩。顾信与黄公望友善，黄公望曾花一年多时间为顾信绘就《为顾善夫八幅》，顾视之为珍宝。顾信晚年隐居于玉峰山下，黄公望曾到顾氏居处探望，两人“促膝盘旋，竟夕而返”，黄还为顾氏画了一幅《处静图》。

8. 孟栻

孟栻，字叔敬，江苏无锡人。博学敏思，精于经史。曾任溧水县同知、福州路判官、浙东宣慰副使、佥都元帅府事。雅好翰墨，擅长篆隶。至正十一年（1351）八月，黄公望和孟栻相会于西湖，纵论古今，黄公望作《山水图》轴赠送孟栻。

9. 陆复

陆复，生卒年不详，字明本，自号梅花主人，江苏苏州人。黄公望与陆复订交时，陆复拿出了珍藏的古纸二幅，黄公望乘兴作《溪山雨意图》，赠送陆复。

10. 莫起炎

莫起炎（1224—1294），字月鼎，江苏苏州人。幼时延师授业，改习举业，后三次参加科考都没有中举，于是放弃举业，潜心玄学，隐于湖山之间。莫起炎耽于翰墨，精于书法。他与黄公望同为全真教人，因此两人往来较多，时相切磋画艺。

---

① 〔元〕陈基：《夷白斋稿》卷十六，《四库丛刊三编》本。

浙江友人

黄公望生于常熟，长于吴地，但从青年时期出道在官府衙门出任吏员以后一直到晚年，他在浙江生活栖居的时间最多，以致有文献记载称其为“永嘉人”“衢州人”。浙江的山山水水，给予大痴道人以无数的馈赠。他一生情谊最深的友朋以浙江籍的为多，他一生钟情的佳山胜水，也以浙江的富春、钱塘、西湖为最。王伯敏先生曾说，1979年他与余任天先生谈到黄公望的籍贯，说“大痴常熟籍，半个浙江人”，余先生很赞同；过了几天，他们两个又碰到，余先生说“我凑了两句，可成一绝——‘久饮钱塘水，多年画富春’”。此事陆维钊先生知道，他风趣地说：“王余两家的诗，写得公允，黄大痴里籍的公案总可以结束了吧。”

根据现存史料所见，黄公望结交的浙籍名士文人有：

1. 赵孟𫖯

赵孟𫖯（1254—1322），字子昂，号松雪道人、鸥波、水晶宫道人，谥文敏，浙江吴兴（今湖州）人。他出身宋朝皇室，为宋太祖十一世孙，秦王赵德芳之后，他的高祖伯圭和南宋孝宗是兄弟，始赐第湖州。其父在宋朝官至正议大夫，户部侍郎兼知临安府浙西安抚使，喜爱诗文书画。因此，赵府是一户具有浓郁文化气息的官宦之家，这对赵孟𫖯的艺术生涯是有重要影响的。“宋亡，（孟𫖯）家居，益自力于学”。由宋入元后，赵孟𫖯遇元世祖征辟江南“遗贤”，至元二十三年（1286），行台侍御史程钜夫“奉诏搜访遗逸于江南”，赵孟𫖯等20余人被推荐给元世祖忽必烈，受到了重视。赵孟𫖯得授兵部郎中，后任集贤直学士、济南路总管府同知、汾州知州，江浙行省儒学提举、泰州尹等职。元仁宗时，又升任集贤侍讲学士、翰林学士承旨，可说是“荣际五朝，名满四海”，成为元代政坛上具有很大影响的人物，又是元代文坛和书画界的领袖。

在朝廷任职期间，他审时度势，小心谨慎行事，以避免卷入政治旋涡。后来，他参与反对桑哥的政治斗争，临危不惧，有勇有谋，获得时人称誉。忽必烈死后，他感到世事多变，深感汉族官员在朝中的艰难，因此萌生退隐之心。

“今日非昨日，荏苒叹流光”，元仁宗延祐六年（1319），他辞职南归，就像他的妻子管道昇赠词所云：“浮利浮名不自由，争得似，一扁舟，弄风吟月归去休。”

在绘画艺术上，赵孟頫是一个开时代风气的人物。他十分重视对传统的继承与效仿，在绘画艺术上力追唐与北宋。他认为：“盖自唐以来，如王右丞、大小李将军、郑广文诸公奇绝之迹，不能一二见。至五代荆、关、董、范未能与古人比，然视近世笔意辽绝。”又说：“仆所作者，虽未能与古人比，然视近世画手，则自谓稍异耳。”可知他对“近世”画是不满意的。他的所谓“近世”，当指南宋。赵孟頫十分强调书画的相互关系，认为“须知书画本来同”，主张把书法的笔法应用到绘画上，从而使绘画中的笔墨具有书法艺术的韵味。他的画作《秀石疏林图》《古木竹石图》就是他理论的实践演示。赵孟頫从少就学步李思训、王维及李成的画风，董其昌评论他的画作“有唐之致去其纤，有北宋之雄去其犷”，“兼右丞（王维）、北苑（董源）二家画法”，所以，赵孟頫提倡“古意”，尊重传统、推崇古人，与完全的复古主义者是存在差别的。他画山水、人、马、花竹木石都精到。他的画风呈现出两种面貌，一为工整，一为豪放。今所存《秋郊饮马图》，缜密重色，可以看出他取唐人的遗意。他的《鹊华秋色图》是另一种风格，浅绛设色，写意笔法。从它的表现而言，其画法正是变南宋之“刚猛激烈为潇洒幽淡”，所以，这幅《鹊华秋色图》表现出从“作家”的习气转为“士气”的过渡特色。赵孟頫转益多师，精研古法，推陈出新，实现了元代绘画艺术的重要转型。在元代近百年的历史上，山水画艺术发生了巨大的转变，赵孟頫是其中极为关键的人物。著名书画史论家陶宗仪认为“公（赵孟頫）之翰墨，为国朝第一”，陆友《研北杂志（卷上）》谓“（画中）气韵、形似俱备者，惟吴兴赵子昂得之”。后来，董其昌更加肯定地认为“赵集贤（孟頫）为元人冠冕”。

元英宗至治二年（1322），赵孟頫逝世，与其妻同葬于浙江德清之东衡。

黄公望师从赵孟頫习画。黄公望73岁作的《天池石壁图》上有柳贯题，“吴兴室内大弟子”之词，可知赵黄有师徒之谊。黄公望题赵孟頫书《千字文卷》更直言早年的这段师生友情：“经进仁皇全五体，千文篆隶草真行。当年亲见公挥洒，松雪斋中小学生。”字里行间那一份对老师的崇敬之情溢于言表。赵孟頫是上承两宋画风、下启有元一代新风的关键人物，他提倡作画“贵有古意”，一反南宋末年院画陋习，这对黄公望的画风具有深远而直接的影响。在赵孟頫府第习艺学画、研求交流，是黄公望师心于董源、巨然开创的江南画派风格的主要成因。他在赵府观赏董源《夏山图》，激起内心共鸣，至老犹不能忘记观画的细节。一直到至正五年（1345），赵孟頫逝世23周年，黄公望还以崇敬的心情，为赵孟頫临摹的《快雪时晴帖》配图作画。今存黄公望歌咏赵孟頫作品的诗作有《题赵子昂仿陆探微笔意》《题赵子昂仿张僧繇》《赵松雪〈山居图〉二首》《赵子昂为袁清容画秋景仿大李次韵》等。

2. 管道昇

管道昇（1262—1319），字仲姬，为吴兴人，赵孟頫妻子。管道昇富有艺术天分，生性聪敏，善画梅兰竹石，亦工诗词。曾以墨竹及设色竹图进贡，得宫廷赏赐。她的画风继承了宋代文同的风格。

据吴其贞《书画记》载，湖州佛寺粉壁，有管道昇的《竹石图》，以飞白勾皴法写石，而晴竹数竿，自然生动，饶有生意，评者以为“用笔熟练，纵横苍秀，绝无女人女子之态”。台北故宫博物院藏有管道昇《竹石图》轴，水墨画，无款，左下方钤有“魏国夫人赵管印”，右方下有宋荦审定真迹印，有董其昌题识：“管魏国写竹。”管道昇的《墨竹图》卷，董其昌评曰：“此卷竹枝，纵横墨妙，风雨离披，又似公孙大娘舞剑器，不类闺秀本色。”北京故宫博物院藏管道昇名作《竹林泉绕图》，更是笔墨秀润的佳作。赵孟頫画《枫林抚琴图》，管道昇为其补写水墨新篁，伉俪合作，堪称“二美”。

3. 赵雍

赵雍（1290—1362），字仲穆，赵孟頫之子，官至集贤侍制同知、湖州路总府事。他出生在一个具有浓厚艺术氛围的家庭，从小就在良好的家庭教育中长大。母亲管道昇亲自教授书法绘画技艺，督责严格，为其打下扎实书画基础。赵雍年轻时“所画浓淡深浅皆至理”。欧阳玄认为“雍夙慧，有父风”。山水画上，赵雍以董源为师，同时受到其父的指点教育。山水、花鸟、鞍马、人物、界画中，他尤长于画山水、鞍马。他的流传作品纸本《挟弹游骑图》画一乌帽朱衣人，于马上持弹弓，回首观看高树，做寻找猎物状，工整细致。

黄公望出入赵府，与赵雍熟悉，多有交往。

4. 杨维桢

杨维桢（1296—1370），字廉夫，号铁崖，晚号东维子，诸暨人。元泰定四年（1327）进士，先后任天台县尹、钱清盐场司令、杭州四务提举、建德路推官、江西儒学提举。杨维桢个性鲜明，刚正不阿，多才多艺，善诗文，能书。黄公望与杨维桢关系密切，往来频繁。他们有共同的旨趣和爱好，曾“扁舟东西泖间，或乘兴涉海，抵小金山”，诗酒酬唱，铁笛应和，相处十分融洽。著名的《铁崖图》即黄公望为好友杨维桢所画，足见两人交情不同于常人。杨维桢与黄公望的唱和诗歌今存以下几首：

题黄子久画《青山隐居图》，为刘青山题

大痴道人有山癖，写似刘阮入画屏。
鼎湖龙去芝房紫，巫峡猿啼松树青。
猩猩过桥时脱屐，燕燕落泥曾污经。
海上呼龙须有约，镆铘笛子许君听。

（《铁崖诗集》甲集）

题大痴《山水》

前山后山青不了，大树小树枝相樛；
老痴胸中有丘壑，貌得江南一幅秋。

（《铁崖诗集》庚集）

题大痴《秀岚叠嶂图》

千山万山青入空，大树小树如飞龙；
井西道人出神手，貌得蓬莱第一峰。

（《铁崖诗集》庚集）

另有跋《君山吹笛图》：

华亭沈生瑞，尝从余游，得画法于大痴道人。此幅盖为予作《君山吹笛图》，木石幽润，山水清远，人物器具，点缀于毫末者，纤妍可喜。瑞年未三十，而运笔如此，加之岁月，其则不在一峰丘壑者几希矣。抑余有感于是者，予往年与大痴道人扁舟东西泖间，或乘兴涉海，抵小金山，道人出所制小铁笛，令余吹《洞庭曲》，道人自歌小海和之，不知风作水横，舟楫挥舞，鱼龙悲啸也。道人已先去，余犹随风尘澒洞中，便若此，竟与世相隔。今将尽弃人间事，追游洞庭。傥老人歌紫藟如道人者，出笛怀里间，吾取其与明猗相乐者，引满数杯，据床三弄，遂与紫藟者终隐十二峰，瑞能从之否？

（《东维子文集》卷二十八）

5. 陶宗仪

陶宗仪（1316—?），字九成，号南村，路桥人。陶宗仪父煜，历官归安县典史、上虞县典史，喜吟咏，善书法。母亲赵德真，为宋宗室孟本女，因此，陶宗仪与赵孟頫一家自有一成“亲谊”关系。《明史》称陶宗仪：“刻志字学，习舅氏赵雍篆法。”陶宗仪幼习经史，后举进士不第，隐于乡间，筑有南村草堂。元邵亨贞记陶氏草堂中“左右列琴瑟书册，前后多桑麻竹树，四顾皆平畴远水，出户则可览江山之胜。四时有耕钓蚕牧之营，晨夕有读书谈道之乐”。耕读传家，著有《南村辍耕录》《说郛》《南村诗集》《书史会要》等。陶宗仪与黄公望、王蒙两人都有长期的交往，相得甚乐。黄公望为陶宗仪作《南村草堂图》。《南村辍耕录》记载：“杭州赤山之阴，曰：筲箕泉，英大痴所尝结庐处。”又记述黄公望作画讥讽嘉兴林叔大一事，可见陶宗仪对黄公望的生平行事是十分熟悉的。黄公望的重要绘画学著述《画山水诀》也幸赖陶宗仪《辍耕录》而得以幸存。陶宗仪《南村辍耕录》是一部史料性、艺术性都很高的著作，它对黄公望的记述已成为今人研究黄公望的重要文献。

6. 张雨

张雨（1283—1350），名泽之，字嗣真，号伯雨，道号贞居子，又号勾曲外史，钱塘人。张雨是元代著名的道士，历主西湖福真观、茅山崇寿观、元符宫。

张雨博闻多识，精于诗文书画，与黄公望交往很多。至正四年（1344），张雨得黄公望赠送新作《云壑幽居图》。张雨富于收藏，黄公望常去张宅观赏名迹。至正八年秋，黄公望即赴张宅观赏了钱选《浮玉山居图》卷，即兴为之题跋。张雨今存歌咏黄公望的诗作有：

黄子久画

中峰大画削铁如，岩岫绮错非一途；
上连阁道旁屋庐，寻窗数户愁崎岖。
米颠所制三尺图，笔力视此微粗疏；
阆苑之台迟子久，不归正为松江鲈。

筲箕吟，书黄山人石壁

石为箕，不可以簸扬。箕盛水，飘饮足滥觞。一漱一咽洗髓肠，载援斗柄斞天浆。半夜箕犯月，大风撼地我欲狂，起骑箕宅跨石梁。长笑应答惊下方，张星醉降贵姑房。哆然大笑箕口张，水流月明天苍苍。

题大痴（山水）

独得荆关法，金壶墨未多；
异时传画谱，谁识病头陀？

黄一峰画（贞居图）

北苑南峰凝绝笔，蟠胸磊碨若为裁。
按图宁在多多许，落墨真成滚滚来。
百折丹梯凌硐道，一川焰水动湾洄。
时清谁问商于路，乞我西山锦绣堆。

题黄子久画

鸡犬茅茨按暝烟，平林如荠欲连天；

急披奇句无人堂，已近飞鸿灭没边。

戏题黄大痴小像

全真家数，禅和口鼓，贫子骨头，吏员脏腑。

题黄子久画

大山坳兮矗立，浮云靡兮上征。

幽人居兮泉萦涧络，玉趾伤兮木纵石横。

黄子久小幅山水

一丘桓桓，曲折余地。石漱溅溅，林薄翳翳。

待仙有楼，忘归有台。鸡犬相闻，不相往来。

游神其间，敛形如豆。邀不可追，隐入岩岫。

（上引诗作见《贞居先生诗集》）

7. 吴镇

吴镇（1280—1354），字仲杰，号梅花道人、梅道人、梅花和尚、梅花庵主，嘉善人。一生淡泊，精于书画，曾在嘉兴、杭州一带卖卜，与黄公望友善。至元二年（1336），吴镇为黄公望作《中山图卷》。今存吴镇歌咏黄公望诗作有：

子久为危太朴画

子久丹青好，新图更擅长。

浮空烟水阔，倚岸树阴凉。

咫尺分浓淡，高深见渺茫。

知君珍重意，愈久岂能忘。

子久万里江山图

一峰胸次多傀儡，兴寄江山尺素间；

南北横分疑作限，西东倒注未曾还。
山围故国人非旧，水绕重城树自闲。
尤羡个中时序换，昔年禹玉岂容攀。

子久为徐元度卷

木落空山秋气高，一声疏磬出林皋；
归帆点点知何处，满月苍烟尚未消。

子久春山仙隐

山家处处面芙蓉，一曲溪歌锦浪中；
隔岸游人何处去，数声鸡犬夕阳红。

（上引诗作见《元诗选二集·梅花庵稿》）

从诗意来看，名列“元四家”的这两位画家当年的情谊是非常深厚的。

8. 王蒙

王蒙（？—1385），字叔明，号黄鹤山樵，吴兴人。元末官理问，弃官后隐居临平黄鹤山。能诗文，工书法，善画山水，创牛毛、解索皴法，为“元四家”之一。王蒙画山水“师自然，甚得用墨法，所作可爱”。王蒙为赵孟頫外甥，因而与黄公望有着密切关系。两人时常切磋画艺，也有过合作绘画的雅事。对王蒙请教的绘画问题，黄公望一一应答，毫无保留地点拨画艺。他们两人与倪瓒也时常过从，互得诗酒唱和之乐。今存王蒙歌咏黄公望诗作有：

题黄子久画

此老风流世所知，诗中有画画中诗；
晴窗笑看淋漓墨，赢得人呼作大痴。

（《南湖集》卷四）

从上述两人的唱和中，我们可以感受到两位画坛高手间惺惺相惜的情谊。

9. 王冕

王冕（1287—1359），字元章，一字元肃。元末会稽诸暨（今浙江诸暨）人。他的别号很多，有煮石山农、会稽山农、会稽外史、梅花屋主、九里先生、江南古客、江南野人、山阴野人、浮萍轩子、竹冠草人、梅叟、饭牛翁、煮石道者、闲散大夫、老龙、老村、梅翁等。又因他的书斋叫“竹斋”，时人又称他为王竹斋或竹斋先生。王冕的事迹，最为人所熟知的是吴敬梓在《儒林外史》第一回“说楔子敷陈大义，借名流隐括全文”中所述的故事，其中描述少年王冕习画的那一段故事曾被选入中小学语文课本，王冕的人品、画品因此更为后人所称道。作为小说家的吴敬梓，对王冕的描绘自有虚构夸饰的成分，不过这位留下许多诗画佳作的元代杰出文学家、艺术家，其生平行事自然值得我们进行一番翔实的了解。

王冕的先世原是关西（今函谷关以西地区）宦族，据吕升《故山樵王先生行状》所言，系出王猛（十六国时前秦大臣）之后。王冕的八世祖以诸军统制教练使居诸暨，卒后敕葬在长宁乡小溪山。王冕的十世祖王德元，曾任宋朝清远军节度使。王德元有两个儿子，一是王琪，曾任阆州观察使；一是王琳，做过统制官。从王琳开始迁居诸暨，传到王冕已经八代了。王冕父亲为农民。徐显《稗史集传》载：“父力农，冕为农家子。”据传，王冕幼年极为聪敏，未满周岁即能说话，三岁时与人谈话就对答如流，宗族乡亲目之为神童，来往宾客则称赞他为“汗血驹”。

王冕八岁入学，授业的名师先后有王艮、韩性。王艮为诸暨人，尚气节，务明理，学以致用，是一位有学问的通儒；韩性为安阳（今属河南）人，博览经史，在会稽教学授徒。这两位老师的言传身教，给了王冕很大的影响。王冕的作品中常有“夫何能见紫芝眉”“回首春风说向谁”等追念师长的诗句。

王冕成年后身高七尺余，“状貌魁伟，美须髯”。他仪表出众，思想个性更是卓尔不群，抱负高远，常以伊尹与吕尚自期，“平生伊吕志，耕钓岂无为”（《闰七月二十三夜记梦诗》）。然而，在元朝急剧走向衰乱，蒙古贵族统治者歧视汉族知识分子的现实下，王冕的政治理想很快破灭了。他参加科举考试，但屡次落榜。归乡后，他满怀郁愤，把写就的文章烧毁，表示永绝仕途的决心。

后来，他的老师王艮与朋友李光地曾劝他出任吏职，都被他拒绝。绍兴理官申屠迥推荐王冕在绍兴府学教授诸生。执教一年余，他就辞去了教职，开始了漫游生活。

王冕天性喜爱自由，游览成了他放情骋目、吸收艺术养分的一种方式。他先后游览了杭州、苏州、南京、九江，遍历太湖、洞庭、太行、天都、潇湘、潜岳等地，饱览山川奇景。39岁时，他从大运河乘舟北上，经镇江、扬州、徐州、兖州、济州，到达大都（今北京），并曾往来于居庸关、古北口之间，观察边塞险要的形势。数千里北游，让他开阔了眼界，看到了中华大地上许多以前未曾看到的人事与景观，写下了大量记游、写景、述事、抒怀的诗篇。北游途中他目睹种种社会情状，预感大乱将要发生，所以回到家乡后，在会稽九里山下买了一块地，建筑草屋，开始了隐居生活。

山中隐居的悠闲生活过了五六年，局势就发生了大变化，爆发于江淮流域的红巾军起义，迅速蔓延大半个中国。至正十九年（1359）春，朱元璋命胡大海率兵攻取绍兴，屯兵九里山，并曾派人接王冕到帐中，授以谘议参军。这时，王冕已有病在身，不久，病重而卒。胡大海敬其为人，为他棺殓葬于绍兴兰亭之侧的天章寺旁，墓碑题“王先生之墓”。

王冕是一位富有艺术才情和创造精神的诗人与画家。他的诗作，大都收入《竹斋集》中。明代著名文学家刘基高度评价他的诗歌，在《竹斋集原序》中称：“予在杭时，闻会稽王元章善为诗，士大夫之工诗者多称道之，恨不能识也。至正甲午（1354），盗起瓯、括间，予避地至会稽，始得尽观元章所为诗。盖直而不绞，质而不俚，豪而不诞，奇而不怪，博而不滥，有忠君爱民之情、去恶拔邪之志，恳恳悃悃见于词意之表，非徒作也。因大敬焉。”明代著名诗人宋濂也在其《竹斋集传》中高度评价王冕的诗作：“当风日佳时，操觚赋诗，千百言不休，皆鹏骞海怒，读者毛发为耸。”清代诗人郭毓一日读得《竹斋集》，“篝灯而疾读之，不自知蚊蠓之刺肤与沾汗之流足也”，读后再三称叹，认为王冕“诗文甲于元代”。可以说，王冕的诗艺的确达到了元代诗歌创作的高峰，得到了历代学者一致的肯定。

王冕既是诗坛名家，又是丹青高手。他是元代画苑中以画墨梅开创写意新风的花鸟画家。他所画《墨梅图》，神韵秀逸，令后人叹赏不已，对明清画坛产生了十分深远的影响。明代画梅高手刘世儒、陈宪章、王谦、盛行之都是他的衣钵传人。在他的影响下，徐渭开创并发展了大写意画的新画风。清代的扬州八怪，如罗聘、金农、李方膺、汪士慎等人都深受他的影响，如金农学他的千花万蕊，罗聘学他的圈白头花，李方膺学他的水墨淋漓，都各有新的创获，从而丰富与发展了民族绘画艺术。

黄公望于48岁时在赵孟頫府第遇上王冕，从而订交。他也见证了赵孟頫为王冕作《幽禽竹石图》。这是一幅体现赵孟頫成熟画风的重要作品。从赵孟頫与王冕、黄公望的交往中可以看到，在元代的画坛上，珍视友情、精研画艺是当时士大夫文人的常态。

10. 柯九思

柯九思（1290—1343），字敬仲，号丹丘生，台州仙居人。其父曾任江浙行省儒学提举，柯九思以父荫授华亭县尉。元文宗时期，柯九思深受信任，被任命为奎章阁书画博士。柯九思在诗文、书法、绘画等方面都有高深的造诣。他交游广、见识富，精于鉴藏。在绘画上，柯九思擅长画竹，画风疏简，以清竹寄托情怀。柯九思与王艮、黄公望等长期交往，相互切磋画技诗艺。他与黄公望情谊深厚，今存其歌咏黄公望诗作有：

黄大痴《缥缈仙居图》

玉观仙台紫雾高，北骑丹凤悠游遨；
双成不唤吹箫侣，阆苑青深解碧桃。

题黄子久《吴门秋色图》

幽人来往吴中道，独掉秋风海上仙；
何处归帆频倚岸，几家茆室傍流泉。
水禽款款集深渚，夕照霏霏媚远天；
点笔忽惊埃壒外，恍疑身在辋川边。

题黄子久为姚子章卷

空岩花落满淋香，古殿松阴入座凉；
清绝右丞名独擅，精妍北苑派何长。
寂无鸡犬鸣晴昼，时有烟云绕上方；
赖是一峰传正脉，故将冲淡洗浓妆。

题黄子久《海岳庵图》

元章翰墨世称良，近代痴翁更擅长；
海岳尚余清胜在，一江秋色两微茫。

题黄子久《虞峰秋晚图》为太朴先生

古树尽归秋色里，人家常在水声中；
数行旅雁入云去，一簇招提倚碧空。

题黄子久为徐元度卷

一峰老人嗜泉石，八尺素缣写秋色。
顿使窗头开翠微，复令箧里流丹碧。
翩翩逸兴殊未已，更拨苔文青可指。
摆脱骊黄见神骏，洗尽铅华出西子。
徐君那得不破颜，此身如坐清冷间。
未损嘉宾一日橐，买尽沃州千万山。
吴中好事家相属，得陇何人堪望蜀。
断无明月映连城，或可昆冈矜片玉。
君不见开元王右丞，南唐董北苑，
丹青一片流至今，前辈风神更超远。
一峰固是餐霞侣，知音未敢轻舒卷。

（上引诗作见《元诗选三集·丹丘生稿》）

11. 张渥

张渥（？—1356），字叔厚，号贞期生、江海客、钱塘人。博学多艺，尤善人物画。张渥与黄公望也常切磋画艺，黄公望曾在张氏府第见唐代史馆画直杨升的《蓬莱飞雪图》，一时为之赞叹不已。后来，黄公望运用其笔法墨法，作画数幅。今存黄公望歌咏张渥诗作有：

题张叔厚写渊明小像

千古渊明避俗翁，后人貌得将无同；
杖藜醉态浑如此，因来那得北窗风。

12. 王逢

王逢（1319—1388），字厚吉，号梧溪子、最闲（贤）园丁、席帽山人。钱塘人。曾避乱于淞，后来徙居上海。他比黄公望小50岁，故在《题黄大痴山水》中称："大痴与我忘年交。"王逢与黄公望情深义厚，往来频繁，常邀请黄公望来作客。他在隐居松江时，还致函黄公望"几时来隐陆机山"。今存王逢歌咏黄公望的诗作有：

奉简黄大痴尊师

十年淞上筑仙关，猿鹤如童守大还；
故旧尽骑箕尾去，渔樵长共水云间。
吹笙夜半桃花碧，倚杖春深竹笋斑；
顾我丹台名有在，几时来隐陆机山。

题黄大痴山水

诗序曰：大痴名公望，字子久，杭人。尝椽中台察院，会张闾平章被诬，累之，得不死，遂入道云。

十年不见黄大痴，笔锋墨沉元气垂。
绝壁双巑万古铁，长松离立五丈旗。

蜀江巫峡动溟涬，阴岚夜柬鱼龙吟。
峨眉更插空青间，差似胸中之耿耿。
大痴与我忘年交，高视河岳同儿曹。
天寒岁晚鸿鹄远，风雨草树余萧骚。
风雨草树余萧骚，大痴真是人中豪。

（《梧溪集》卷四）

除以上12位名人文士，黄公望曾有交往的浙籍人士还有王渊、朱肃等。黄公望与王渊曾合作画过《东山小隐图》，在后者官场失意隐居富春时，黄公望还赋诗安慰他说："富春山水终嘉遁，岂是先生政不堪？"面对元朝官场黑暗腐败，常常出现贤愚不辨、忠良遭诬的现实，黄公望所抒发的是久蓄于胸的浩叹！黄公望与朱肃也有交往，朱肃善画枯木竹石，至正八年（1348）黄公望为他画了《空青图》。

就以上所作黄公望与浙江籍名士交游的考述及所征引的诗文来看，由南宋进入元朝以后，由于社会条件发生了巨大的转变，元代士风也发生了显著的变化。这种变化比较集中地表现在以下两方面：

一、宋元易代鼎革之际，随着蒙古贵族统治集团在全国建立与强化专制集权，以江浙为中心的江南地区的儒家传统观念遭遇危机。两宋时期盛极一时的科举制在元代突遭中断，士失其业，重利轻义的风气不断蔓延，影响到一代人社会理想的重新塑造。

二、科举之门的关闭，绝大多数士人尤其是江浙地区士人被迫卷入社会性的退避，隐逸成为社会性的潮流，大多数士人的"隐逸"中包含的精神追求成分较多。元季江南士子隐逸的内容与趋向已发生很大变化。他们选择的隐逸生活，掺进了对物欲追求和俗世生活的重构，希冀过"非俗非仙，半醒半醉"式的理想生活。

元代浙江是黄公望青年时期起一直到晚年生活时间最长久的地方，他结交的友朋中浙江名士的人数最多。在元季江南儒生士子社会心态的转变与士风的变迁中，黄公望的思想、个性及画风受到浙江友人圈的影响是显而易见的。约略地说，有以下三个方面：

一、在与浙江名士交往过程中，在诗酒酬唱间，黄公望找到了一种入道养身的生活方式，精神世界已从官场失意的冤苦和烦恼中解脱出来，转向平和通脱，精神生活发生了巨大变化，价值观与人生观发生了转折。

二、浙江一地，文人名士大多通三教九艺，诗画兼擅，富有生活情趣。他们的审美观和画艺对黄公望产生自然而然的影响。王逢曾惊喜地写下与黄公望十年后重逢时的印象与感觉："十年不见黄大痴，笔锋墨沉元气垂。"黄公望的画风发生了转变，其中重要的转变无疑是在栖居富阳、杭州时发生的。

三、浙江境内从钱塘江溯流而上，富春江、浦阳江等河流孕育了绝佳的江南风景，文人墨客在青山绿水间流连忘返，遗留下无数名篇佳作。黄公望在浙江栖居的时期，也是他一生重要作品创作孕育的重要时期。离开这一方富有深厚文化底蕴的土地，就无法解释黄公望画作的思想内蕴与艺术特质。

南北至交

黄公望的交友对象除了江苏、浙江两省的人士之外，还有遍及大江南北其他省区的，试举其要者如下：

1. 阎复

阎复（1236—1312），字子静，号静轩、静斋、静山，河北高唐人。幼习经史，博闻强记。至元十六年（1279）累迁翰林直学士、进侍讲；二十三年升翰林学士，仕途得意，以文章道德博得士林称誉；二十八年任浙西廉访使。成宗执政后，召为集贤学士，改翰林学士。大德四年（1300）称翰林承旨。阎复任职于浙西廉访使时，开始与赵孟頫、黄公望等交往。由于得到阎复的赏识，黄公望交友范围也扩大了，如袁易、顾信、徐子方等都是通过阎复与黄公望相识订交的。阎复喜欢结识江南名士，也能欣赏画艺，因此，与黄公望互相酬唱。后来，黄公望入徐琰幕任吏，也有可能是与阎复的举荐有关系。杨瑀《山居新语》记载了黄公望与阎复等的交往，他称："黄子久公望自号大痴，吴人，博学多能之士，阎子静、徐子方、赵松雪诸名公莫不友爱之。"对赵孟頫所厚爱的这位弟子，阎复也是充满赞赏之情。推荐这样的青年才俊入仕，对于阎复这样一位官场经验丰富的官员来说，也是非常自然的事情。

2. 徐琰

徐琰（？—1301），字子方，号容斋、养斋、汶叟，山东东平人。曾任陕西行省郎中、湖南按察使、南台中丞。至元二十八年（1291）除江浙参政，三十一年迁浙西肃政廉访使。大德三年（1299）任翰林学士承旨，大德五年逝世。徐琰个性爽直，喜爱结交文人士子，《元史》中载：“（徐琰）为政清简，礼贤下士，意致高迈，东南人士重之。”在浙西文人圈子里，敬仰徐琰的人很多，黄公望出任浙西廉访使幕府也与他个人仰慕徐琰的学问道德有关。黄公望被徐琰“辟为书吏”，时间约在至元二十八年。任职书吏期间，黄公望博览经史，交友论道，过了一段安定而舒适的幕僚生活。

3. 杨载

杨载（1271—1323），字仲弘，福建浦城人。他天资聪颖，博闻强记，少负才名，人过中年，以布衣招为国史院编修，完全以自己的学识才干谋得一席职位。延祐二年（1315），一直中止科举的元朝举行了开科考试，杨载参加了科考，得中进士，实现了长久追求的人生梦想，同时也改写了自己的人生。后来，杨载授梁州同知，官终宁国路推官。杨载诗作重视诗法，婉约清新、温润可爱，在诗坛有较大影响。杨载与黄公望往来密切，引为至交。黄公望“受累”入狱前后，杨载是黄公望倾诉内心感情的主要对象。

杨载给了大狱内外的黄公望以安慰和劝解，给这位遭遇不幸的文友至交以精神的慰藉。我们今天可以看到杨载致黄公望的两首诗作。

次韵黄子久狱中见赠

解组归来学种园，栖迟聊复守衡门；
徒怜郿坞开金穴，欲效寒溪注石尊。
世故无涯方扰扰，人生如梦竟昏昏；
何时再会吴江上，共泛扁舟醉瓦盆！

再用韵赠黄子久

自惟明似镜，何用曲如钩。未获唐臣荐，徒遭汉吏收。
悠然安性命，复此纵歌讴。石父能无辱，虞卿即有愁。
归田终寂寂，行世且浮浮。不假侪群彦，甚堪客五侯。
高人求替洽，末俗避喧啾。藜杖常他适，绳枢每自缪。
与人殊用舍，在己寡愆尤。济济违班刻，伥伥远匹俦。
能诗齐杜甫，分道逼庄周。达饮千钟酒，高登百尺楼。
艰危仍蜀道，留滞复荆州。鹤度烟霄阔，龙吟雾雨稠。
东行观海岛，西逝涉江流。自拟需于血，何期涣有丘。
古书尝历览，大药岂难求。抚事吟梁父，驰田赋远游。
堂名希莫莫，亭扁效休休。槛日迎东济，窗风背北飕。
鸣琴消永昼，吹律效清秋。雅俗居然别，仙凡迥不侔。
多闻逾束皙，善对迈杨修。进有匡时略，宁无切己忧。
尘埃深灭迹，霜雪暗盈头。始见神龟梦，终营狡兔谋。
雪埋东郭履，月满太湖舟。急景谁推毂，流年孰唱筹。
凌波乘赤鲤，望气候青牛。好结飞霞佩，胡为淹此留！

（以上诗作见杨载《杨仲弘诗集》卷四）

在这两首诗篇中，杨载用委婉而深沉的笔致，描述了大痴道人“藜杖常他适，绳枢每自缪”“古书尝历览，大药岂难求”“尘埃深灭迹，霜雪暗盈头”的人生历程，赞叹大痴道人“能诗齐杜甫，分道逼庄周”“多闻逾束皙，善对迈杨修”的天姿才情，感叹于大痴道人“未获唐臣荐，徒遭汉吏收”“归田终寂寂，行世且浮浮”的生活遭遇，当然，诗人还是用超脱而平和的语气劝慰大痴道人“始见神龟梦，终营狡兔谋”“达饮千钟酒，高登百尺楼”“凌波乘赤鲤，望气候青牛”，以旷达乐观的情怀去度过余生。杨载的安慰与劝解，使黄公望的思想情绪发生了转变，他也感叹于元季“世故无涯方扰扰，人生如梦竟昏昏”，于是

“改号一峰，以卜术闲居，弃人间事，易姓名为苦行，号净墅，又号大痴”①。在黄公望一生的友人中，赵孟頫与杨载是给过他最重要影响的师友。赵孟頫的言传身教、杨载的价值观与人生观，都给了黄公望直接而深远的影响。杨载与黄公望的友谊延续到各自终老。

4. 危素

危素（1303—1372），字太朴，号云林，江西抚州金溪人，与宋代陆九渊是同乡。危素出生在一个贫寒家庭，他童年到青年时期都是在荒僻的乡村度过的，读书和考试都不顺利。但他以顽强的毅力，攻习经史，谋取功名。他博学善文，擅长书法。他在不惑之年以后，起步进入仕途。至正二年（1342），被荐入经筵为检讨。至正五年改承事郎、国子助教。至正七年，除应奉翰林文字、同知制诰兼国史院编修官，阶文林郎。至正八年，入翰林为应奉。至正十一年，迁儒林郎，太常博士。至正十三年，转奉训大夫，国子监丞，推兵部员外郎。至正十五年，升奉议大夫，礼部郎中，拜朝散大夫，监察御史，迁工部侍郎。至正十六年，转朝请大夫，大司农丞。至正十七年升中奉大夫、大司农少卿，任礼部尚书。至正十八年，参议中书省事，兼讲筵官。至正十九年，进通奉大夫，御史台治书侍御史。至正二十年，拜通奉大夫，中书参知政事，同知经筵事，提调四方献言评定使司。至正二十四年升资政大夫，翰林学士承旨，宗禄大夫知制诰兼修国史。漫长的从政生涯，危素从一个几乎不入流品的经筵检讨升到从一品官，以一个南人的身份久居官场，实在是非常少见。论者认为危素“在官场经营得相当用心。元惠宗认为他‘问学渊深’（宋濂《故翰林侍讲学士中顺大夫知制诰同修国史危公新墓碑铭》），宰相对他的印象是一向‘寡言’（《抚州府志》）。他老成持重，从不因言贾祸。他不受无功之禄，奉命‘注尔雅，较君臣政要’之后，元惠宗‘赐白金若干’，他却不受，说是‘臣职也，何劳而受赐，不敢奉诏’……他不亲近女色，元惠宗对他曾经有‘宫人之赐’，他却推辞说：‘臣有糟糠之妻，在大江之南’，宫人‘无所用之’（宋濂《故翰林侍讲学士中顺大夫知制诰同修国史危公新墓碑铭》），全然是一副清白、廉洁的正人君子

① 〔元〕钟嗣成：《录鬼簿》，古典文学出版社1957年版，第40页。

的面目”。[①]在《元史》《新元史》等史籍的记载中，危素的生活实际与个人爱好、交往的基本面确实如此，他在艰难的仕途上，凭借个人的执着、冷峻、忠心事主、宵衣旰食而长久地待在统治集团的核心圈内。此外，他热心于结识江南籍名人高士，如他与擅长诗画的柯九思、方从义、王冕等都有交往，尤其与黄公望结下了深厚的友谊。从留存至今的文献资料看，危素是得到黄公望画作最多的一位友人。从年龄看，两人完全是忘年交了，黄公望52岁时，危素才18岁，但黄公望乐于和这位在一般人前不苟言笑的友人交往，并将自己的得意作品《仿古二十幅》赠送这位青年才俊，足见两人在追求心境的自由和情感的自由上，是有着共同之处的。黄公望得到危素的帮助很多。黄公望对唐宋绘画十分痴迷。危素收藏有顾恺之《秋江时峰图》、张僧龄《秋江晚渡图》及王维《寒林晚岫图》等稀世珍品，向黄公望展示后，黄公望把玩不已，一一赋诗吟咏，写下题记。“元四大家”之一的吴镇曾作有一首《子久为危太朴画》诗曰：“子久丹青好，新图更擅长。浮空烟水阔，倚岸树阴凉。咫尺分浓淡，高深见渺茫。知君珍重意，愈久岂能忘。”从这首诗里可以了解：一是黄公望、危素、吴镇相互熟识，危素能得到黄公望的新作佳构，引起了诗人的羡慕，希望这样的友谊能得到珍惜；二是黄公望画作一如他的惯常画风，显得“高深见渺茫”，足证这三位友人都具比较接近的艺术欣赏眼光和审美趋向。危素坚韧、冷峻的个性和理性思维特点更多地表现在每日如履薄冰的官场上，而其率真、放逸的一面则更多地表现在他与黄公望、吴镇等名士的诗画活动上。只有把这两个方面作为一个整体来看，我们才能把握住这样一位久居高位的元朝官员的全部精神生活。

5. 班惟志

班惟志，字彦功，号恕斋，河南开封人。夏文彦《图绘宝鉴》称班惟志：“官至集贤待制、江浙儒学提举。善墨戏。”班惟志擅长书法，他师从书学大家邓文原，书宗二王，笔势翩翩，在元代书画界具有重要的地位，柏子庭称当时“家家恕斋字，户户雪窗兰”。他的书法风格可说代表了当时的流行书风，绘画上他兼通山水、花卉、人物。陶宗仪在《书史会要》中记载：“初，徽仁裕圣皇

---

① 么书仪：《元代文人心态》，第271—272页。

后以泥金写《大藏经》，邓文肃举惟志入经局，补州教授，累官至今任。早岁宗二王，笔致翩翩，不失书家法度。晚年学黄华，应酬塞责，俗恶可畏。文宗尝评其书，谓如醉汉骂街。”陶宗仪精于鉴赏，他评点了班惟志书风的演化，对其晚年书风提出了尖锐的批评。元文宗的点评，也对其书风提出了批评。班惟志与黄公望相识，可能与他曾任常熟知县有关，两人的友谊是深厚的，黄公望曾为班氏创作《九峰雪霁图》，笔笔细心，画风谨严，可见两人关系不同一般。张翥《水墨〈达摩像〉·班惟志笔》称：“佛法无多子，西山雪柱天。应寻葱岭去，方解少林禅。鞮屦露双脚，罽衣披半肩。虚空本无往，须借影中传”；龚肃《班彦功为萧君璋画红梨花》一诗中称：“节物临寒食，萧邱冷淡新。院落寻香雪，京华生软尘”；许有壬《题班彦功山水扇头》称：“钱塘江上又秋风，老友沦亡梦不通。胜概肯教同羽化，山河写在月轮中”。从这些诗作中可以看出，班惟志能画善书，诗友对其画作的评价还是非常中肯的。黄公望愿意把精心绘就的《九峰雪霁图》赠送于他，可知黄公望是把他引为画艺上的知音的。

6. 李可道

李可道，又称李少翁，河南濮阳人。曾任左司郎中、荆湖北道按察使。黄公望传授画艺的弟子中，李可道是有文字记载的，他得到过黄公望赠送的画作，可见师徒间感情不同一般。温陵陈彦廉获得黄公望赠给李可道的《天池石壁图》，央求高启为其作跋，高启写下了题记，曰：“吴华山有天池石壁，老子《枕中记》云：‘其地可度难，盖古灵埌也。’元泰间，大痴黄先生游而爱之，为图四三本，而池之名益著。此为其弟子李可道所画，尤得意者也。温陵陈彦廉得之，求余赋诗其上。或云：此庐山天池景也。余未有以辨，然旧见别本，张贞居题之。首句云：‘尝读《枕中记》。’则亦以为华山池矣。前辈言：贞居与大痴数同游于此，则其言信可征，初不必舍此而取彼也。因为赋长歌，欲张吾乡之山水，使与香炉、九老争高云。”高启的考辨，依据的是张贞居在别本上的题词，显然是有说服力的。因而，关于《天池石壁图》所绘为吴地华山之景的结论基本是可信的。

高启为之赋有一首乐府体长诗，诗曰：

黄大痴，滑稽玩世人不知，疑似阿母傍，再谪偷桃儿。

平生好饮复好画，醉后洒墨秋淋漓。尝为弟子李少翁，貌得华山绝顶之天池。乃知别有缩地术，坐移胜景来书帷。身骑黄鹄去来远，缟素飘落流尘缁。颍川公子欣得之，手持示我请赋诗。

我闻此中可度难，玉枕秘记传自青牛师。池生碧莲花，千叶光陆离，服食可腾化，游空驾云螭。奈何灵迹久遁藏，荒竹满野啼猩狸。寻真羽客不肯一相顾，却借释子营茅茨。我昔来游早春时，雪残众壑销寒姿，磴滑不敢骑马上，青鞋自策挑筇枝。上有烟萝披拂之翠壁，下有沙石荡漾之清漪，晴天倒影落明镜，正似玉女晓沐高鬟垂。饮猿忽下藤袅袅，浴鹤乍立风澌澌，匡庐有池我未到，未省与此谁当奇？扫石坐其涯，沿洄引流卮，醉来自照影，俯笑知为谁？落梅扑香满接篱，暮出东涧钟鸣迟。归来城郭中，复受尘土欺，十年胜赏难再得，恍若清梦一断无由追。

朝来观此图，恻怆使我悲。当时同游已少在，我今未老形先疲。人生扰扰嗟何为，不达但为高人嗤。汉南已老司马树，岘首已仆羊公碑，惟应学道悟真诀，不与陵谷同迁移。仙岩洞府孰最好，东有地肺西峨眉，高崖铁锁不可攀援以径上，仰望白云楼观空峨巍。此山易上何乃遗，便与猿鹤秋相期。欲借太乙舟，夜卧浩荡随风吹，洞箫呼起千古月，照我白发凉丝丝。倾玉醪，荐瑶芝，招君来游慎勿辞，无为漫对图画日夕遥相思。

（《高太史大全集》卷十一）

高启是元末明初著名诗人，他与李可道熟识，两人在诗文书画上交往颇多，李可道会向高启谈及老师的种种情状，高启多有所闻，因而可以写出“平生好饮复好画，醉后洒墨秋淋漓”“身骑黄鹄去来远，缟素飘落流尘缁”这样细腻、传神、简括的诗句，生动地描写出黄公望的生活情态。诗人早年曾经游览过吴地华山，登临天池胜景，留下新奇印象，如今欣赏黄公望这幅具有写实画风的山水画，益增感叹，不由得发出“归来城郭中，复受尘土欺，十年胜赏难再得，恍若清梦一断无由追”的人生感喟。优秀的画作，总能够凭借亦真亦幻、似真似幻、虚实相生的造境使观赏者移情动心，忘却归路，黄公望的《天池石壁图》

正是达到了如此化境的山水画杰作。

7. 杜本

杜本（1276—1350），字伯原，号清碧，人称清碧先生，江西清江人。治经学，通理学，才识超迈。朝代鼎革之际的文人儒士，面前只有两条道路可走，要么仕于新朝做顺民，要么隐居避世做遗民。忽必烈的宠臣程文海认为，文人出处“一以退为高，一以进为忠”。可见，这已成为元代社会大多数人认同的想法。杜本就是一位有自己的想法和选择的文人，他自青年时期开始就绝意仕进，隐居在福建武夷山深处，元文宗仰慕其人，遣使征求，他拒绝出山，一心一意做他的遗民，醉心翰墨，游艺墨海，过着潇洒而自由的生活。他博览群书，擅长书画。书法工隶楷，结体严谨，秀润雅洁，绘画擅山水、花卉，常以乡间所见的牛、马、山花、葡萄入画，别具一格。他栖居山中，爱好交结的也多是隐逸于乡野的文人墨客。他与黄公望、王渊、石岩四人雅聚，黄公望和王渊合作绘就《东山小隐图》，杜本作了题记。明张丑记载：“《东山小隐》，吴门黄公望、临安王渊合作，京兆杜本题识。”张青甫生活于明万历至崇祯年间，对黄大痴画作有特殊的爱好。在《清河书画舫》一书中，他对黄公望的名作《富春山居图》《铁崖图》《溪山雨意图》《浮峦暖翠图》《层峦峭壁图》《万壑秋声图》《九峰雪霁图》等都有详细的题记。他还总结了自己的鉴定著录心得，称：“元人画本，妙绝古今。如黄翁子久之山水，在四名家中宜为冠，所作《浮峦暖翠》的属第一……吾党乍见卷思，切须刻意玩索，勿漫许可。鉴赏既定，自当放胆收录，毋惑人言。执此以观天下书画，亦可也。”①从上引文献看，黄公望与杜本之间酬唱交往，关系密切，两人有着比较接近的绘画观念和审美思想。

8. 高克恭

高克恭（1248—1310），字彦敬，曾居大都（今北京）房山，故号房山。他生于元定宗时期，逝世于元武宗至大年间，活了63岁。高克恭祖先是西域色目人，其祖父已与汉族通婚，父亲高嘉甫通儒学，深研程朱理学，熟习汉文化礼

---

①〔明〕张丑：《清河书画舫》，卢辅圣主编《中国书画全书》第4册，上海书画出版社2000年版，第343页。

仪，先迁大同，后移居大都，曾得到元世祖忽必烈的器重。高克恭为高嘉甫的长子，自小聪慧，识悟宏深。27岁起进入仕途，大德年间官至刑部尚书兼大名路总管。他是一位正直的官员，在朝时不受奸相桑哥的威胁，始终坚持自己的政见。

在绘画艺术上，高克恭善画山水，初期研习米芾父子画法，深得其中三昧，后来转师李成、董源，笔墨苍润，意韵闲适，具有独特的艺术风貌。夏文彦《图绘宝鉴》中称："高克恭……善山水，始师二米，后学董源、李成，墨竹学黄华，大有思致。怪石喷浪，滩头水口，烘琐泼染，作者鲜及。"这段记载评点了高克恭在山水画上的基本创作特点。所以，朱德润说："高侯画学，简淡处似米元晖，丛密处似僧巨然，天真烂漫处似董北苑。"邓文原说他"至大家之气，时人莫及"。

从至元二十六年（1289）起，高克恭多次在江南担任官职，遍览江南风景，对浙江山川风物尤为熟悉，晚年寓居杭州。高克恭结交南方汉族文人特别多，受到很大影响，故其所画山水便是"一片南方风烟"。他与浙江籍文人交往频繁，深交者有赵孟頫、杨载、柳贯、吴镇、黄公望等。

元代诗人张羽、虞集、倪瓒等都对高克恭画艺有着很高的评价。虞集称："不见湖州三百年，高公尚书生古燕，西湖醉归写古木，吴兴为补幽篁妍。国朝名笔谁第一，尚书醉后妙无敌。"①高克恭当年钟爱西湖山水，与赵孟頫、黄公望师徒趣味相投，他笔下的西湖北山画得极其清幽可爱，宋禧称："古兴尚书山泽癯，风采照耀南天隅。平生画笔入神奇，千金匹练人间无……醉磨浓墨写丘壑，老树幻作蛟龙枯。西湖北山莽空阔，沧烟白鸟迷秋芜。"②西湖北山与黄公望隐居的筲箕泉，各居西湖的两端，相距不足20华里，中有连绵的林木丰草相接，他们由赵孟頫牵头，相互谈文习艺，度过了相得自如的快乐时光。高克恭的画风影响过黄公望。黄公望中年时为子茂作《设色山水》，画作风格一承高克恭风格。汪珂玉评论说："山中屋宇，流泉山凹，风格似高克恭。"

① 〔元〕虞集：《道国学古录》卷二，四部丛刊本。

② 〔元〕释来复：《蒲庵集》卷二，中国科学院图书馆藏本。

9. 张三丰

张三丰，名通、思廉、山峰、三峰，字君宝、君实、全一，号昆阳、玄玄子，辽东懿州（今辽宁省阜新蒙古族自治县东北）人，籍贯有平阳、宝鸡、天目等说。元代统治者尊崇道教，成吉思汗厚待丘处机，元世祖尊崇龙虎山张天师。因此，张三丰受到了当政者的礼遇。因为张三丰的重要影响，明英宗封他为“通微显化真人”。道教思想是山水画艺术的重要思想资源库，自赵孟頫以后，许多画家都推崇道教思想，黄公望也不例外，他与张三丰往来，思想上也受到张三丰很深的影响。

10. 马琬

马琬（生卒年不详），字文璧，号鲁钝生，陕西扶风人。《西湖竹枝词》称其为秦淮人，但无其他旁证。他崇信道教，是一位外儒内道的画家。他师从黄公望，画风从黄公望处出。他与黄公望、杨维桢交往，画作常常得到杨维桢的称赞。杨维桢《铁崖诗集》甲集有歌咏马琬画作的《题马文壁山水》：“剡中山水连赤城，五色之素开丹青。爱看双门三株树，正对诸峰九叠屏。朵雨瀑去秋漾漾，到天石色秋冥冥。忆为飞步东华顶，手把仙人九节藤。”马琬的传世画作有《雪风流关图》《暮雨诗意图》等。由于他与黄公望的画作风格极为相似，致使别人将他的画作误认为黄公望作品。由此可见，他的临摹技艺是极为出色的。

11. 无用

无用（生卒年不详），元代僧人。无用与黄公望的相识，是在其成为金月岩的弟子之后。黄公望入全真教时，无用正师从金蓬头师傅，两人在研习三教教义时开始了交往。无用的出名是与黄公望的千古名迹《富春山居图》紧密相关的。至正七年（1347），黄公望在友人无用禅师陪同下到富春，漫游佳山胜迹之余，无用向黄公望索画，黄公望为无用绘就《富春山居图》长卷，历时四年才完成作品。为了防备长卷在后世被别人抢夺去，无用于至正十年求黄公望题了字。这也成了当代鉴定《富春山居图》真迹的一段重要文献。

12. 本诚

本诚（约1297—1347），初名文诚，后名道玄，字觉隐，自称辅成山人、大同山翁等，浙江嘉兴人。他寓居于苏州，品德高洁，擅山水。至正七年

(1347)，黄公望为其创作《层峦积翠图》。黄公望对这幅画的创作十分用心，画中层峦叠嶂、青山绿水，画风清新可爱，表达出十分悠长的道教趣味。

13. 方从义

方从义（约1302—1393），字无隅。原贵溪（属江西）人，上清宫道士。号方壶，又号不芒道人、金门羽客、鬼谷山人。

方从义习画，师董源、巨然与“二米”。由于师法“二米”，他当年与高克恭齐名。黄公望称他“高旷清远，深入荆、关堂奥”。他的传世作品，有《云山深处》《神岳琼林图》《山阴云雪图》《高高亭图》，大都藏于台北故宫博物院。

从黄公望的交游来看，他生性豪爽，青年时期为了出人头地，他广泛交结有权力地位的官吏和有重要社会影响的学者文人。中年以后，四处游览，在更广的社会层面结交各个阶层的人士，结识的对象有了较大的变化，这可以从两个方面看出：

一是从与黄公望关系最为密切、往来最为频繁的友人来看，这些人大多具有浓厚的道教思想，他们的出身多为儒生，共同思想倾向是道、儒、释三教合流，思想核心是崇信老庄、随顺自然，以追求神仙为鹄。素来受到黄公望崇敬的老师赵孟頫一生以道教思想安身立命，生性清寂，志慕山林，他以道教题材创作的作品有《洛神赋图》《道德经》《玄妙观重修山门记》等，他的传世画作《水村图》《洞庭东山图》等，都有着浓郁的道家思想印记。黄公望友人吴镇自号梅花道人，另一位列入“元四大家”的王蒙号黄鹤山樵，这都属于道家的名号，王蒙的画作《茅山图》《松亭雅集》等，具有鲜明的道家文化因素。至于与黄公望交往密切的倪云林，则是一名全真道士，其号“云林”即富有道家意味。其传世作品《六君子图》《容膝斋图》《水笔居图》《雨后空林图》等，无不具有道家艺术飘逸清疏的风格趣味。当时与黄公望画名几乎不分伯仲的方从义，是一名具有很大影响的道士。夏文彦《图绘宝鉴》中称：“道士方从义，居上清宫。画山水极潇洒，无尘俗气。”在这个友人圈里，大家共同具有道家道教风骨，志慕清虚，避却尘寰。他们诗酒酬唱，有着共同的审美品位，在绘画艺术上开创出一片新风气。将这个友人圈细分一下，思想表现与言行特征也有几种类型：有道佛兼修的人士，如张渥、简天碧等；也有外儒内道的人士，如马琬、赵雍等；当然更有儒释道合流、思想包容性更大的人士，如任仁发、朱德润等，就思想面貌与宗教情怀而言，黄公望就是这一个类型中的代表。

二是从籍贯、住址、活动区域来看，与黄公望关系密切的友人以江浙文人名士为多，他们出生于江南地区，在科举遭到中断的元代社会，他们以江南为主要活动区域，结伴出游，以画会友，虽具共同的生活理想与人生价值观，却出之以各具异禀的艺术个性，共同开创出元代文人画的崭新天地。即以黄公望身边最为接近的倪瓒、杨维桢、王蒙、张雨等来说，既出之以道家道教风骨的共同面貌，又都在作品中呈现出各不相同的特征与趣味。以山水画为主要领域，元代画坛表现出强盛的创造活力，各种审美趣味的发挥、各种表现方法的运用、各种艺术手段的参与，都达到了一个新的高度。钱选向赵孟頫力倡："（士夫画）隶体耳。画史能辨之，即可无翼而飞，不尔便落邪道，愈工愈远。然又有关捩，要得无求于世，不以毁誉挠怀。"[①]赵孟頫为了矫正南宋院体画弊端，力倡恢复绘画的"古意"，主张师法唐五代与北宋。同为"元四家"之一的吴镇以湿墨见长，王蒙则以繁笔著称。有论者认为，"元代绘画的发展既做到了师学有名、传承有派，又做到了师心而不蹈迹，显示出这是一个创作思想十分活跃也很自信的时代"。[②]这样的论断基本符合元朝画坛实际。

① 转引自杜哲森：《中国绘画断代史・元代绘画史》，人民美术出版社2000年版，第19页。

② 同上书，第87页。

第五章　画山画水亦随缘

笔精墨沉

根据历代收藏和著录所得，将黄公望画作的基本情况介绍如下：

《富春山居图》卷　元至元四年戊寅（1338）作。纸本，水墨。32.9厘米×589.2厘米。题款："子明隐君，将归钱塘，需画山居景，图此赠别。大痴道人公望。至元戊寅秋。"下钤一印："黄氏子久"。收藏于台北故宫博物院。前隔水有董其昌题，后隔水有邹之麟跋。卷末有"成化丙戌九月完庵刘珏鉴藏"十二字。拖尾有孔锷、沈德潜、钱陈群跋。卷中有乾隆丙寅、丁卯御题及后来所作的题跋。除《石渠宝笈》已录者外，还有四十一段未录，大都为题诗及乘兴偶跋。收传印记有"廷美""唐氏孔明""半园外史"等多方。台北故宫博物院所藏黄公望《富春山居图》共有两卷，此幅为"子明卷"，乾隆将其定为真迹；另一幅为"无用师卷"，乾隆却定为赝品。嘉庆时，胡敬等将"无用师卷"列于《石渠宝笈》三编，定为真迹，而将"子明卷"定为赝品。近代以来学术界大都认为"无用师卷"为真迹，"子明卷"为赝品。

《富春山居图》卷　元至正七年丁亥（1347）开始创作，历时数年完成。纸本，水墨。33厘米×636.9厘米。题款："至正七年，仆归富春山居，无用师偕往，暇日于南楼援笔写成此卷。兴之所至，不觉亹布置如许，逐旋填札，阅三四载未得完备，盖因留在山中，而云游在外故尔。今特取回行李中，早晚得暇，当为着笔。无用过虑，有巧取豪夺者，俾先识卷末，庶使知其成就之难也。十年青龙在庚寅歜节前一日，大痴学人书于云间夏氏知止堂。”钤印二：“黄氏子久”“一峰道人”。收藏于台北故宫博物院。画上有乾隆御识，梁诗正奉敕书。前隔水有董其昌题。拖尾有沈周、文彭、王樨登、周天球、邹之麟、金士松等跋。鉴藏玺印有：五玺全、“宝笈三编”。收传印记有：“之矩”“鸿绪”“季”“扬州季因是收藏印”“江长庚”“俨斋秘玩”“吴之矩”“正志”“扬州季南宫珍藏印”“王鸿绪印”“俨斋”“季寓庸印”“因是氏”“云间王鸿绪鉴定印”“八士之印”“冉公”“周炳文印”“吴正志印”“安绍芳印”“懋卿父”“子孙永保”“云间王俨斋收藏记”。此卷曾经由沈周、董其昌、吴正志、吴洪裕、吴子文、高士奇、安岐及清内府收藏。清顺治年间，吴洪裕临终时，欲以此图“焚以为殉”，幸被其侄吴子文于熊熊大火中抢救出来，但已烧去起首一段，从此，这幅名画便被分为两段。前一段为吴湖帆先生收藏，今藏于浙江省博物馆；后一段曾于乾隆年间入内府所有，后为北京故宫博物院收藏，今藏台北故宫博物院。此卷即绘画界所称的“无用师卷”，系黄公望真迹。明沈颢《仿富春山居图卷自跋》称：“二十年前，荆溪吴贰公，颟止于梁鸿溪上，载予游铜官玉女之诸胜，时问卿孝廉，邀予过云起楼，出子久富春山中所图长卷纵观之，惊喜往复，不忍释手，同观者蒋泽窑、吴石雪知己。问卿语予曰：‘此卷系玄宰年伯质予先太仆千金，惜玄老录即仙去，永为吾家甄叔意珠，应作遭难想也。’遂留予听夕饱玩，阅百余日，临摹稿本始归。近闻问卿诀时，命付祖龙，意欲携众香国去，幸火示半，急取烬余留度人间。”

《剩山图》卷　又名《富春山居图》卷，纸本，水墨。31.8厘米×51.4厘米。此画系台北故宫博物院所藏黄公望《富春山居图》卷（无用师卷）起首处的残段，画上火烧痕迹仍清晰可辨。1956年，浙江省文物管理委员会从吴湖帆先生处购得收藏，现藏浙江省博物馆。

《水阁清幽图》轴　又名《山居图》《山水图》轴，元至正九年己丑（1349）作。纸本，水墨。104.5厘米×67.3厘米。款署：“大痴道人平阳黄公望画于云间客舍，时年八秩有一。”钤印二：“黄氏子久”“一峰道人”。收藏于南京博物院。收传印记有：“苍岩子”“蕉林居士”“颛庵”“西田”“董光裕”等。

《富春大岭图》轴 纸本，水墨。74.5厘米×36厘米。题款：右上方自题“富春大岭图”。钤印一：“黄”。左上方款署“大痴为复孺画”。钤印二：“大痴”“一峰道人”。收藏于南京博物院。这幅画曾先后为叶梦龙、庞元济所收藏。收传印记有“温陵相国洪氏家藏”“叶梦龙旧藏”“庞来臣珍藏宋元真迹”“虚斋审定”“苏斋墨缘”“颐斋珍赏”“覃溪审定”等。清张庚《图画精意识》曰：“狄生讷斋持大痴《富春大岭图》问余，是图特写严江真景，危峰连绵而峻上，其下子陵祠堂，纯用湿笔，连皴带染而成，始得深沉浑厚之致，浮岚霭霭欲滴，杜诗‘元气淋漓障犹湿’，可移美之也。黄鹤山人诗：‘墨气淋漓貌得真。’云林子跋：‘笔墨奇绝可宝。’二公能手，故能道其妙。王诗倪跋并附：‘千古高风挹富春，倦游何日见嶙峋。先生百世称同调，墨气淋漓貌得真。黄鹤山人王蒙’；‘大痴老师画《富春大岭图》，笔墨奇绝，令人见之，长水高山之风，宛然在目，信可宝也。至正廿二年壬寅，倪瓒记’。”①

《山水图》轴 系黄公望与王蒙合作绘成，元至正元年辛巳（1341）作。纸本，设色。102厘米×38.5厘米。收藏于四川大学。

《剡中访戴图》轴 元至正九年己丑（1349）作。绢本，浅设色。74.6厘米×55.3厘米。款署：“至正九年正月为士贤画，二十五日题。大痴道人时年八十有一。”下钤印一：“黄氏子久”。收藏于云南省博物馆。此幅曾经李升之、高蕴华所收藏。

《溪亭秋色图》轴 元至正五年乙酉（1345）作。纸本，设色。59.7厘米×40.2厘米。左上方署“至正五年大痴道人作”款。钤印一：“大痴”。收藏于台北故宫博物院。鉴藏玺印有：五玺全、“宝笈三编”、“宣统御览之宝”。收传印记有：“项氏家藏”“鉴赏图书”“南阳”。

《九峰珠翠图》轴 绫本，水墨。79.6厘米×58.5厘米。收藏于台北故宫博物院。此幅无款印。上方有乾隆丁酉御题，诗塘又题“鹤纹逸寄”四字。又有王逢、杨维桢题。王逢定为黄公望作。鉴藏玺印有：五玺全、“石渠继鉴”、“养心殿鉴藏宝”、“嘉庆御览之宝”、“宣统御览之宝”、“宣统鉴赏”、“无逸斋精鉴

① 〔清〕张庚：《图画精意识》，光绪十四年刻本。

玺”。收传印记有：“冰壶秋月”“造玄斋”“造玄道人”“礼用”“赵彦行印”“天水郡图书印”“邵氏容春堂书画印”“也园珍赏”“九如清玩”“清如许”“阿尔喜普之印”“东平”。

《铁崖图》轴　纸本，水墨。157.5厘米×64.9厘米。款署：“大痴为廉夫画。”下钤印二：“黄氏子久”“黄公望印”。收藏于台北故宫博物院。左方上有“唐棣至正十年”题。鉴藏玺印有：五玺全、“御书房鉴藏宝”、“嘉庆御览之宝”、“宣统御览之宝”。收传印记有：“天意子孙暹书画记”“常郡周氏”“胡惟性印”“墨池仙史”。

《山水图》　元至正九年己丑（1349）作。纸本，设色。款署：“至正九岁在己丑秋日，大痴道人为孙元磷作，时年八十有一。”收藏于台北故宫博物院。此幅系《名画荟萃》册（八开）中之一开。郑元祐作有咏《黄子久山水》二首，诗曰：“小黠大痴谁复然，画山画水亦随缘。悬崖绝谷喷流泉，此中即是安养地。……仲雍山趾归休日，尚余平生五色笔。画山画水画楼台，万态春云研坳出。只今年已八十余，无复再投光范书。留得读书眼如月，万古清光满太虚。”另一首诗歌曰：“不惮壮游行万里，归来画山复画水。荆关复生亦退避，独有北宛董、营丘李，放出头地差可耳。颜仙种术茅公山，喜得此卷开心颜。句曲千岩万壑纵深秀，何似卷舒只在咫尺间。”

《雨岩仙观图》页　纸本，水墨。50.9厘米×28.6厘米。题款：“自题五绝一首”，首句“积雨紫山深”。款署：“子久。”收藏于台北故宫博物院。此幅系《名画琳琅》册（十二开）中之一开。

《山水图》页　纸本，水墨。31.3厘米×51.9厘米。款署：“大痴。”收藏于台北故宫博物院。此幅系《名画荟萃》册（八开）中之一开。

《张雨山居图》　收藏于台北故宫博物院。

《秋岩叠嶂图》轴　张大千收藏。

《溪山欲雨图》轴　元至正八年戊子（1348）作。纸本，水墨。91厘米×30.8厘米。款署：“至正八年夏作于苕溪逋仙松声楼，时年八十大痴学人。”下钤印一：“一峰道人”。台北王雪艇收藏。画上有项元汴、李肇亨及安岐等的收藏印。

《秋山图》轴 元至正十三年癸巳（1353）作。纸本，水墨。60.9厘米×32.7厘米。款署："至正十三年五月之望，大痴道人。"钤印一："黄氏子久。"收藏于日本山本悌二郎。鉴藏玺印有：五玺全。收传印记有"乔氏私印"。清恽格《瓯香馆画跋》称《秋山图》"一展视间，骇心洞目。其图乃用青绿设色，写丛林红叶，翕霞如火，研朱点之，甚奇丽。上起正峰，纯是翠黛，用房山横点积成，白云笼其下，云以粉汁淡之，彩翠烂然，村墟篱落，平沙丛杂，小桥相映带。丘壑灵奇，笔墨浑厚，赋色丽而神古，视向所见诸名本，皆在下风，始信宗伯叹决非过。"[①]又称："子久《浮峦暖翠》则太繁，《砂碛图》则太简，脱繁简之迹，出畦径之外，尽神明之远，发造化之秘，极淋漓飘渺而不可知之势者，其惟京口张氏所藏《秋山图》、阳羡吴光禄《富春卷》乎？学者规模一峰，何可不一见也？"；"学痴翁须从董、巨用思，以萧洒之笔，发苍浑之气。游趣天真，复追茂古，斯为得意"；"一峰老人为胜国诸贤之冠，后惟沈启南得其苍浑，董云间得其秀润，时俗摇笔，辄引痴翁，大谛刻鹄之类。痴翁墨精，泊于尘滓久矣，愿借《秋山图》一是正之"。恽格对这幅画推崇备至，认为它的艺术水平超过了《浮峦暖翠图》《砂碛图》。王原祁称："大痴《秋山》，向藏京口张修羽家，先奉常曾见之云：'气韵生动，墨飞色化，平淡天真，包含奇趣，为大痴生平合作，目所仅见。兴朝以来，杳不可即，如阿闪佛光，一见不复再见。'"[②]

《陡壑密林图》轴 元至正四年甲申（1344）作。纸本，水墨。题款：画之上方书十行，款署："至正四年岁□□□八月廿有九日，大痴道人题，时年七秩有六。"收藏于美国怀云楼。诗塘有董其昌题。清吴历《墨井画跋》称："《陡壑密林图》，痴翁生平合作也。画在笺纸，跋在绢素，绢虽剥落而存处字墨维新，画法如草篆奇籀。予每过拙修堂，必请观之，常带笔就临，曲尽穷摹，殆难得神韵。烟翁晚年亦叹息，此幅被画贾人俟贫乏时辄为货求，不得不割去，

---

① 〔清〕恽寿平著，吕凤棠点校：《瓯香馆集》，西泠印社出版社2012年版，第356—357页。

② 〔清〕王原祁：《麓台题画稿》，卢辅圣主编《中国书画全书》第12册（2版），上海书画出版社2009年版，第285页。

意谓必归山左矣。”[①]王原祁《麓台题画稿》称：“董巨画法三昧，一变而为子久，张伯雨题云：‘精进头陀，以巨然为师。’真深知子久者。学古之家，代不乏人，而出蓝者无几，宋元以来，宗旨授受，不过数人而已。明季一代，惟董宗伯得大痴神髓，犹文起八代之衰也。先奉常亲炙于华亭，于《陡壑密林》《富春》长卷，为子久作诸粉本中，探骊得珠，独开生面。”[②]清张庚《图画精意识》曰：“大痴各图皆满茂，独《陡壑密林图》以清疏见长。”[③]

《山水图》轴　元至正九年己丑（1349）作。纸本，水墨。88厘米×33厘米。款署：“至正九年春二月，大痴作。”钤印二：“大痴”“黄公望印”。收藏于美国怀云楼。右上方有郑洪题。

《山水图》卷　元泰定二年乙丑（1325）作。

《天池石壁图》轴　元至正八年戊子（1348）作。题款：“天池石壁图。至正八年□与王□□同游天池，因宿□公山房，写此以寄，一时胜赏不□□□□□□。大痴道人。”清张庚《图画精意识》曰：“大痴《天池石壁图》，人手杂树一林，边右四松高起，石侧茅屋，此第一层甚浅。林外隔溪即起大山，层层而上，山之右掖出一池，人家临池，池上起陡壁，壁罅出瀑水下注，而以桥阁接住，不露水口，弥觉幽深，此点题也。陡壁即大山之顶，绵亘入右而削下者，非另为之也。盖通幅惟此一大山盘礴，顶外列小山两层，淡淡虚住，以为收结无尽之致；其小山边左与大山联络为起伏，又为小峰参差，虚映于后，为两层也。混沦雄厚，岚气溢幅，真属壮观。”[④]元吴全节《题黄子久〈天池石壁图〉》诗曰：“鸟啄残花污草庵，一春未到两山探；忽观痴老图中道，南峰翠带北峰岚。”

《秋山无尽图》卷　元至正四年甲申（1344）作。纸本，浅绛。49.3厘米×423.3厘米。款署：“大痴老人作，时年七十有六。”钤印二：“子久”“公望”。

---

① 〔清〕吴力：《墨井画跋》，卢辅圣主编《中国书画全书》第7册，上海书画出版社1994年版，第970页。

② 〔清〕王原祁：《麓台题画稿》，《中国书画全书》第12册（2版），第285页。

③ 〔清〕张庚：《图画精意识》，光绪十四年刻本。

④ 同上书。

王衡永收藏。

《芝兰室图并铭》卷 元至正二年壬午（1342）作。题款：卷后自书芝兰室铭。款署：“至正二年夏五月望，大痴道人黄公望寓云间玄真道院造。”宇文公谅《题黄鹤山人〈芝兰室图〉》诗歌曰：“紫芝采为衣，幽兰纫作佩。聊复助熏修，庶几堪傲世。一室静生香，诸尘自融会。蒲团禅燕余，经卷了空外。嗒然吾我忘，谁云有三际。”钤印三：“黄公望印”“黄氏子久”“一峰道人”。卷后有董其昌题。画上收传印记钤有“寿”“心赏”“安仪周家珍藏”等。

《山村暮霭图》轴 元至正三年癸未（1343）作。款署：“至正三年十月廿六日，写于梁溪华氏之水云阁。大痴道人公望。”钤印二：“黄氏子久”“一峰道人”。钤有乾隆、嘉庆内府诸玺印。

《山水图》页 左上方钤印一：“子久”。收传印记有“安岐”等十余方。

《溪山图》轴 又名《恽南田题黄公望山水》。绢本，水墨。161.8厘米×46厘米。收藏于广州市美术馆。此幅无款，左上方有恽南田题。

《山水图》页 元至正十一年辛卯（1351）作。纸本，水墨。33.4厘米×28.5厘米。题款：首句“寿之持此半张纸”。款署：“至正十一年六月十二日，大痴道人画并题。”下钤印三：“横”“大痴”“穷忙艺”。收藏于台北故宫博物院。此幅系《集古图绘》册（十开）中之一开。收传印记有：“长安”“李君实鉴定”“槜李李氏鹤梦轩藏记”。

《溪山雨意图》卷 元至正四年甲申（1344）作。纸本，水墨。29.6厘米×106.5厘米。左方自题，首句“此是仆数年前寓平江光孝时”。款署：“至正四年十月来溪上足其意，时年七十有六，是年十一月哉生明识。”钤有“黄氏子久”“黄公望印”印。收藏于北京故宫博物院。

《快雪时晴图》卷 纸本，设色。29.7厘米×104.6厘米。收藏于北京故宫博物院。

《天池石壁图》 元至正元年辛巳（1341）作。绢本，浅绛设色。139.4厘米×57.3厘米。题款：“至正元年十月，大痴道人为性之作天池石壁图，时年七十有三。”钤印二，钤有钱翼之等收藏印。收藏于北京故宫博物院。

《九峰雪霁图》卷 元至正九年己丑（1349）作。绢本，水墨。117.5厘米×55.5厘米。题款："至正九年春正月，为彦功作雪山，次春雪大作，凡两三次直至毕工方止，亦奇事也。大痴道人，时年八十有一，书此以记岁月云。"钤有"大痴""黄公望印""大痴道人"印。收藏于北京故宫博物院。邵亨贞《一峰道人画〈九山雪霁〉》诗曰："大雪漫空暗九山，晋人遗迹杳难攀；老仙只在扶桑外，借得瑶京鹤驾还。"清张庚《图画精意识》曰："大痴《九峰雪霁图》分五层：写起处平坡林屋树间，略以淡墨作介字点，极稀疏有致，此为第一层；其上以一笔略穹起，横亘如大阜，竖点小杉二十余笔，为第二层；又上作两小峰相并，左峰平分三笔，上点小杉五六，右峰只一笔，此为第三层；又上作大小两峰相并，小峰亦平分三笔，无杉，大峰亦只一笔，上点小杉一二，为第四层；峰皆陡耸，其收项又用一笔穹起亘于上，以应第二层之大阜，而穹处较甚，以其为峰也，偏于左，以冒第四层之小峰，而带于大峰之旁，亦无杉，自第二层大阜讫此皆虚住，其林屋之前，右下以战笔作渚沙二三十条小石，三四短枯枝，数笔是图。大痴极经营之作，无平日本色一笔，洵属神化，直夺右丞、营丘之席，以其纯用空勾，不加点缀，非具绝大神通不能也。"①

《丹崖玉树图》轴　纸本，浅绛设色。101.3厘米×43.8厘米。无款印。有张翥、徐霖、陆行直、王国器诸人题。曾经董其昌、张见阳等收藏。收藏于北京故宫博物院。

《为张伯雨画仙山图》轴　又名《秋山幽寂图》，元至元四年戊寅（1338）作。绢本，水墨。74.9厘米×27.5厘米。款署："至元戊寅九月，一峰道人为贞居画。"钤印一："大痴。"收藏于上海博物馆。上方有倪瓒题。这幅画曾先后为明董光裕，清永珞、葛金娘，今人钱镜塘收藏。元成廷圭《马瞿睿夫题张伯雨外史评黄子久画〈仙山楼观图〉》诗曰："陵谷东南几度迁，琼台仍在白云边；阆浮世上今何日，句曲山前第八天。说法久要狂外史，挥毫曾识大痴仙；人间俯仰三千岁，抚卷题诗一惘然。"

《江山胜览图》卷　收藏于北京故宫博物院。关于原作，清石涛《跋汪柳洞摹黄大痴江山无尽图卷》评论黄公望画法特点，他说："余向时观黄大痴所作

---

①〔清〕张庚：《图画精意识》，光绪十四年刻本。

《江山胜览》卷子，一丘一壑，无不从顾虎头、陆探微、张僧繇中来发明此道，运笔遒举，点画新奇，此是前人立法不凡处。在大痴、云林、黄鹤山樵一变，直破古人千丘万壑，如蚕食叶，偶尔成文，谁当着眼？故此卷三寒暑方完成。今天下画师，三吴有三吴习气，两浙有两浙习气，江楚两广之间，南都秦淮徽宣淮海一带，事久则各成习气。古人真面目实不曾见，得知没滋味中正是古人得力处。悟了还同未悟时，岂易言哉？"

《浮峦暖翠图》[①] 元至正十年（1350）作。明詹景凤曰："黄子久《浮岚暖翠图》，巨幅绢画。意精而趣未超，虽真，非得意笔也。山与木极高，树下置一屋。为墙垣乃极矮小，北宋以前时有此布置，南渡后则无之。"[②]明唐志契曰："赵希远云，辛酉秋，余同宗伯董玄宰公至京口访张修羽，见其所藏黄子久《浮峦暖翠》，章法笔法墨法与诸作迥绝。宗伯云：'我所见黄子久画不下三十幅，要之此幅为第一。'属余收缩小帧，以便随身展观。修羽有别业在城南，中有三层楼，可望江帆，且因诸山名胜，四面旋绕，余从容临摹其间，心境闲旷，颇得领略浮峦暖翠趣向。"[③]清王原祁《麓台题画稿》称："余见子久大幅，一为《浮峦暖翠》，一为《夏山图》，笔墨位置，尽发其蕴。"[④]清张庚《图画精意识》曰："黄大痴自号一峰，盖寓己之作画，以一峰见奇也。独《浮峦暖翠》危峰与平岗对峙，而岗之上复辟一池，水阁山馆，窝窒相接，通幅势极层叠厚重，而下方起手处，亦作浅坡承载，此皆古人见力量处，学者须识此等用意，则下笔自矜奇矣。"清钱杜《松壶画忆》曰："黄大痴《浮峦暖翠》巨帧，在毕涧飞家见之，赭色中以淡青绿，松杉杂树，蓊翳掩映，树下碎石，皆作了字形，根脚以淡墨略皴杂，在涂赭墨，山峦并大披麻皴，以青绿淡染，峦头佛阁掩映，云烟变灭，势欲飞动，在元人中沉秀苍浑，真能笼罩一代矣。尝传痴翁晚年仙去，

---

① 明清各画论中提及此图，有名"浮岚暖翠"，也有名"浮峦暖翠"，除引文外，本书中统一为"浮峦暖翠"。

②〔明〕詹景凤：《詹东图玄览编》，卢辅圣主编《中国书画全书》第4册，上海书画出版社2000年版，第15页。

③〔明〕唐志契：《绘事微言》，卢辅圣主编《中国书画全书》第4册，上海书画出版社2000年版，第69页。

④〔清〕王原祁：《麓台题画稿》，《中国书画全书》第12册（2版），第282页。

观此种笔墨，令人有餐霞御风之想。”

《夏山图》　此画曾经清王原祁过目，留有评论。清张庚《图画精意识》曰：“井西老人《夏山图》全学北苑，山峦层叠，迤逦而进，山脚村落，沙水幽深，林木苍郁，顶上一山包裹，不作小树，亦不点苔，只以披麻皴皴出，用墨水渲染，尤为人所不能。大痴生平佳构甚多，要以此为第一，盖平淡之极致也，所以为难。”将《夏山图》誉为黄公望生平第一，恐怕难为学界许可，但这幅画作也确有它的过人处。披麻皴笔法之纯熟，确已追步董北苑，清秀雅致，疏朗可人，古意盎然。

《秋林书屋图》　清张庚《图画精意识》曰：“大痴《秋林书屋图》小幅，宽一尺，长三尺余，树石邃密，屋宇深藏，而处处透露；中幅有危石耸峙，树端石上，两小松亭亭，烟霭中翠色欲滴；其上幅结顶以重台横亘满幅，尤为超卓，台之左边，以小侧台提起，总欲透露，不肯一笔平直也；复以淡青水染远山，包裹相映，笔意秀润，设色冲淡，神完气足，不得不推为神品也。……是图勾勒山石，笔细而淡，近于弱嫩，而气极沉浓坚厚，以是知麓台所云‘笔端金刚杵’，非笃论矣。”①

《良常山馆图》　清张庚《图画精意识》曰：“大痴《良常山馆图》茂密极矣，而不塞实者，以层台横间于中也；至中幅以上，竟作一大平台，凌空陡立，左掖小台，平侧杂出，右旁则一笔自颠直落，带皴连染，混沦峭拔，作壁立千寻之势，此种魄力足以知其不可一世，土苴轩冕襟怀；两边幅小山略为映带，通幅不点苔，不写小刺杉，别开生面，世之学大痴者不知也。”②

《秋山新雨图》　清张庚《图画精意识》曰：“大痴《秋山新雨图》，纸本水墨，一山横亘满幅，结顶于左上，山腰一瀑布下注，其下沙觜数木而已；山石晕润，瀑泉横溢，新雨后之景色也。凡写山水，四时朝昏阴晴最难，盖其神味在笔墨之外也。”③

《关山叠嶂图》　元虞堪在《题大痴道人黄子久画〈关山叠嶂图〉》一诗中

---

①〔清〕张庚：《图画精意识》，光绪十四年刻本。

② 同上书。

③ 同上书。

写道："老痴作画便痴绝，画山画村画若铁；想从忆昔少年游，饱在燕山度霜雪。重关复道压层峦，万水千山咫尺看；只今无复黄知命，脱去人间行路难。"①

《西涧诗意图》 元陈基断定此画为黄公望作品。他在《题苏昌令〈西涧诗意图〉》诗中称："图乃黄子久所画。子久自识云：华阳逋客作。"诗曰："逍遥西涧翁，汗漫华阳客；渴饮杖头瓢，醉卧溪边石。澄观无声意，默然宁有迹；目送云鸟飞，侧耳川流激。人籁静逾闻，天机动弥寂，冥搜属意匠，绘写嫌刻画。此客不可作，斯翁老无敌；寤寐西涧图，令人心莫逆。"②

扇面画 邵亨贞《题黄一峰画扇》诗曰："南州丘壑无今古，东晋衣冠久陆沉；便欲相从二三子，满船载酒剧论心。"③

《山居图》 黄公望好友杨维桢有《题黄大痴〈山居图〉》，诗曰："井西道人七十三，犹能远景写江南；筲箕屋下非工锻，自是嵇公七不堪。"

《为徐元度卷》 此画先后为黄公望好友吴镇和柯九思看过，他们都有深刻的印象。吴镇有《子久为徐元度卷》诗，柯九思有《题黄子久为徐元度卷》诗。

《春山仙隐图》 吴镇有《子久〈春山仙隐〉》诗。

《寒潭浸月图》 詹景凤为明隆庆万历间安徽休宁人，他所著《詹东园玄览编》记述元画情况甚为详备，于"元四家"尤为详尽。他称："黄大痴《寒潭浸月图》，写远山近石，林木数重。并入冲雅之趣，然非凡目可能识者。"

《姚江晓色》团扇 詹景凤称："黄子久绢写《姚江晓色》团扇，法唐人。晓色全法展子虔，其茅屋林石则法董源，有东阳柳贯、遂昌郑元祐、京口顾观、平复俞希鲁四君作指顶楷书，题七言长句，原同邑汪子固从谈思重买来，今归吴门邹比部。"④

黄公望作品还有下列情况值得注意：

其一，署名黄公望，作品为赝品的有：

---

①〔元〕虞堪：《希澹园诗集》卷一，《钦定四库全书》本。

②〔元〕陈基：《夷白斋稿》卷四，《四部丛刊三编》本。

③〔元〕邵亨贞：《蚁术诗选》卷一，《四部丛刊三编》本。

④〔明〕詹景凤：《詹东图玄览编》，《中国书画全书》第4册，第39页。

（1）《溪山无尽图》卷，收藏于北京故宫博物院。

（2）《岩壑幽居图》轴，元至正九年己丑（1349）作。绢本，浅设色。122.6厘米×44.2厘米。款署：“至正九年岁在己丑秋孟，大痴道人为孙元璘作，时年八十一。”钤印一：“黄氏子久。”收藏于台北故宫博物院。鉴藏玺印有“宣统御览之宝”。

（3）《秋山图》轴，元至正七年丁亥（1347）作。纸本，水墨。101.5厘米×28.9厘米。题款：上方长题，首句“阿翁结屋秋山岭”。款署：“至正七年八月，大痴道人写寄□□老友。”收藏于日本永青文库。画上方有赵宽题。

（4）《听泉图》轴，元至元四年戊寅（1338）作。款署：“至元四年仲春，井西道人漫笔。”钤印一。日本阿形邦三收藏。

（5）《层岩叠翠》轴，纸本，水墨浅设色。164.8厘米×47.7厘米。右上角自书两行，字迹不清。收藏于英国大英博物馆。清郑抡逵《虞山画志》载：“余家有子久《层岩叠翠》轴，林木苍秀，山头多矾石，是披麻皴而兼劈斧者，绝似虞山剑门奇险景象，想《浮岚暖翠山房图》不是过也。

（6）《山水图》页，元至正三年癸未（1343）作。绢本，设色。26.5厘米×20.7厘米。款署：“至正三年，大痴道人。”收藏于英国大英博物馆。

（7）《秋峰耸翠图》轴，元至正八年戊子（1348）作。纸本，水墨浅设色。60.4厘米×38.4厘米。题款：“秋峰耸翠”。款署：“至正八年七月望日，画与梅庵僧，大痴学人黄公望。”收藏于美国加州大学美术馆。

（8）《山水图》轴，左上自题五绝一首。

其二，署名黄公望，疑为临摹作品的有：

（1）《溪山雨意图》卷，28.6厘米×112厘米。收藏于辽宁省博物馆。徐邦达先生认为是明末到清康熙间的临本。杨仁恺则认为是明人临本。

（2）《砂碛图》卷，款署：“大痴。”收藏于辽宁省博物馆。画上有饶分、张雨、钱鼒题。周积寅先生认为是伪作。鉴藏玺印有：“乾隆御览之宝”“石渠宝笈”“嘉庆御览之宝”“宣统御览之宝”等。此幅应为明人的临摹本。清恽格《瓯香馆画跋》评论这幅画时认为其笔法过于简略，失之单薄。清张庚《图画精意识》曰：“大痴《砂碛图》，不作主山，通于两旁，写大山麓，迤逦侧落，边右者浅小作三叠，边左者深大作五叠，于第五叠上，多列峭石，渐近中幅，列石之上，始作一正面小山收结，中间支山乱石，沙坡桥渡，山家水舍，俱于山麓，每叠之次安顿，盖另辟一奇也。”①

（3）《天池石壁图》轴，元至正元年辛巳（1341）作。绢本，设色。127.9厘米×61.6厘米。题款：“至正元年十月，大痴道人作天池石壁图，时年七十有三。”钤印二：“黄氏子久”“黄公望印”。收藏于台北故宫博物院。右方褾绫有韩逢禧题。左方褾绫有汪珂玉跋。鉴藏玺印有：八玺全、“嘉庆御览之宝”、“宣统御览之宝”。收传印记有：“周亮工印”“周亮工借观一过”“赖古堂鉴赏印”“栎园”“周氏元亮秘笈之印”“江上外史”等。

（4）《天池石壁图》轴，元至正元年辛巳（1341）作。绢本，水墨浅设色。126.6厘米×54.5厘米。题款：“至正元年十月，大痴道人作天池石壁图，时年七十有三。”钤印一。收藏于日本藤田美术馆。这幅画为临本，原作在北京故宫博物院。

（5）《江山胜览图》卷，元至正八年戊子（1348）作。纸本，浅设色。32.1厘米×757.5厘米。题款：左方自题，首句“余平生嗜懒成痴”。款署：“至正戊子十月，大痴学人黄公望。”钤印二：“一峰道人”“公望”。收藏于日本山本悌二郎。前隔水有邢子愿题。拖尾有蔡宗茂、张穆、李恩庆诸跋。鉴藏玺印有：“乾隆御览之宝”“石渠宝笈”等。收传印记有：“永珞”“倪氏耕逸”及项元汴、李季云诸印。

其三，存世作品中真伪还难以判别，需进一步考证的有：

（1）《山水图》。此画原系邓拓收藏，现收藏于中国美术家协会。

（2）《层岩曲润图》轴，元至正九年己丑（1349）作。纸本，水墨。95.7厘米×48.3厘米。款署：“此图己丑岁寓秦淮所作，壬辰十月复来苕溪，检赠元磷逸君。大痴。”钤印一：“黄子久印。”收藏于台北故宫博物院。画上方有乾隆戊戌御题，诗塘又题“浑厚华滋”四字。鉴藏玺印有：八玺全、“古希天子寿”、“八徵耄念之宝”、“五福五代堂宝”、“嘉庆御览之宝”、“宣统御览之宝”、“宣统

① 〔清〕张庚：《图画精意识》，光绪十四年刻本。

鉴赏”、“无逸斋精鉴玺”。收传印记有：“廷美”“棠村后人”“野石鉴定”。

（3）《洞庭奇峰图》轴，元至正十四年甲午（1354）作。纸本，水墨。120.7厘米×51.4厘米。款署：“至正甲午七月十日，大痴道人黄公望为剑庵梅中翰作。”钤印三：“黄公望印”“子久”“一峰道人”。收藏于台北故宫博物院。画上方有沈度、文璧题。鉴藏玺印有：五玺全、“垂华宫鉴藏宝”、“乐善堂图书记”、“嘉庆御览之宝”、“宣统御览之宝”。收传印记有：“天籁阁”、“墨林秘玩”、“宫宝世家”、“神品”、“项子京家珍藏”、“子京”（葫芦式）、“梅印”（半印）、“玉堂学士之章”（半印）。

（4）《层岩飞瀑图》轴，纸本，浅设色。93.7厘米×39.3厘米。款署：“大痴。”钤印一：“一峰道人。”收藏于台北故宫博物院。左上有王遂（青城山人）题。右方襟绫有顾正谊题。左方襟绫有谢淞洲跋。鉴藏玺印有：八玺全、“东寿堂鉴藏宝”、“嘉庆御览之宝”、“宣统御览之宝”、“宣统鉴赏”、“无逸斋精鉴玺”。

（5）《溪亭山色图》轴，纸本，水墨。50.6厘米×30厘米。款署：“大痴为景远作。”钤印一：“黄氏子久。”收藏于台北故宫博物院。左方旧襟绫有黄澍跋。鉴藏玺印有：五玺全、“宝笈三编”、“宣统御览之宝”。收传印记有：“神品”“天籁阁”“墨林”“净因庵主”“项墨林父秘笈之印”“元龙”等。

（6）《溪山草阁图》轴，纸本，水墨。121.6厘米×33厘米。款署：“大痴道人。”钤印一：“黄氏子久。”收藏于台北故宫博物院。诗塘有明人程敏政题。鉴藏玺印有：五玺全、“宝笈三编”、“宣统御览之宝”、“宣统鉴赏”、“无逸斋精鉴玺”。收传印记有：“万口堂藏”“东汉客星之裔”“毕泷涧飞氏藏”“德有邻堂”“新安朱氏宝藏图书”“鲁郡邵氏”。

（7）《江山幽兴图》轴，纸本，水墨。27厘米×360.3厘米。画左侧自题“江山幽兴”。款署：“大痴学人平阳黄公望戏写。”收藏于日本大阪市立美术馆。引首有罗振玉、郎白题签。拖尾有齐烈祖、陈口、内藤虎、长尾甲跋。

（8）《山水图》页，绢本，水墨浅设色。23.3厘米×29.8厘米。此幅无款。收藏于美国弗利尔美术馆。

（9）《松溪高隐图》轴，题款：“松溪高隐图。至□□年一峰老人画于虞山口竹西山房。”钤印二：“公望”“一峰道人”。

（10）《山水图》轴，画右下有“子久”印。右上方有杨维桢题。方若收藏。

（11）《山水图》轴，元至正八年戊子（1348）作。纸本，水墨。34厘米×64.5厘米。

（12）《江千帆影图》。清郑抡逵《虞山画志》载：“（黄公望）题自画《江千帆影图》云：‘高阁崔嵬俯碧江，布帆归趁鸟飞双。寒烟古木攒秀峰，暗度晴光落短窗。’子久诗喜无元人填词习气。”①

（13）《溪山茅屋图》。清张庚《图画精意识》曰：“子久《溪山茅屋图》，长三尺余，阔尺余，层峦中幅而起，两旁以山麓辅之，山顶石势，巉岩磥砢，侧坡险出，而用笔甚简，纯以中锋悬腕，信手勾勒，不加填札，益显笔踪之圆劲。树枝细瘦疏逸，或夹叶，或点叶，俱潇洒不经意而自得郁葱疏爽之趣。山石设以淡赭墨，不加渲晕，山凹石麓小杉，略用墨点，而以苔绿衬贴，此亦大痴又一种笔墨也。”②

（14）《云山图》。元袁华作有《黄大痴〈云山图〉》，诗曰：“荆浩关仝善山水，大痴继作非俗史；技艺毕给世称贤，图画乃其余事耳。筲箕泉头月苍苍，蝉蜕秽浊凌风翔；斯人九原不可作，泚笔题诗增慨慷。”③

（15）《松江送别图》。刘崧《题吴教授所藏黄大痴画〈松江送别图〉》诗曰：“是何山莽莽以横云，水浩浩而生风。天低江回日欲落，别意乃在苍茫中。问君此图作者谁，浙东老人黄大痴。松江先生旧知己，眼明为写秋江姿。重坡欹岸东南远，本末参差见层巘。苍浦遥连楚泽深，石林尽带吴堤转。是时先生从此归，把钓欲拂云中矶。长风过雨蒲苇净，水色淡滟沾人衣。只今又作筠州客，惆怅松江渺云隔。离思犹迷雁荡烟，归心已历洪崖石。我思大痴焉得从，笔墨往往遗奇踪。草衣骑牛发如雪，吹笛忆过天台峰。平生一笔不轻许，傲睨王侯笑尘土。展图坐对凤山青，却想高情动千古。君不闻功名利达能几何，长

① 〔清〕郑抡逵：《虞山画志》，《中国书画全书》第10册，第1005页。

② 〔清〕张庚：《图画精意识》，光绪十四年刻本。

③ 〔元〕袁华：《耕学斋诗集》卷七，《钦定四库全书》本。

安离别日日多。灞陵亭前春草碧，灞陵亭下春风波。”[①]

（16）《万里江山图》。吴镇有《子久〈万里江山图〉》诗。

（17）《缥缈仙居图》。柯九思观看此画后，作有《黄大痴〈缥缈仙居图〉》诗。

（18）《为姚子章卷》。柯九思有《题黄子久〈为姚子章卷〉》诗。

（19）《吴门秋色图》。柯九思有《题黄子久〈吴门秋色图〉》诗。

（20）《海岳庵图》。柯九思有《题黄子久〈海岳庵图〉》诗。

（21）《虞峰秋晚图》。柯九思有《题黄子久〈虞峰秋晚图〉，为太朴先生》诗。

（22）《山水阁》。元何景福《山水阁，为黄子久题》诗曰：“石齿粼粼水，云衣赫蘸山。天风吹客梦，何日抹鱼颁。”

从今天看来，需要对黄公望绘画作品留存于世情况继续进行搜集与考证，以对其真赝问题作出准确的判断与把握。在对黄公望画作情况作以上简略介绍后，我们再对他的代表作品《富春山居图》作一些深入的分析评述。

《富春山居图》

《富春山居图》是幅长卷，表现富春江畔如诗如画的山水景色，是一幅成熟的文人画杰构。此画创作费时近七年，断续画成，当时黄公望已82岁，但全画精神四溢，显见画家创作时的精神状态之佳。画面上风和日丽，峰峦起伏，村居野店疏落有致，有垂钓者在江心放线钓鱼。此画笔法丰富，雄秀并举，穷极变化，“写”味浓郁，可谓是绚烂至极终归于平淡，充分体现了黄公望高超的艺术手法。

历代论者对于《富春山居图》，从创作缘起、创作过程、艺术师承、艺术特色、艺术地位等各个方面都作了大量详尽而细致的分析论评，现择其有代表性的论述作一些介绍：

---

① 〔明〕刘崧：《槎翁诗集》卷三，《钦定四库全书》本。

清代著名文学家沈德潜在雍正年间数次观赏这幅绝世佳作，有感于其三百余年间艰难流传历程，留下二跋，曰：

> 黄子久《富春山居图》系纸本，长尺许，阔三丈余，写付无用和尚者，起至正七年，成至正十年。未成时，恐人巧取豪夺，先书无用本号，后缀成之，见子久自记语中。后有沈石田、文文水、王百谷、董思白、邹衣白五跋，其元人及明初人跋，归石田时已经脱落矣。按子久于元四大家中为冠，而此卷又为生平神来之笔，此之右军《兰亭》不虚也。入国朝归高江村詹事，詹事以六百金收之。后归王俨斋司农，亦如其直。司农没，仆人挟之来苏，逾月无售者，施转之维扬矣。计詹事、司农，品第声势，极一时之盛，今不三四十年，如春花飘零，云烟解散，而山人笔墨长留人世间，洵秾华难久，而淡寂者多味外味也。雍正戊申观于黄郦坊某氏，时六月二日。
>
> 戊申岁于黄郦坊某氏阅黄子久《富春山居图》，时俨斋王司农家人，持卷求售，索直千金，吴中无大力者，将之维扬，后亦不知所之矣。乙卯秋，予寓京师，程子莼江，于安氏借得此卷，邀予往观，不啻重见故友也。画在明代为石田翁物，后归樊节推，最后归吴明卿[①]，入国朝归高江村，后归王俨斋，迄今在三韩安氏。予既幸前贤名迹流传人代，若有鬼物呵护其间，又以文人学士，不能有之，而为之主者，唯侈宝玩之多，贯直之重，以为豪举，此卷亦未为得所也；后有如白石翁者，或更当归之。

按照沈德潜所作题记的陈述，我们将沈石田、文文水、王百谷、董思白、邹衣白五跋逐一加以介绍。

沈周所作跋曰：“大痴黄翁，在胜国时以山水驰声东南，其博学惜为画所掩。所至三教之人，杂然问难，翁论辩其间，风神竦逸，口如悬河，今观其画，亦可想见其标致。墨法笔法，深得董巨之妙，此卷全在巨然风韵中来，后尚有

① 明卿：“问卿”之误。

一时名辈题跋，岁久脱去，独此画无恙，岂翁在仙之灵而有所护持耶？旧在余所，既失之，今节推樊公重购而得，又岂翁择人而阴授之耶？节推莅吾苏，文章政事，著为名流，雅好翁笔，特因其人品可尚，不然，时岂无涂朱抹绿者，其水墨淡淡，安足致节推之重如此？初翁之画，亦未必期后世之识，后世自不无扬子云也。噫！以画名家者，亦须看人品何如耳，人品高则画亦高，古人论书法亦然。弘治新元立夏日，长洲后学沈周题。”

文彭跋曰：“右大痴长卷，昔在石田先生处，既失去，乃想像为之，遂还旧观，为吾苏节推樊公得之，是成化丁未岁也。至弘治改元，节推公复得此本，诚可谓之合璧矣。今又为吾思重所得，岂石田所谓择其人而授之者耶！思重来南京，出二卷相示，为题其后。隆庆庚午四月，后学文彭记。”

王樨登跋曰：“隆庆辛未中秋后三日，敬观于梁溪谈氏澄怀阁，太原王樨登。百谷阅后四十二日，周天球在天籁堂，得并观二卷者弥日。”

董其昌所作的跋称：“大痴画卷，予所见若槜李项氏家藏《砂碛图》，长不及三尺。娄江王氏《江山万里图》可盈丈，笔意颓然，不似真迹。唯此卷规摹董巨，天真烂漫，复极精能，展之得三丈许，应接不暇，是子久生平最得意笔。忆在长安，每朝参之隙，征逐周台幕，请此卷一观，如诣宝所，虚往实归，自谓一日清福，心脾俱畅。顷奉使三湘，取道泾里，友人华中翰为予和会，获购此图，藏之画禅室中，与摩诘《雪江》共相映发。吾师乎！吾师乎！一丘五岳，都具是矣。丙申十月七日书于龙华浦舟中。”董其昌称《富春山居图》“规摹董巨，天真烂漫，复极精能，展之得三丈许，应接不暇，是子久生平最得意笔”，确为定论。我们由此可以想象董氏的得意神情。在董其昌的眼中，王摩诘《雪江胜赏图》与黄大痴《富春山居图》才称得上画中至宝。《富春山居图》的购藏鉴赏，为董其昌倡导古雅画风与倡言南北宗论提供了丰沛的绘画资料与坚实的理论依据。清王时敏对董其昌评语十分赞同，在其《西庐画跋》里称：“昔董文敏尝为余言，子久画冠元四家，得其楮片残缣，不啻吉光片羽。而生平所最力作，尤莫如《富春山居卷》。盖以神韵超逸，体备众法，又能脱化浑融，不落笔墨蹊径，故非人所企及，此诚艺林飞仙，迥出尘埃之外者也。”

邹之麟跋曰：

余生平喜画，师子久，每对知者论子久画，书中之右军也，圣矣。至若《富春山图》，笔端变化鼓舞，又右军之《兰亭》也，圣而神矣。海内赏鉴家愿望一见不可得，余辱问卿知，凡再三见，窃幸之矣。问卿何缘，乃与之周旋数十载，置之枕藉，以卧以起，陈之座右，以食以饮，倦为之爽，闷为之欢，醉为之醒。家有云起楼，山有秋水庵，夫以据一邑之胜矣。溪山之外别具溪山，图画之中更添图画；且也名花绕屋，名酒盈樽，名书名画，名玉名铜，环而拱一《富春图》。尝闻天上有富贵神仙，岂胜是耶！又闻子久当年，元是仙人，故遗此迹与问卿游戏耶！国变时，问卿一无所问，独徒跣而携此卷，嗟乎！此不第情好寄之，直性命徇之矣。彼五岳有真形图，而富春亦有之，可异也。当年此图画与僧无用追随，问卿护持此卷者，亦是一僧，可异也。庚寅画画，题画人来又适庚寅，可异也。虽然，余欲加一转语焉，绘画小道耳，巧取豪夺，何必蚤计载之记中也。东坡不云乎："冰上偶然留指爪，鸿飞那复记东西。"问卿目空一世，胸绝纤尘，乃时移世迁，感慨系之，岂爱根犹未割耶？庞居士不云乎："但愿空诸所有，不愿实诸所无。"嗟乎！余言亦太饶舌矣。野老邹之麟识。

明清以来，关于《富春山居图》的文献资料甚多，择其要者做些介绍：

清《石渠宝笈初编》曰："越明年丙寅冬，安氏家中落，将出所藏古人旧迹，求售于人。持《富春山居卷》并羲之《哀生帖》、苏轼二赋、韩幹《画马》、米友仁《潇湘》等图，共若干种，以示傅恒。傅恒曰：'是物也，饥不可食，寒不可衣，将安用之。'居少间，恒举以告朕，朕谓或者汝弗识耳，试将以来，剪烛粗观，则居然黄子久《富春山居图》也，五跋与德潜文吻合。……丙寅长至后一日，重华宫御（乾隆）识并书。"

清英和《石渠宝笈三编》卷十三称："世传《富春山居图》为黄子久画卷之冠，昨年得其所为《山居图》者，有董香光鉴跋，时方谓《富春图》别一卷，屡题寄意，后于沈德潜文中，知其流落人间，庶几一遇为快。丙寅冬，或以书画求售，多名贤真迹，则此卷在，马上有沈文王邹董五跋，德潜所见者是也，因以二卷并观，始悟旧藏即《富春山居》真迹，其题签偶遗'富春'二字，向之疑为两图者，实误甚矣。鉴别之难也，至董跋两卷，一字不易，而此卷笔尤尔弱，其为赝鼎无疑。惟画格秀润可喜，亦如双钩下真迹一等，不妨并存。因并所售，以二千金留之。俟续入《石渠宝笈》，因为辨说，识诸旧卷，而记其颠末于此，俾知予市骏雅怀，不同于侈收藏之富者，适成叶公之好耳。乾隆御识，臣梁诗正奉敕敬书。”乾隆十一年（1746），无用师卷《富春山居图》被清高宗弘历收进清宫内府。但因高宗已将先期入宫的子明卷定为真品，遂将无用师卷定为赝品，铸成大错，列入《石渠宝笈》次等。直至嘉庆年间，胡敬校读石渠旧藏，才将其编入《石渠宝笈三编》，收藏于清宫内府。

清王原祁《麓台题画稿》称：“古人长卷，皆不轻作，必经年累月而后告成，苦心在是，适意亦在是也。昔大痴画《富春》长卷，经营七年而成。想其吮毫挥笔时，神与心会，心与气合，行乎不得不行，止乎不得不止，绝无求工求奇之意。而工处奇处，斐亹于笔墨之外，几百年来，神采焕然。余前日于司农处获一寓目，顿觉有会心处，方信妙境亦无多些子也。”①

清恽格《瓯香馆画跋》谓：

子久《富春山卷》，全宗董源，间以高、米，凡云林、叔明、仲圭，诸法略备。凡十数峰，一峰一状；数百树，一树一态。雄秀苍莽，变化极矣。与今世传叠石重台、枯槎丛杂、短皴横点，规模迥异。予香山翁有摹本，略得大意。衣白邹先生有拓本，半园唐氏有油素本，庶几不失丘壑位置，然终不若一见姑射仙人真面目，使凡尘顿尽也。

石谷子凡三临《富春图》矣，前十余年，曾为半园唐氏摹长卷，时犹为古人法度所束，未得游行自在。最后为笪江上借唐氏本再摹，遂有弹丸脱手之势。娄东王奉常闻而叹之，属石谷再摹。余皆得见之，盖其运笔时精神与古人相洽，略借粉本而洗发自己胸中灵气，故信笔取之，不滞于思，不失于法，适合自然，直可与之并传。追踪先匠，何止下真迹一等！予友阳羡三梧阁潘氏，将属石谷再临，以此卷本阳羡名迹，欲因王山人复还旧

①〔清〕王原祁：《麓台题画稿》，《中国书画全书》第12册（2版），第286页。

观也。从此《富春》副本，共有五卷，纵收藏家复有如云起楼主人吴孝廉之癖者，亦无忧劫火矣。因识此以为《富春图》幸。

阳羡周颖侯氏，与云起楼吴问卿昵好，曾以千金玩具抵吴借临，未竟还之。火后乃从吴氏更索残本足成。恒自夸诩一峰《富春》真迹已残，惟摹本独完。人人谓得见周氏本，可想全图之胜。虞山王子石谷过毗陵，将为江上御史摹此，欲从阳羡借周氏摹本观其起手一段，不可得。却后一载，石谷适携客岁所临卷与余同游阳羡，因得见周氏摹本。其笔墨真如小儿涂鸦，足发一大笑，急取对观起手一段，与残本无异。始知周氏诞妄，真自欺欺人者耳。且大书卷尾，自谓痴翁后身，又自称笔墨有不及痴翁处，有痴翁不及处。真醯鸡斥鷃，蠡井窥天之见，可怪可哀也。

吴问卿生平所爱玩者有二卷：一为智永《千文》真迹，一为《富春图》，将以为殉。弥留为文祭二卷。先一日焚《千文》真迹，自临以视其烬，诘朝焚《富春图》，祭酒面付火，火炽，辄还卧内。其从子吴静安疾趋焚所，起红炉而出之，焚其起手一段。余因问卿从子问，其起手处写城楼睥睨一角，却作平沙，秃峰为之，极苍莽之致。平沙盖写富春江口出钱唐景也。自平沙五尺余以后，方起峰峦坡石。今所焚者，平沙五尺余耳。他日当与石谷渡钱唐，抵富春江上严滩，一观痴翁真本。更属石谷补平沙一段，使墨苑传称为胜事也。①

恽格对吴问卿收藏与焚毁《富春山居图》以及吴静安抢救这一千古名迹的过程作了细致的叙述，对于后来文物鉴定界准确判断两卷画作的真赝，提供了重要证据。

清胡敬《西清札记》称："《清河书画舫》谓：'黄子久《富春山》图，今在宜兴吴氏，后有李贞伯、沈启南二跋。'此卷止有沈跋。又按张庚《图画精意识》：'董文敏尝语王奉常云：子久画冠元四家，而生平最合作莫如《富春山》卷，神韵超逸，体备众法，脱化浑融，不落畦径，诚为艺林飞仙，迥出尘埃之

① 〔清〕恽寿平著，吕凤棠点校：《瓯香馆集》，第261—263页。

外者也。’为按图考之：其峰峦则有似营丘者，有似贯道者；林木则有似黄鹤者，有似云林者，所谓体备众法也；其皴擦之长披大抹，似疏而实，似漫而紧，得北苑法外之神，所谓脱化浑融也；其位置之平淡浅近，若人人能之，而实无能之者，所谓不落畦径也；其水晕墨彰，不设色而使墨自具五采者，所谓神韵超逸也。文敏诚善言者矣。”①

清吴历《墨井画跋》曰：“大痴晚年归富阳，写《富春山卷》，笔法游戏如草篆，传闻有二本，不知其详。一被好事者拳拳宝爱，不离于手，迨将终时授之于火，旁人亟取，已烧卷首尺余矣。予在广陵所临者，烬余本也。归而质之太原奉常公，公有石田背临一卷，即将斟对，山川树石，毫无遗失，但石田之设形，乃其本色也。卷尾跋云：‘痴翁本，向余所藏请题于人，被其子干没，而后出售，贫不能归，叹息背临而已。’”②

清王廷宾《题剩山图》曰：“《剩山图》者，盖黄大痴先生所作《富春图》前一段也。自《富春图》出，脍炙天下人口，久推为名家第一，向为宜兴吴子问卿氏珍藏，顺治庚寅，问卿且死，爱不能割，直焚以为殉，其从子子文，不忍以名物遽烬之劫灰，遂乘其瞆乱，旋投以他册易出之，而已焚去其十之三四矣。是此图不能复为全璧，题之曰‘剩山’，悲夫！然犹幸其结构完全，俨然富春山在望。其后段所存者，亦尚有延袤数纸，然仅属矣。”

清程正揆《自题仿富春山图》曰：“《富春山图》卷为子久名卷，经兵火失其半，所存者归泰州季氏，丁酉余得见于白下，因摹仿此卷。又闻有全幅临本在吴门，记访之，青溪道人揆。”又记：“己酉冬十一月，予往泰兴观季氏收藏。《富春》去其卷首仅二尺许耳，精采如故，诚子久逸品也。其题款亦标致可喜。尤物洵有神护，此当为季物冠军。余展玩数日，后至维扬见卷首在观察王廷宾师臣家，火迹犹存，中有补缀二处，反为累，不若听其残缺，不害为‘富春图’也。青溪又记。”程正揆耽爱文物，一直对《富春山居图》念念不忘，记述了他的每次观感，为我们保留了重要的史料。

---

①〔清〕胡敬：《西清札记》卷四，清嘉庆刊本。

②〔清〕吴历：《墨井画跋》，《中国书画全书》第7册，第970页。

清吴其贞《书画记》称："此卷原有六纸，长三丈六尺，曩为藏卷主人宜兴吴问卿病笃以殉。其从侄子文，俟问卿目稍他顾，将别卷从火中易出，已烧焦前段四尺余矣。今将前烧焦一纸揭下，仍五纸，长三丈，为丹阳张范吾所得，乃冢宰幸甬先生长子也，聪颖悟通诸技艺，性率真，好收古玩字画，无钱即典田宅以为常。予于壬辰五月二十四日，偕庄淡庵往谒借观，虽日西东，犹不忍释手。其图揭下烧焦纸，尚存尺五六寸，而山水一丘一壑之景，全不似裁切者。今为余所得，名为《剩山图》。"①

清方薰《山静居画论》曰："子久《富春山居》一图，前后摹本，何止什百，要皆各得其妙，惟董思翁模者，绝不似而极似，一如模本《兰亭序》，定武为上。"②

清钱杜《松壶画忆》曰："大痴《富春山图》有二本，其一为《富春大岭图》，一为《富春山居图》。《大岭图》未见。《山居图》即吴问卿所藏，病剧欲以为殉，家人自火中夺出者。卷首有焦灼痕，虽微瑕，亦艺林佳话也。余曾见于太仓陆时化听松阁中，属蓬心太守为摹一卷，久为好事者攫去，如云烟过眼矣。"

清吴升《大观录》曰："卷白纹色纸本，高一尺，长一丈八尺，六接，钤缝有吴之矩印，之矩问卿名也。卷首焰痕宛然，盖问卿没，其家欲焚以殉，从烟燎中救免，留此痕，宛然焦尾也。"

清安岐《墨缘汇观录》曰："《富春山居图》，纸本，高一尺余，长一丈二尺，凡六接，具有吴之矩钤印，幅中有扬州季氏藏印。"

王伯敏先生对于《富春山居图》作过长期深入而细致的研究。他运用实地考察与文献分析相结合的方法，对这幅画作的图像内容与表现技法进行了分析，他说：

黄公望久居江南，他的山水画素材，就来自这些山水胜处。当其居富

---

①〔清〕吴其贞：《书画记》，卢辅圣主编《中国书画全书》第11册（2版），上海书画出版社2009年版，第393页。

②〔清〕方薰：《山静居画论》，人民美术出版社2016年版，第77页。

春江时，凡领略江山钓滩之胜，没有不带纸笔而作速写模记的。他重视形象的笔录，在《山水诀》中，他提到“皮袋中，置描笔在内，或于好景处，见树有怪异，便当模写记之”。他的这种用功勤奋，正是使他所画千岩千壑“愈出愈奇”的一个重要因素。他的画友倪瓒学画时也如此，倪瓒自题画作中说：“郊行及城游，物物归画笥。”公望居富春，却是“树树归画囊”。故其所画，评者以为“一树有一姿”……

黄公望的作品，流传至今的不少，有《富春山居图》《雨岩仙观图》《天池石壁图》《陡壑密林图》《快雪时晴图》《秋山幽寂图》等，其中《富春山居图》尤为著名。《富春山居图》（无用本）作于至正七年（1347），高31.8厘米，现存两段相加长为691.3厘米。这时作者年近80，为了更好地描绘这幅画，他常常“云游在外”，并对当地山川做了细细的观察与揣摩……他在题画中说，此画三四年未得完备……

《富春山居图》卷，写富春江一带初秋景色，峰峦坡石，多有起伏变化，云树苍苍，疏密有致。其间有村落，有平坡，有亭台，有渔舟，有小桥，并写出平沙及溪山深远处的飞泉，描写丰富，正是“景随人迁，人随景移”，达到了步步可观的艺术效果。此卷用笔利落，平林一带丛树，打上点子叶。高崖峻壑，则用大披麻皴。不少地方，取法董源的《夏山图》而又自变法。这幅作品，在元代的文人画中，是一幅出色的实地山水的概括性的作品。

黄公望另有《浮岚暖翠图》，亦写富春江风物。清顺治间，朱竹坤在山阴县衙中看到，竟说自己“恍如坐我富春江上，浑忘身之在官舍也”，说明他画山水，给人以强烈的感染力。

对于《富春山居图》，若有人硬要问，画的是富春江哪一带风光，这就难以回答，因为这是不可能对得上富春江两岸每个山头的。如果说“无有似处”，却又是无人不道画的正如富春江之美。所以，只好说，《富春山居图》对于富春江是“不似之似似之”。关于这个问题，倘以就实而论，这里录本人《富春江上画中行》中一段，作为好事者或研究者的参考：

《富春山居图》画的地方，基本上是在富阳。所画富春江的两岸，有可能起自富阳城东的株林坞、庙山坞一带。这卷画的前段，即今浙江博物馆收藏的一段，所画山形、气势，与这些地方的风烟，令人愈看愈对路。又前人提到这卷画的起首有“平沙五尺余”，在株林坞南边的小里江，至今也可以见到平沙之景，或者在东洲，同样可以获睹江上的平沙。再就是从富阳城沿江向西南，及至太平、三山、中埠和长山衖。值得注意的，在这卷画的中部，画一座座的山，有如舞凤展翅，飞向深峦，而又山势斜落，穹岫迷密，正所谓“丘壑奔腾”。这部分画境，在中埠，或在汤家埠的后山都能看到它的依据。尤其在夕阳西沉之际，山皴分明，山上矾石累累，更如子久的笔墨。这卷画至此，画家似乎又顺江东转向富阳，再自富阳沿江向东，画至今之新沙至里山一带而出口。细察位置环境，它的起首与桐庐无关，它的结尾与钱塘江也无关。我之所以这样理解，不只凭画卷与真景大体吻合来判断，也还根据一些记载与口碑来推理。我在《黄大痴的“痴”及其他》一文（载《上海博物馆集刊》建馆三十五周年特辑）中，有过这样的阐述：

黄公望在富春江时，住过太平村，也到过隔江的三山村，据说在株林坞下榻的时间较长。株林坞为江南富有诗情画意的山村水乡，离富阳15华里，村子背靠山，前临江，山峦多变化，故多丘壑。临江有坡地，竹树簇集其间，常有飞鸟穿林。黄公望在自题《秋山招隐图》中，提到他在富春山“构一堂于其间，每于春秋时焚香煮茗，游焉息焉”，还说“当晨岚夕照，月色当窗，或登眺，或凭栏，不知身世在尘寰矣”！而且，在这个隐居处，自题匾额曰“小洞天”。这个“小洞天”是否在株林坞，固然不能确定，但在富春江有黄公望的隐居之地是无疑的了。在株林坞西面的大岭，黄公望为邵亨贞所作的《富春大岭图》描绘的便是这一带的景色大略。总之，黄公望画这卷山水图，它的取景构思是逶回的，而置陈布势却又是落在平面横线上。这卷画的取景范围为“V”形，当在研砚挥毫时，便将“V”形拉直而成横线，以致成为长长的画卷。①

① 王伯敏：《中国绘画通史》（上册），生活·读书·新知三联书店2000年版，第570—574页。

王伯敏先生的论断是基于实地踏访，再结合历代文献资料的佐证，是有根据的。他的这一段论述，有两点值得引起我们注意：

第一，元代绘画注重脱略形迹，追求古意，在笔墨上寄托情怀，逸气四溢，妙趣横生。而位居“元四家”之首的黄公望却在《富春山居图》《富春大岭图》等画作中展示出胜人一筹的写实功夫，让后来者身居其境而再三兴叹。由此可见，元代文人画在审美追求上确有其独到之处，倪瓒所谓“不过逸笔草草，不求形似，聊以自娱耳”的说法仅仅是他的快心之论，从“元四家”绘画实际来看，画家们更注重的是“到处云山是我师”（赵孟頫语），神与物游。

第二，《富春山居图》《富春大岭图》等画作中展示的画境与富春山水实景的相似对应，启示我们在绘画史研究中要重视人文地理环境的研究，拓宽研究空间，提高学术质量。

绘画特色

概括而言，黄公望绘画有以下特点：

一是自然清雅，挥洒自如。

清恽格《瓯香馆画跋》称：“子久神情，于散落处作生活。其笔意于不经意处作腠理，其用古也，全以己意而化之。魋鼬之猛厉也，而猎人能驯之以角抵之戏；王孙之诡秘也，而弋人能导之以桑林之舞。此其故有非言说之所能尽矣”；[①]“痴翁画，林壑位置、云烟渲晕，皆可学而至。笔墨之外，别有一种荒率苍莽之气，则非学而至也。故学痴翁画，辄不得佳”。清王原祁《麓台题画稿》称：“六法一道，非惟习之为难，知之为最难；非惟知之为难，行之为尤难也。余于此中磨炼有年，方知古人成就一幅，必简炼以为揣摩，于清刚浩气中，具有一种流丽斐亹之致，非可以一蹴而至。学大痴者宜，深思之。”[②]又说：“东坡诗云：‘论画以形似，见与儿童邻。’甚为古今画家下箴砭也。大痴论画有二

①〔清〕恽寿平著，吕凤棠点校：《瓯香馆集》，第246—247页。

②〔清〕王原祁：《麓台题画稿》，《中国书画全书》第12册（2版），第286页。

十余条，亦是此意。盖山无定形，画不问树，高卑定位而机趣生，皴染合宜而精神现，自然平淡天真，如篆如籀，萧疏宕逸，无些子尘俗气，岂笔墨章程所能量其浅深耶!”

恽格、王原祁所论，告诫后学“学大痴者宜深思之”，都强调了绘画的“机趣”“精神”，他们都看到元人绘画中的“一种荒率苍莽之气”与“一种流丽斐亹之致”，这是元画经过钱选、赵孟頫、高克恭的起例发凡，而由黄公望确立其基本范式的一代画风之变。

二是平淡冲濡，骨苍神腴。

清张庚称颂黄公望平淡脱俗的画风，他在《图画精意识》里称：“大痴为人坦易而洒落，故其画平淡而冲濡，在诸家最醇。”

方薰进一步点出了黄公望画风与董源、巨然的承继关系，他在《山静居画论》里谓：“一峰老人，纯以北苑为宗，化身立法，其画气清质实，骨苍神腴。……极山水之变，蕴于毫末，出之楮素，洵非俗工可能跂及。”①

清恽格极力称赞黄公望绘画创作上随顺自然、游神于物的自由状态，他在《瓯香馆画跋》里称：“子久《天池》《浮峦》《春山聚秀》诸图，其皴点多而墨不费，设色重而笔不没，点缀曲折而神不碎，片纸尺幅而气不促，游移变化，随管出没而力不伤。董文敏所谓烟云供养，以至于寿而仙者，吾以为黄一峰外无他人也。”②

王原祁对黄公望更是充满崇敬之情，他在《麓台题画稿》里称：“笔墨一道，用意为尚，而意之所至，一点精神，在微妙些子间，隐跃欲出，大痴一生得力处，全在于此。画家不解其故，必曰某处是其用意，某处是其着力，而于濡毫吮墨，随机应变，行乎不得不行，止乎不得不止，火候到而呼吸灵，全幅片段自然活现，有不知其然而然者，则茫然未之讲也。”③又称：“大痴画以平淡天真为主，有时而傅彩粲烂，高华流丽，俨如松雪，所以达其浑厚之意，华滋之气也。段落高逸，模写潇洒，自有一种天机活泼隐现出没于其间。学者得其

① 〔清〕方薰：《山静居画论》，第112页。

② 〔清〕恽寿平著，吕凤棠点校：《瓯香馆集》，第245页。

③ 〔清〕王原祁：《麓台题画稿》，《中国书画全书》第12册（2版），第286页。

意而师之，有何积习之染不清、微细之惑不除乎！”[①]王原祁醉心于大痴画艺，终生临习，没有懈怠。他仿临“元四家”笔墨，其中仿临最多的是黄公望，今存有多幅仿临大痴山水画作。其中，《仿大痴富春山》《富春大岭图》《富春山图》《写倪黄笔意》《仿一峰山水》等画作，反复临摹黄公望在《富春山居图》与《富春大岭图》的用笔用墨法，沉浸其中，得其笔意。在上述论述中，王原祁突出强调的有两点：其一，自松雪至大痴，笔情墨意贵在“自有一种天机活泼”，习学者如能认识到这一层，“有何积习之染不清，微细之惑不除乎”；其二，“元四家”的成功，其秘诀正在“化浑厚为潇洒，变刚劲为和柔”，实现了宋元绘画的历史转型。这中间，黄公望尤得其要，以笔墨上的创新成为文人画发展的新高峰。

三是创立浅绛法，墨色交融，气韵深厚。

清方薰《山静居画论》谓：“痴翁设色，与墨气融洽为一，渲染烘托，妙夺化工，其画高峰绝壁，往往勾勒楞廓，而不施皴擦，气韵自能深厚。”[②]方薰赞赏黄公望绘画创作上墨色交融、巧夺天工的艺术特质。王概从浅绛画源流发展角度评析了黄公望的艺术贡献。他在《芥子园画传》中称浅绛色源于董源，“盛于黄公望，谓之吴装，传至文、沈，遂成专尚矣”；“黄公望皴，仿虞山石面，色善用赭石，浅浅施之，有时再以赭笔勾出大概”。詹景凤谓：“辛未年庙上又见右丞《辋川雪景》，是披麻皴。笔法精而细，不甚着意，元倪元镇、黄公望精者与近之。”[③]徐书城先生认为：“黄公望的山水画，最典型地继承并发扬了董、巨传统的元代文人山水，但他自己又曾自称‘松雪斋中小学生’，而且‘当年曾见公挥洒’。元人柳贤题黄公望的《天池石壁图》轴上的诗中亦云：‘吴兴室内大弟子。’仿佛黄曾得赵孟頫亲授画艺，但具体情况已不可知。然前文言及，赵孟頫的山水画风中最主要一种也是继承了董、巨一路（如前举《水村图》），可见黄公望继承的乃是赵孟頫笔下的董、巨传统。赵孟頫的‘披麻皴’画法已与五代宋初有较大差别，笔法已大为粗放，改变了前人的较为拘谨的画法；而黄

① 〔清〕王原祁：《麓台题画稿》，《中国书画全书》第12册（2版），第287页。

② 〔清〕方薰：《山静居画论》，第114页。

③ 〔明〕詹景凤：《詹东图玄览编》，《中国书画全书》第4册，第24页。

公望又在赵孟頫的画法基础上更进一步发展，其皴法的线条更具行草笔意，故明人曾评之为：‘大痴之笔，所以沉郁变化，几争造化神奇。’赵的皴法线条偏于秀雅，而黄则偏于苍浑，是属于文人意趣的两种不同个性的表述，‘笔墨’的‘抽象美’因素已开始凌越于其中所描摹的自然山水之上。”①徐书城先生所引明人评语，出自李日华《六研斋笔记》。明人评品元画，大多崇尚元人画作的自然平淡，因此，“元四家”之作品深得明人好评。画风的平淡天真确与元代山水画大师们在用笔用墨上的新创造分不开。徐书城先生将赵孟頫与黄公望在披麻皴法上的承续变迁作了具体的分析，对元代文人画不同阶段的发展特点与规律作了细致的阐析。

四是十分注重笔墨的精细，达到了山水画史上的新高度。

把“元四家”作一比较，王蒙以一“繁”字著称，吴镇以一“湿”字概括，倪云林以一“淡”字相称，则黄公望可以一个“细”字来指称。笔墨过处，处处见出细腻，细中见润，细中见采，看似不经意，处处见功底，这是一位在画艺上真正由绚烂归于平淡的大家。

① 徐书城：《中国绘画艺术史》，人民美术出版社2001年版，第133页。

第六章　文章体物写谋长

从元代绘画文献来看，黄公望遗存的绘画理论是值得我们认真总结的。黄公望的绘画思想十分丰富，通过他的大量题画诗、题跋、画论，可以看到他对绘画艺术发表了许多富有启示意义的见解。

画论名篇

黄公望《写山水诀》是一篇历来受到艺术理论界重视的画学理论文章，全面总结与反映了他作为一代绘画大师的绘画观念与方法技艺，反映了元代绘画理论达到的思想高度，对于深刻理解山水画艺术以及中国画艺术规律具有重要的意义。

《写山水诀》前有元代著名学者、艺术家陶宗仪的序，序曰：

> 黄子久散人公望，自号大痴，又号一峰。本姓陆，世居平江之常熟，继永嘉黄氏。颖悟明敏，博学强记。画水山宗董巨，自成一家，可入逸品。其所作《写山水诀》，亦有理致。迩来初学小生多效之，但未有得其仿佛者，正所谓画虎刻鹄之不成也。

陶宗仪与黄公望熟识，其《南村辍耕录》所载黄公望生平遗事为后代了解一代山水画大师提供了极其宝贵的资料，《写山水诀》也幸赖其著录得以保存至今。《写山水诀》全文如下：

近代作画，多宗董源、李成二家笔法，树石各不相似，学者当尽心焉。

树要四面俱有干与枝，盖取其圆润。

树要有身分，画家谓之纽子，要折搭得中，树身各要有发生。

树要偃仰、稀密相间，有叶树枝，软面后皆有仰枝。

画石之法，先从淡墨起，可改可救。渐用浓墨者为上。

石无十步。真石看三面，用方圆之法，须方多圆少。

董源坡脚下多有碎石，乃画建康山势，董石谓之麻皮皴。坡脚先向笔画边皴起，然后用淡墨破。其深凹处，着色不离乎此。石着色要重。

董源小山石，谓之矾头。山中有云气，此皆金陵山景。皴法要渗软，下有沙地，用淡墨扫屈曲为之，再用淡墨破。

山论三远：从下相连不断，谓之平远；从近隔开相对，谓之阔远；从山外远景，谓之高远。

山水中用笔法，谓之筋骨相连，有笔有墨之分。用描处糊突其笔，谓之有墨；水笔不动描法，谓之有笔。此画家紧要处，山石树木皆用此。

大概树要填空，小树大树，一偃一仰，向背浓淡，各不可相犯。繁处间疏处，须要得中。若画得纯熟，自然笔法出现。

画石之妙，用藤黄水浸入墨笔，自然润色。不可用多，多则要滞笔。间用螺青入墨，亦妙。吴妆容易入眼，使墨士气。

皮袋中，置描笔在内。或于好景处见树有怪异，便当模写记之。分外有发生之意，登楼望空阔处气韵，看云彩即是山头景物。李成、郭熙，皆用此法。郭熙画石如云，古人云天开图画者是也。

山水中唯水口最难画。

远水无痕，远人无目。

水出高源，自上而下，切不可断脉，要取活流之源。

山头要折搭转换，山脉皆顺，此活法也。众峰如相揖逊，万树相从，如大军领卒，森然有不可犯之色。此写真山之形也。

山坡中可以置屋舍，水中可置小艇，从此有生气。山腰用云气，见得山势高不可测。

画石之法，最要形象。不恶石有三面，或在上，在左侧，皆可为面。临笔之际，殆要取用。

山下有水潭，谓之濑，画此甚有生意，四边用树簇之。

画一窠一石，当逸墨撇脱，有士人家风，才多，便入画工之流矣。

或画山水一幅，先立题目，然后着笔。若无题目，便不成画。更要记春夏秋冬景色，春则万物发生，夏则树木繁冗，秋则万象肃杀，冬则烟云黯淡，天色模糊，能画此者，为上矣。

李成画坡脚，须要数层，取其湿厚。米元章论李光丞有“后代儿孙昌盛”，果出为官者最多。画亦有风水存焉。

松树不见根，喻君子在野。杂树，喻小人峥嵘之意。

夏山欲雨，要带水笔。山上有石，小块堆在上，谓之矾头。用水笔晕开，加淡螺青，又是一般秀润，画，不过意思而已。

冬景借地为雪，要薄粉晕山头。

山水之法，在乎随机应变。先记皴法不杂，布置远近相映，大概与写字一般，以熟为妙。纸上难画，绢上矾了，好着笔，好用颜色，易入眼。先命题目，此为之上品。古人作画，胸次宽阔，布景自然，合古人意趣，画法尽矣。

好绢用水喷湿，石上槌眼匾，然后上帧子。矾法：春秋胶矾停，夏月胶多矾少，冬天矾多胶少。

着色：螺青拂石上，藤黄入墨画树，甚色润好看。

作画只是个“理”字最紧要，吴融诗云：“良工善得丹青理。”

作画用墨最难。但先用淡墨，积至可观处，然后用焦墨、浓墨，分出畦径远近，故在生纸上有许多滋润处。李成惜墨如金，是也。

作画大要：去邪、甜、俗、赖四个字。[①]

① 〔元〕陶宗仪:《陶宗仪集》卷八，浙江人民出版社2005年版，第187—189页。

由上可知，黄公望《写山水诀》是一篇关于山水画理论与技法的笔记体文章，取语录形式，每条论述一个问题，言简意赅。大体可分为画理、画法两大类。从文中的观点看，黄公望上承宋人重理法、重法度的传统，指出“作画大要：去邪、甜、俗、赖四个字”，深得画学三昧。黄公望具有丰富的绘画实践经验，他注重师造化，向自然山水取法，他常常“皮袋中，置描笔在内，或于好景处见树有怪异，便当模写记之……古人云天开图画者是也”，因此笔下展现的是天真幽淡、空灵自然，这种放逸自任、纯朴不雕的艺术效果的获取，是与他的绘画理论紧密相连的。明王绂《书画传习录》高度评价《写山水诀》，称：“子久《写山水诀》，最有思致。居富春，则领略江山钓滩之胜。居虞山，尤于四时之阴霁，晨昏之变幻，探阅搜寻，殊有冥通之遇，非外人所得知。故其笔墨之趣，云林以迈逸颇为当矣。若其读破万卷，通识三教，雄才盖世，著作千秋，德业辉光，文行兼美，后辈之士，奚能及之焉。”王绂这段言辞，对黄公望的才、识、学作了比较客观的评判。方薰十分佩服黄公望对绘画艺术的独到见识，他在《山静居画论》中说：“陈衎云：‘大痴论画，最忌曰甜。甜者，浓郁而软熟之谓。凡为俗、为腐、为版，人皆知之；甜则不但不之忌，而且喜之。自大痴拈出，大是妙谛。’余谓不独书画，一切人事，皆不可甜，惟人生晚境宜之。”

黄公望《写山水诀》对于绘画用纸、用色法以及对于取景法的理论深得历代画家的认同。傅抱石《中国绘画变迁史纲》评论说：“他提倡用生纸，不用熟纸。熟纸经过矾水，着笔滞涩。以前虽有人用生纸画的，但经子久而确定。这不能不服他的创见，以为熟纸受墨而拒，所以南宗的画家，是没有用熟纸的。再他对于用色说：‘画石之妙，用藤黄水浸入墨笔，自然润色。不可用多，多则要滞笔。间用螺青入墨，亦妙。吴妆容易入眼，使墨士气。’又说：‘夏山欲雨，要带水笔。山上有石，小块堆在上，谓之矾头。用水笔晕开，加淡螺青，又是一般秀润，画，不过意思而已！’又说：‘着色：螺青拂石上，藤黄入墨画树，甚色润好看。’又说：‘冬景借地为雪，要薄粉晕山头。’又说：‘石着色要重。’他这种着色法，是浅绛体的不二法门，也是折中青绿和水墨的妙法。青绿重而且浊，水墨有时平淡，加点薄薄的螺青藤黄在墨色内，涂上树石，更显得生趣盎然了。再他对于取景，以为可分三种：‘从下相连不断，谓之平远。从近隔开相对，谓之阔远。从山外远景，谓之高远。’又说：‘山坡中可以置屋舍，水中可置小艇，从此有生气。山腰用云气，见得山势高不可测。’‘三远’的论定，真是千古不刊的名言。但也还认为景要活用，不可死守。他对于布置是主张要‘熟’，不熟是不会好的。他说：‘山水之法，在乎随机应变。先记皴法不杂，布置远近相映，大概与写字一般，以熟为妙。’总之，他的画是很合理又很有意味的画。他的主旨便在提倡在野文人求其精神的世界，做生命的安慰。董其昌说：‘寄乐于画，自黄公望始开此门庭耳！’”[①]在傅抱石看来，黄公望的绘画观是自成一个系统的，从立意构图、笔墨技法到敷彩设色，他都提出了成熟的见解，在中国文人画思想史上具有不可替代的作用。

咏画诗篇

黄公望留存的诗作中，有相当一部分是题画诗，这些诗作中既有歌咏他曾观赏过的唐宋五代著名画家画作的篇章，也有歌咏同时代画友画作的篇什，通过这些诗篇，我们可以了解到黄公望的画史观与创作观。

（1）顾恺之是中国绘画史上第一个士人画家和画论家，历代著录的顾恺之作品有上百件之多，今尚有《洛神赋图》《女史箴图》《列女仁智图》等摹本传世，并著有画论著作《画云台山记》，对中国画发展作出过杰出的贡献。顾恺之的人格魅力与画艺技巧对元代画家有着很大的吸引力。在黄公望看来，“顾长康天才驰誉，在当时为谢安石知名。其寓意于画，离尘绝俗，开百代绘事之宗，至于痴，亦由资禀之高，好奇耽僻，不欲与世同，故人有三绝之称”。因此，当他在危素处目睹顾恺之《秋江晴嶂图》时，题诗赞曰：

三绝如君少，斯图更擅长。
设施无斧凿，点染自微茫。

① 傅抱石：《中国绘画变迁史纲》，上海古籍出版社1998年版，第65页。

山碧林光净，江清秋气凉。
怜余瞻对久，疑入白云乡。

黄公望在诗序中又称："此卷墨法入神，傅采入妙，莫得知其所以始，而亦莫得知其所终，变幻百出，诚可谓圣于画矣，岂学知勉行者所得仿佛其一二哉。一日，太朴出示，惊赏不已，然亦不敢久羁，敬书于后以复。"黄公望十分痴迷于顾恺之画艺，赞赏他"三绝如君少"，对其画作中展示出来的笔墨技法予以充分肯定。

（2）张僧繇是南北朝时期的著名画家，与顾恺之、陆探微、吴道子同被尊为我国"画家四祖"。黄公望目睹张僧繇画作《秋江晚渡图》后，赋诗赞曰：

何处行来湖海流，思归凭倚隔溪舟。
枫林无限深秋色，不动居人一点愁。

（3）王维既是盛唐山水诗派的杰出代表，又是中国"文人画"之祖。王维在诗歌中表白说："当代谬词客，前身应画师；不能舍余习，偶被世人知。"这几句诗历来为论者所重。安史之乱中，王维被安禄山部队俘获，拘于洛阳普施寺，授以给事中。安史之乱平定后他被拘下狱，后其弟缙愿削除刑部侍郎之职以赎兄罪，得到皇上谅解而释放。经历了这番遭遇后，王维辞官而归至蓝田辋川别业，在峰峦林壑间度过余生。张彦远说："余曾见破墨山水，笔迹劲爽。"朱景玄说："其画山水松石，踪似吴生，而风致标格特出。……复画辋川图，山谷郁郁盘盘，云水飞动，意出尘外，怪生笔端。"其《江山雪霁图》流传到现在。王维精于山水画，苏轼对其推崇备至，赞其曰："味摩诘之诗，诗中有画；观摩诘之画，画中有诗。"黄公望耽爱王维画作，先后作有数首诗作。题王维《春溪捕鱼图》诗曰：

春江水绿春雨初，好山对面青芙蕖。
渔舟两两渡江去，白头老翁争捕鱼。

操篙提网相两两，慎向江心轻举网。
风雷昨夜过禹门，桃花浪暖鱼龙长。
我识扁舟垂钓人，旧家江南红叶村。
卖鱼买酒醉明月，贪夫徇利徒纷纭。
世上闲愁生不识，江草江花俱有适。
归来一笛杏花风，乱云飞散长天碧。

题王维《秋林晚岫图》二首并序曰：

王右丞生平画卷所称最者，唯《辋川》《雪溪》《捕鱼》等图耳，吾意以为绝响。不谓太朴于中州友人家又得此卷，而用笔之妙，布置之神，殆尤过焉。固知右丞胸中伎俩，未易测识，而千奇万变，时露于指腕间，无穷播弄，岂非千载一人哉。置之案头，临摹数遍，终未能得其仿佛。漫书短句，并识而归之。

群山矗矗凝烟紫，万木萧萧向夕黄。
岂是村翁恋秋色，故将轻舸下横塘。
秋风荏苒泛晴光，处处村村带夕阳。
一段深情谁得似，故知辋川味应长。

题王维《雪渡图》诗曰：

摩诘仙游五百年，画称雪渡未能传。
只因曾入宣和府，珍重令人缀短篇。

在黄公望的画作中，王维笔墨的影子依稀可辨。张宪作有《黄大痴画》，诗曰："树里人家似辋川，坞中草木类平泉；下方官府自征税，何处渔郎来系船！百折澄溪东走海，万寻直壁上摩天；笔端点点皆清气，谁道痴翁不解仙。"

（4）荆浩是中国山水画史上一位十分重要的画家，他是北方画风的奠基人。

流传至今有《匡庐图》《秋山瑞霭图》《崆峒访道图》等精品佳构。黄公望推崇荆浩好古好学，学有根柢，以此批评南宋画人积弊。他在危素处观赏荆浩《楚山秋晚图》后，赋诗称赞，诗并序曰：

洪谷子有云："吴道子画山水，有笔而无墨；项容有墨而无笔。吾当采二子所长，成一家之格。"以此则知其未尝不好古而亦未尝不好学。今太朴先生近购所画《楚山秋晚图》，骨体夐绝，思致高深，诚有合于斯语，非南宋人所得梦见也，因赋以短句。

天高气肃万峰青，荏苒云烟满户庭。
径僻忽惊黄叶下，树荒犹听午鸡鸣。
山翁有约谈真诀，野客无心任醉醒。
最是一窗秋色好，当年洪谷旧知名。

（5）关仝是北方山水画三大家之一，与荆浩并称"荆、关"。关仝曾学荆浩，也接受过王维的艺术影响。晚年画艺之精，已超越了荆浩，深受时人推崇。今尚存其佳作《关山行旅图》。黄公望观赏关仝《层峦秋霭图》时，欣赏其画作中深具王维山水画的风格，赋诗称赞，诗并序曰：

关仝此卷，虽祖洪谷子，而间以王摩诘笔法，融液秀润，正其中岁精进之作也。人谓有出蓝之美，讵不信夫。诗曰：

群峰矗矗暮云连，梦磴逶迤鸟道悬。
落叶深深门半掩，疏花历历客犹眠。
岩端飞瀑为青雨，江上归舟溯碧烟。
应识个中奇绝处，昔年洪谷属君传。

诗歌中多处运用叠音词"矗矗""深深""历历"等，传达出黄公望对关仝画作绵密思致的赞赏与肯定。

（6）黄筌是五代时期在花鸟画创作上取得重大成就的一位画家，以其精湛的写实技巧与明丽细腻的画风博得了历代读者的喜爱。所谓“黄家富贵、徐熙野逸”中的“黄家”就是指的黄筌父子。黄公望观赏黄筌《花溪仙舫图》后，赋诗曰：

花发枝头水涨溪，仙舟犹泊武陵堤。
重重楼阁仙云卷，无数青峰出竹西。

（7）周文矩是五代时期南唐画院的著名画家，精于仕女画，画风深受后主李煜赏识，今存佳作《重屏会棋图》。黄公望观赏周文矩《十美图》后，赋诗曰：

侍宴朱楼向暮归，御香犹在缕金衣。
相携女伴阶前立，笑指鸳鸯水面飞。

（8）董源是中国山水画史上影响深远的大画家，与巨然一起开创了“平淡天真”的江南山水画派。黄公望将董源视为千古宗师信奉。在他的画论《写山水诀》中，时时以董源的绘画方法作为创作的旨归。他的这首《题董北苑》，表达了对董源画风的仰慕与喜爱。

一片闲云出岫来，袈裟不染世间埃。
独怜陶令门前柳，青眼偏逢惠远开。

（9）李成是北宋前期画坛上的一位大家，他师法荆浩、关仝，又能自出机杼，别具画格，创作了多幅山水画佳作，对后世山水画创作产生了巨大的影响。有《读碑窠石图》《茂林远岫图》等佳作流传于世。黄公望对李成画艺心醉神迷，常常临摹，十分倾心。他喜爱和欣赏李成画作，每次观赏后都有诗作留存。他在观赏《秋岚凝翠图》之后，赋诗《题李咸熙〈秋岚凝翠图〉》：

山林之乐幽且闲，何人卜居云半间。
江庭夐立苍树杪，招提高出碧溪湾。
循溪隐隐穿细路，断岸疏疏起烟雾。
微茫万顷白鸥天，雁阵凫群落无数。
樵歌初断渔唱幽，桥边野老策杖留。
春山万叠西日下，渺渺一片江南秋。
我昔荆溪问清隐，溪上分明如此景。
别来时或狂梦思，忽见此图心为醒。
李侯少年擅丹青，晚岁笔意含英灵。
兴来漫写秋山景，妙入毫末穷杳冥。
无声诗与有声画，侯能兼之夺造化。
临窗点笔试题之，老眼模糊忘高下。

在观赏完李成《寒林图》后，赋诗《题李成〈寒林图〉》：

六法从来推顾陆，一生今始见营丘。
腕中筋骨元来铁，世上江山尽入眸。
林影有风摧落叶，涧声无雨咽清流。
蹇驴骚客吟成未，万壑寒云为尔留。

当他观赏完李成一幅画作真迹后，又赋诗《题李营丘真迹次俞紫芝韵》，诗曰：

营丘自是浪仙流，写得空山一段秋。
古木千章施锦绣，风光都属幔亭收。

他在友人处观赏李成画册后，分咏《题李成所画十册》，诗并序曰：

李咸熙画，清远高旷，一洗丹青蹊径，千古一人也。今见善夫先生所藏十册，不觉心怡神爽，正如离尘壒而入蓬壶矣。赏玩之余，并赋十诗。

夏山烟雨

雨气薰薰远近峰，长林如沐晚烟浓。
飞流遥落疏钟断，石径何来驻短笻。

山人观瀑

匡山过雨泻飞流，遥望香炉翠霭浮。
试诵谪仙清俊句，浩然天地与神游。

江干帆影

高阁崔嵬瞰碧江，布帆归去鸟双双。
无边树色千峰秀，一片晴光落短窗。

蜀山旅思

忆昔蚕丛开蜀国，崔嵬剑阁入寒云。
荒郊寂寂猿啼苦，多少归人不忍闻。

秋山楼阁

杰阁逶迤秋色老，霜林掩映暮峰横。
居人自有闲中伴，坐对飞流意不惊。

翠岩流壑

石磴连云暮霭霏，翠微深杳玉泉飞。
溪回寂静尘踪少，唯许山人共采薇。

山市霜枫

市散谁闻野鸟声，短桥何处旅人行。
莫嫌寂历空山道，隔岸丹枫刺眼明。

雪溪仙馆

大树小树俄变玉，千峰万峰忽失青。
高人深掩茅屋卧，不羡围炉醉复醒。

仙客临流

驰驱十载长安道，立马溪边暂息机。

坐久竟忘归路晚，半空飞沫湿絺衣。

秋溪清咏

万壑千岩拥翠螺，人家处处掩松萝。
溪头静坐者谁子，赋就新诗拟伐柯。

（10）郭忠恕是北宋前期以界画闻名于世的著名画家，善画山水，对文人画影响也很大。黄公望对其画艺十分倾心，在观赏郭忠恕《万松仙馆图》后，赋诗曰：

琳堂掩映万松齐，绝壑寒云望不迷。
为听水流翻破寂，轻袍重过短墙西。

在观赏郭忠恕《仙峰春色图》后，赋诗曰：

闻道仙家有玉楼，翠崖丹壁绕芳洲。
寻春拟约商岩叟，一度花开十度游。
仙人原自爱蓬莱，瑶草金芝次第开。
欸乃棹歌青雀舫，逍遥响屧凤凰台。
春泉瀌瀌流青玉，晚岫层层障碧云。
习静仙居忘日月，不知谁是紫阳君。
碌碌黄尘奔竞涂，何如画里转声孤。
恕先原是蓬山客，一段深情世却无。

（11）苏轼是中国历史上具有重要影响力的文学家与艺术家，他以自己的理论与艺术实践对中国文人画的发展产生了重要的影响。苏轼对吴道子画艺非常佩服，曾说："道子画人物，如以灯取影，逆来顺往，旁见侧出，横斜平直，各相乘除，得自然之然，不差毫末。出新意于法度之中，寄妙理于豪放之外，所谓游刃余地，运斤成风，盖古今一人而已。"他论文同画竹，还有过"合于天造，厌于人意”的称赞。苏轼在绘画上长于借物抒情，擅长画竹，画有一幅《枯木怪石图》，米芾对其十分欣赏，称：“子瞻作枯木，枝干虬屈无端，石皴硬，亦怪怪奇奇无端，如其胸中盘郁也。”南宋朱熹看了苏轼的《枯木怪石图》，也联想到苏轼的生平为人：“苏公此纸，出于一时滑稽诙笑之余，初不经意，而其傲风霆，阅古今之气，犹足以想见其人也。”

黄公望对苏轼的人品与技艺极为景仰，他有一首《题苏东坡竹》，诗曰：

一片湘云湿未干，春风吹下玉琅玕。
强扶残醉挥吟笔，帘帐萧萧翠雨寒。

（12）王诜是北宋中期的杰出画家，他“能诗善画，尚蜀国长公主”，官至驸马都尉。既善画，又富收藏，性好交友，与苏轼、苏辙、黄庭坚、李公麟等交往密切。其所筑宝绘堂成为佳宾云集、赋诗论艺、研讨绘艺的文化场所。宝绘堂所藏，多有历代书画精品。王诜于琴棋书画无所不通。其山水画风清润可爱，别具一格，深得苏轼、苏辙、黄庭坚的赞美。黄公望对其生活画艺多所究心，在观赏王诜《万壑秋云图》后，赋诗曰：

雨霁云仍碧，天高气且清。
霜枫红欲尽，涧瀑落长鸣。
岫岭苍茫景，江湖浩荡情。
应知卧云者，奚尚避秦名。

（13）赵令穰是宋宗室画家中具有杰出才情的一位。他博览能文，刻意苦学。其画墨法秀润，笔法温婉，趣味盎然。黄公望对其画艺多有探究，在观赏赵令穰所画《秋村暮霭图》后，作有《题赵令穰〈秋村暮霭图〉》，诗并序曰：

右赵令穰所画《秋村暮霭图》，曾属徽庙题识，其为真迹奚疑。令穰字大年，宋宗室，游心经史，戏弄翰墨丹青，多得不传之密，笔法清丽，景象旷绝，绝去供奉品格，常闻前人盛称其惯为平湖旷荡之景，讵不信夫，偶观此图，不胜仰慕，并系一绝于左。

笔下峦霏乍有无，千林萧瑟远峰孤。

王孙当日归何处，传得《秋村暮霭图》。

（14）赵伯驹也是宋宗室中一位具有高超画艺的画家。其画承继了董源与米芾画风，秀雅温婉，天真平淡。黄公望在观赏赵伯驹画作后作有《题赵伯驹》诗，诗曰：

露湿庭松偃盖青，一声野鹤隔疏棂。

仙翁来往无拘束，闲向琳宫读道经。

（15）夏圭是南宋画风的杰出代表，与马远齐名，世称“马夏”。马远、夏圭把李唐开创的刚劲画风发展到了一个新的高度，被后世誉为北宗画风的代表。黄公望虽以董源、巨然为宗，立足于南宗画风，但他转益多师，于北宗诸大家也多有留心，比较画艺，取长补短，为己所用。他在观赏夏圭画作《晴江归棹图》后，赋诗曰：

漠漠江天吴楚分，几重树色几重云。

客心已逐归帆好，谁道溪边有隐君？

从以上对于唐宋五代绘画名家名作的题咏中看，黄公望最为心仪的画家是唐代王维、五代董源与宋代李成，他十分仰慕古人的胸襟气质与高超画艺。南宗画派开创者的风格在黄公望身上烙下深深的印记。同时，他也欣赏马远、夏圭刚劲、简练、局部取景的画风，并在自己的创作里有所借鉴、发展。

黄公望对于老师、弟子和朋友的画作也多有论评，现择要予以介绍。

黄公望观赏、临摹赵孟𫖯画作是在他求学问道期间，他在赵府“亲见公挥洒”，态度极为认真，画艺日见进步。赵孟𫖯力倡“古意说”，门下学艺的弟子们，将此当作万古不变的准则来遵奉。当时在赵府里，弟子们可以观赏老师的各种画作，其中不乏赵孟頫仿古画笔法的画作。这些画作对于弟子们的审美观的培养是极为有益的，从黄公望的下列咏画诗中可见一斑。

题赵子昂仿陆探微笔意

千山雨过琼琚湿，万木风生翠幄稠。
行遍曲阑人影乱，半江浮绿点轻鸥。

题赵子昂仿张僧繇

松影参差俯急湍，悠悠斜日下西川。
舟师欲渡频回首，游子经年怯袂寒。

赵松雪《山居图》（二首）

春夏山中日正长，竹梢脱粉午窗凉。
幽情只许同麋鹿，自爱诗书静里忙。

丰草茸茸软似茵，长松郁郁净无尘。
相逢尽道年华好，不数桃源洞里人。

题子昂为袁清容画秋景仿大李次韵

空江渺渺暮烟霏，轻舸应知张掾归。
鸿雁恰来枫叶下，山翁未解换秋衣。

钱选是元初一位具有独特人生选择和非凡画艺的名家，今存有《浮玉山居图》《幽居图》等精品佳作。赵孟頫曾向他请教画艺，故而深受黄公望的敬仰。《题钱舜举〈海棠鸂鶒图〉》诗曰：

春来庭院风光好，花萼连枝锦不如。

况有和鸣双绣羽，御黄新染浴清渠。

黄公望与艺术趣味相投的朋友、弟子诗酒酬唱间写下的咏画诗作也有相当的数量，从中可以窥测他审美趣味的变化发展轨迹。试举与他交往较多的曹云西、王蒙、倪瓒、方回为例。

《题曹云西画卷》诗并序曰：

云西与余，有交从之旧，别来四年，心甚念之。一日，子章以长卷见示，不啻见云西也。展阅不已，既题而复识之。

十载相逢正忆君，忽从纸上见寒云。

空江漠漠渔歌度，一片疏林带夕醺。

《题王叔明为陈难允画〈天香书屋图〉》诗曰：

华堂敞山麓，高栋傍岩起。悠然坐清朝，南山落窗几。

以兹谢尘嚣，心逸忘事理。古桂日浮香，长松时向媚。

弹琴送飞鸿，拄笏来爽气。宁知采菊时，已解哦松意。

《题王叔明为姚子章〈林泉清话图〉》诗曰：

霜枫雨过锦光明，涧壑云寒暝色生。

信是两翁忘世虑，相逢山水自多情。

《题倪云林赠耕云〈东轩读易图〉》诗曰：

君家书屋锁闲云，庭前丛桂吹清芬。

东轩虚敞坐凉夜，扑帘香雾来纷纷。

金吹不动露华洁，月里仙人降瑶节。

奇葩点缀黄金枝，灵种移来白银阙。
秋林潇洒秋气清，千竿修竹开前楹。
自是燕山尚清贵，不与桃李争芳荣。
花下诗成日未尽，更喜幽人往来近。
清绝何如元镇图，应识耕云是高隐。

《题倪云林〈为静远画〉》诗曰：

远山近山青欲滴，大木小木叶已疏。
斜日疏篁无鸟雀，一湾溪水数函书。

《题倪云林〈为子章征士画〉》诗曰：

荒山白石带古木，个中仍置子云亭。
砚坳疑有烟云贮，时见青青落户庭。

《题云林〈六君子图〉》诗曰：

遥望云山隔秋水，近看古木拥坡陀。
居然相对六君子，正直特立无偏颇。

《题倪云林〈春林远岫小幅〉》，诗并序曰：

至正二年十二月廿一日，叔明持元镇《春林远岫》，并示此纸，索拙笔以毗之，老眼昏甚，手不应心，聊塞来意，并题一绝云。

春林远岫云林画，意态萧然物外情。
老眼堪怜似张籍，看花玄圃欠分明。

《题方方壶画》诗曰：

沅石矶头宿雨晴，蛟峰祠下树冥冥。
一江春水浮官绿，千里归舟载客星。

《题方方壶〈松岩萧寺图〉》，诗并序曰：

方壶此卷，高旷清远，可谓深入荆关之堂奥矣，鄙句何足以述之，愧愧。

浩渺沧江数千里，几幅蒲帆挂秋水。
晓风吹断绿梦烟，百叠青峰望中起。
梵王宫阙倚云开，七级浮屠倒影来。
山人久已谢朝市，日踞江头百尺台。
松篁丛杂多啼鸟，隔岸人家弹丸小。
此图此景入天机，谁能仿佛方壶老。

黄公望欣赏的是“自是燕山尚清贵”“清绝何如元镇图”，崇尚的是清幽的画境、清秀脱俗的画意、清静平和的情感，他沉迷的是“人山眺奇壑，幽致探何穷”的寻幽探奇生活，陶醉的是“有客茅茨里，居然隐者风”般的隐逸境界，推崇的是如倪云林画作中的“意态萧然物外情”。

黄公望还有多首为自己画作题写的诗歌，在这些诗作中，也有多处表露审美观与绘画思想的诗句。试举数首为例：

题自画《霜林远岫图》轴

霜林处处带斜晖，百叠苍云锁翠微。
樵径幽深迷出入，江鸥徙倚惜分飞。
居人幸有图书在，楚客时从洞壑归。
六法未娴聊点染，一窗秋思照岩扉。

题　　画

茂林石磴小亭边，遥望云山隔澹烟。
却忆旧游何处似，翠蛟亭下看流泉。

题自画《江千帆影图》

高阁崔嵬俯碧江，布帆归趁鸟飞双。
寒烟古木攒峰秀，暗度晴光落短窗。

题自画《秋山林木图》

谁家亭子傍溪湾，高树扶疏出石间？
落叶尽随溪雨去，只留秋色满空山。

题自画《雨岩仙观图》

积雨紫山深，楼阁结成阴。道书摊未读，坐看鸟争林。

画作题跋

黄公望为师友门生所作序跋及自己作品的题跋中，常常对书画艺术史与绘画理论问题提出个人见解，观者足以从中分析与推想这位精神健旺、老而弥坚的画师不凡的艺术见解。概括而言，主要有以下几个方面的见解值得关注：

首先，黄公望一生系心于艺事，实深得画事三昧，而其常常谦称仅为笔墨“游戏”。至正戊子（1348）十月，他为倪云林所作《江山胜览图》卷题跋称：“余生平嗜懒成痴，寄心于山水，然未得画家三昧，为游戏而已。今为好事者征画甚迫，此债偿之不胜为累也。余友云林，亦能绘事，伸此纸索画，久置箧中，余每遇闲窗兴至，辄为点染，迄今十有年余，以成长卷，为江山胜览，颇有佳趣，惟云林能赏其处为知己。嗟夫，若此百世之后，有能具只眼者，以为何如耶。”至正八年九月八日，黄公望年届八十，以崇敬的口吻为钱选《浮玉山居图》作跋，其跋称："雪溪翁吴兴硕学，其于经史贯穿于胸中，时人莫之知也。独与敖君善。讲明酬酢，咸诣理奥，而赵文敏公尝师之，不特师其画，至今古事物之外，又深于音律之学，其人品之高如此，而世间往往以画史称之，是特其游戏而遂掩其所学。今观贞居所藏此卷，并题诗其上，诗与画称，知诗者乃知其画矣。"其"游戏观"实上承"二米"理论，是从宋人的画论里继承发展过来的。黄公望画论的基点还是自两宋发轫的文人画思想，他运用自己的绘画"游戏"实践，将文人画推向新的发展境地。清恽格《瓯香馆画跋》称："学痴翁须从董、巨用思，以萧洒之笔，发苍浑之气，游趣天真，复追茂古，斯为得意。"[①]同时，我们需要强调的是，"游戏"笔墨的理论主张，并没有影响黄公望在创作上的认真严谨，这种对待创作的态度贯穿他一生的艺术实践。以《富春山居图》的创作为例，黄公望在此投入了大量的精力，精心构思，反复修改，可见他对待绘画艺术的虔敬态度。

其次，在绘画艺术上，黄公望越到晚年，越重视画作的意趣，重视笔墨情趣生发。郑午昌评曰："元人画法，大致趋重神逸，为山水画极盛时代。及乎晚季，又由山水而放于墨竹。一般士夫，至耻言画而称画为写，所以写其胸中之逸气。故如花鸟画，尚有少数人擅长之；其大多数以写山水墨竹名；而擅人物画者，则绝无而仅有矣。其时赏鉴之目标，亦以神逸为归，于是卷轴画类大行。"[②]郑午昌所论，虽就元画总体情况而言，以之来分析黄公望画作，也是极为恰当的。从黄公望现存署年作品来看，从最早的作于元顺帝至元二年（1336）的《云间清秋图》到署年最迟的一幅《江山胜览图》［作于至正十七年（1357）］，我们可以看出画家创作上"趋重神逸"的发展变化历程。

明詹景凤谓："黄大痴，小纸画山水，长四尺，阔一尺，用笔苍雅，逸趣逼人，佳作也。但为裱者刷伤，墨大半模糊，可恨。"[③]善住《题黄子久〈山水〉》诗曰："黄公东海客，能画逼荆关。意尽崎岖外，精深溟涬间。"元至正年间，黄公望年届七旬，画艺日臻炉火纯青之际，每当吮毫举笔之时，常求画面意趣

① 〔清〕恽寿平著，吕凤棠点校：《瓯香馆集》，第269页。

② 郑午昌：《中国画学全史》，上海书画出版社1985年版，第292页。

③ 〔明〕詹景凤：《詹东图玄览编》，《中国书画全书》第4册，第34页。

存亡。至正四年（1344）八月二十九日，作《溪山小景》卷，跋曰："仆留云间三四载，每常落魄，凡亲识朋友，出绢楮以征恶画，往往涌奉命，而亦不我责也。此本不知为谁所作，意趣颇合，而为伯新所得，装池而见示，且俾题，某切谛之，非笔之工，乃墨之佳，而滉之善耳。""意趣颇合"一语道出了画家的快心惬意。两个月后，黄公望追忆往事，为《溪山雨意图》卷作跋，跋中称："此是仆数年前寓平江光孝时，陆明本将纸二幅，用大陀石研，郭忠厚墨，一时信手作之。此纸未毕，已为好事者取去，今复为世长所得。至正四年十月，来溪上足其意，时年七十有六，是岁十一月哉生明识。""来溪上足其意"道尽了画家对于此画创作的良苦用心。由画及人，黄公望对于友人的品格胸襟也常以"志趣"来作高下的衡量标尺。至顺辛未（1331）仲春望日，他为《李倜临右军帖》作跋，跋曰："员峤作画息斋伯仲间，其临摹又颉颃于松雪、困学二老，斯时有三君子而能追及之，可谓难矣。员峤至今存虽独步可也，翰墨特其余事，至于立身宦途，而志趣常常超然于物表，此吾所以起敬者也。"在他的眼里，李倜的可敬处全在他的"志趣常常超然于物表"。

值得辨析的是，黄公望重人生的"志趣"，重绘画的"意趣"，其先决条件是遵循绘事"法度"。他在论及画史时，从不忘记"晋人态度""唐人法度"。至正甲申（1344）十月廿八日，他题吴道子《洪崖仙图》时已经76岁，他将《洪崖仙图》与钱选、龚翠岩创作的《洪崖仙图》作了对比分析，从"法度"着眼，断言元人不及唐人之处，断定此作"诚旧物也"。他说："余往年每见钱舜举、龚翠岩画《洪崖仙图》，其人物与此卷略相似，而笔路染色各自不同。今观此图，制作皆有唐人法度，非钱、龚二老可及，诚旧物也。其出处已详于坡仙之跋，兹不复赘。"①

行文至此，我们对黄公望的书法成就与书学思想也略作评述。从元初赵孟頫、钱选等开始，画家重视以书入画，对笔墨与书法的讲究达到了超越前人的境界。黄公望对书法艺术深有会心，他论兰亭定武本曰："禊帖之妙，古今字书

①〔明〕朱存理：《铁网珊瑚》，卢辅圣主编《中国书画全书》第3册，上海书画出版社1992年版，第653页。

绝冠。笔迹不可得而见矣。石刻之最，世传定武。宋末权势百计巧取豪夺，归之悦生堂者不啻三数十本，厥后不知散落何处。尤物移人，亦足累人。此卷笔意洒落，有晋人态度，何必号称定武，以虚名为累耶。”[①]从这段论述中，我们可以看到黄公望的书法审美观。这段文字对于我们全面认识一代绘画大师的书学思想是十分宝贵的。

第三，黄公望终其一生好古学古，对王维、荆浩、关仝、董源等前辈大师常存“虽不能至，心向往之”之意。对于画坛的好古复古之风，郑午昌评论说：“我国画家，自两晋以来，因顾、陆之杰出，多羡慕其宗风，互相仿效，遂启师古为高之风。其有戛然独造者，鲜有不以蔑弃古法，而误入魔道。于是除一二有奇才异禀，特然别创宗派者外，其余则未有不被泥古派舆论所束缚，莫或寻自新之道。历隋而唐，此风浸炽，直至南宋而稍衰。总之，元以前之画家，略可分为二派，各趋极端：非特出自倡宗派，即绝对服从古人。及乎元世，虽亦尚师传，然已非昔比。当其初世，一二大家赵松雪等，原以复古为提倡，然其所谓复古者，不专求形似于古人，乃求神合于古人，盖非泥于古也。”[②]这段评论，客观评析了元初画坛提倡复古之风的动机与结果。

黄公望当年在赵孟頫处对董源《夏山图》“入目沁心”，以致朝夕思念，寓居姑苏时凭记忆临摹了这幅画。至正壬午（1342）孟夏望日，在王蒙寓所见到这幅画后，他提笔为自画《夏山图》作跋，跋曰：“董北苑《夏山图》，曩在文敏公所，时时见之，入目沁心。后为好事者取去，不可复见。然极力追忆，至形梦寐。他日游姑苏，与友人作此，追想模范，尽意为之，略得仿佛，挂一漏万。今归之叔明，获在收藏之列，但可睹其意思，而想象其根源耳。今老甚，目力昏花，又不复能作矣。时大痴道人书。”可以说，对董源，黄公望心中是将其作为“画圣”的，终生师之，虽晚年转益多师，多方汲取他人之长，但他的画艺根柢脱不开董源面目。故而清学者钱陆灿撰《常熟县志》谓：“善画山水，师董源，晚年变其法，自成一家。”

① 〔明〕朱存理：《铁网珊瑚》，《中国书画全书》第3册，第475页。
② 郑午昌：《中国画学全史》，第288页。

至晚年画艺日臻善境，黄公望衡量作品，则以“质之古人，亦差不愧”作为标尺。他与倪云林合作《江山胜览图》，跋中称：“……先后凡十年，乃克成此卷，虽质之古人，亦差不愧。”得意之情，溢于言表。早年作《赤城仙瀑图》，自度此作有过人处，提笔作跋，跋曰：“瀑势奔泻，唯水口最难写，是图至喷珠溅沫之处，无意成之，颇与荆、关有合处，叔明见之，定亦下拜。”借荆、关之大旗来让王蒙折服，可见出此老豪爽可爱处。

第七章　历史影响

艺术贡献

明王世贞《艺苑卮言》称：“山水画至大小李一变也，荆关、董巨又一变也，李成、范宽又一变也，刘李马夏又一变也，大痴黄鹤又一变也。”以黄公望为首的“元四家”的创作集中体现了元代山水画的最高成就。他们都曾宗法董源、巨然，以及荆浩、关仝、李成等的绘画样式，自出新意，各自具有强烈的个人面貌，把山水画推进到成熟的境地。

董其昌《画禅室随笔》对黄公望的绘画艺术、画史地位有过独到的论评，他说：“倪云林、黄子久、王叔明，皆从北苑起祖，故皆有侧笔”；“作画，凡山俱要有凹凸之形，先如山外势形象，其中则用直皴，此子久法也”；“文人之画，自王右丞始，其后董源、僧巨然、李成、范宽为嫡子，李龙眠、王晋卿、米南宫及虎儿，皆从董、巨得来。直至元四大家：黄子久、王叔明、倪元镇、吴仲圭，皆其正传”；“画之道，所谓宇宙在乎手者，眼前无非生机，故其人往往多寿。至如刻画细谨，为造物役者，乃能损寿，盖无生机也。黄子久、沈石田、文徵仲皆大耋，仇英短命，赵吴兴止六十余。仇与赵虽品格不同，皆习者之流，非以画为寄、以画为乐者也。寄乐于画，自黄公望始开此门庭耳”；“吴仲圭大有神气，黄子久特妙风格，王叔明奄有前规，而三家皆有纵横习气，独云林古淡天然，米痴后一人而已”；“黄子久画，以余所见不下三十幅，要之，《浮峦暖翠》为第一，恨景碎耳”。在董其昌眼里，画之大道，“所谓宇宙在乎手者，眼前无非生机”，而黄公望正是不为造物所役，寄乐于画，是“以画为寄，以画为乐者”的开创者。

明张丑《清河书画舫》评述黄公望绘画特色，他称：“大痴画格有二：一种作浅绛色者，山头多岩石，笔势雄伟；一种作水墨者，皴纹极少，笔意尤为简远。近见吴氏藏公《富春山居图》一卷，清真秀拔，繁间得中，其品当在松雪翁上也。而云林生云：‘黄翁子久虽不能梦见房山鸥波，要亦非近世画手可及。’岂元人所重者顾在沉着痛快耶。”①

明姜绍书《韵石斋笔谈》高度评价黄公望不凡的艺术成就，他说：“国朝绘事，不啻家骥人璧矣。至于气韵生动，应推沈石田、董玄宰，溯两公盘礴之源，俱出自黄子久。子久画秀润天成，每于深远中见潇洒，虽博综董巨，而灵和清淑，轶群绝伦，即云林之幽淡，山樵之缜密，不能胜也。当时松雪虽为前辈，惟以精工佐其古雅，第能接轸宋人。若夫取象于笔墨之外，脱衔勒而抒性灵，为文人建画苑之帜，吾于子久无间然矣。今之画史，稍知舐笔，辄署款云‘仿大痴’，此不过望尘逐影已耳，亦曾窥其遗迹之一斑否乎？然不如是，不足以见子久画道之弘远也。论曰：昔人谓画能使人远。非远心人乌能辨此。子久每欲濡毫，则登高楼望云霞出没，以挹其胜。故其所写，逸气磅礴，风神玄远。千载而下，犹足想见其人。世传年八十六，不知所终，皆以为仙去云。”②

詹景凤对“元四家”的画作过深入的探究，他详尽地分析过黄公望在绘画创作中的种种特点，如：“黄大痴纸画山水一小幅，长几四尺，阔一尺有奇，半用秃细笔，半用尖细笔，树石皆然，大抵工而不拘，纵而不放，种种逸趣，令人意兴洒然，山石直用笔写成，不复加染，全是飞白体，中间乃用淡墨突写一石，最上一雾中山，以水滓湿纸而后以淡墨钩成，尤妙。上空纸用浓墨作径寸大字，书年月姓名，尤奇，左空有张伯雨题诗。纸尚如新，吴人携来鬻见。”③

元代画坛，在物质手段上已经与前代大不相同，如纸张已替代绢帛。“元四

① 〔明〕张丑：《清河书画舫》，《中国书画全书》第4册，第342页。
② 〔明〕姜绍书：《韵石斋笔谈》，《钦定四库全书》本。
③ 〔明〕詹景凤：《詹东图玄览编》，《中国书画全书》第4册，第39页。

家”均喜用纸作画。纸张的使用，使画家们增加了表现绘画技艺的空间。在这一方面，黄公望作了无数新的探索，也取得了显著的成效。

清石涛《跋汪柳涧摹黄大痴〈江山无尽图〉卷》评论黄公望画法特点，他说：“余向时观黄大痴所作《江山胜览》卷子，一丘一壑，无不从顾虎头、陆探微、张僧繇中来发明此道，运笔遒举，点画新奇，此是前人立法不凡处。在大痴、云林、黄鹤山樵一变，直破古人千丘万壑，如蚕食叶，偶尔成文，谁当着眼？故此卷三寒暑方完成。今天下画师，三吴有三吴习气，两浙有两浙习气，江楚两广之间，南都秦淮徽宣淮海一带，事久则各成习气。古人真面目实不曾见，得知没滋味中正是古人得力处。悟了还同未悟时，岂易言哉？”

清王时敏《西庐画跋》论曰：“元季四大家皆宗董巨，浓纤淡远，各极其致。惟子久神明变化，不拘拘守其师法。每见其布景用笔，于浑厚中仍饶逋峭，苍莽中转见媚妍，纤细而气益闲，填塞而境愈廓，意味无穷，故学者罕窥其津涉也。”

王翚《清晖画跋》称：“元四大家，皆代有师承，各标高誉，未闻衍其余绪，沿其波流，如子久之苍浑，云林之淡寂，仲圭之渊劲，叔明之深秀，虽同趋北苑，而变化悬殊，此所以为百世之宗无弊也。”

王原祁《麓台题画稿》称：“要仿元笔，须透宋法；宋人之法一分不透，则元笔之趣一分不出。毫厘千里之辨在此，子久三昧也”；“画法莫备于宋，至元人搜抉其义蕴，洗发其精神，实处转松，奇中有淡，而真趣乃出。四家各有真髓，其中逸致横生，天机透露，大痴尤精进头陀也”；“古人用笔，意在笔先，然妙处在藏锋不露。元之四家，化浑厚为潇洒，变刚劲为和柔，正藏锋之意也，子久尤得其要，可及可到处，正不可及不可到处，个中三昧在深参而自会之”。①

代有传人

清恽格《瓯香馆画跋》称：“一峰老人为胜国诸贤之冠，后惟沈启南得其苍

①〔清〕王原祁：《麓台题画稿》，《中国书画全书》第12册（2版），第282—284页。

浑，董云间得其秀润。时俗摇笔，辄引痴翁大谛刻鹄之类。”[①]

郑午昌评论说：“不过元代山水画之能风靡当代，影响后世者，究属水墨渲淡之一派为独盛。此派之嫡传，而为元代山水画增价于古今者，元初则有高克恭，元季则有黄公望、王蒙、倪瓒、吴镇，所谓元季四家也。房山初学二米，后用李成、董巨法，造诣精绝，时称第一。大痴初师董、巨，晚年自成一家，或作浅绛，山头多矾石，笔势极雄伟；或作水墨，皴纹极少，笔意简远，极为后人所推重。”[②]对于黄公望的艺术影响，邵彦认为：“黄公望可以视为后期元画的代表人物。如果把董巨比作书中二王，那么黄公望的地位和作用就相当于米芾，他把前代大师的样式继承、发展并传给未来。在中国艺术史中，这是一种基本的风格递演方式。他在创作技法上把董巨传统推向成熟，并创造出更符合文人批评标准的审美境界，对确立董巨的正统地位起了至关重要的作用，本人也成为元四家中影响最大者。”[③]

黄公望的绘画思想与绘画艺术给当时画坛和后世画界以深远的影响。至明清，形成了画坛“人人一峰，个个大痴”局面，从一个侧面反映出黄公望画艺的影响力。詹景凤为明隆庆万历间休宁人，所著《詹东园玄览编》记载黄公望一系画派情况甚详，他称：“马文璧画一片，为《晴岚秋涉图》，法黄大痴青绿。林树密茂，着色鲜明。暗映群山，错以殿阁，见者洒然，不觉心悦神怡。在歙吴氏，今归吴水部。”[④]又称：“刘子大唐棣子华《秋山饯别图》，是纸画，古雅，布景法唐人，出入黄子久。”[⑤]明王绂曰：“（元世祖时昭文馆大学士普光禅师）其法弟普圆，字大方，号如庵，亦姓李氏，山水墨竹，俱学黄大痴，亦是名于时。”[⑥]又称：“朱孔阳，字南谷，华亭人。黄蒙，字养正，永嘉人。弘治朝，同官部郎，皆善画山水。朱仿仲圭，黄法子久。评者谓二人之画，作家士气兼而

---

① 〔清〕恽寿平著，吕凤棠点校：《瓯香馆集》，第302页。

② 郑午昌：《中国画学全史》，第287页。

③ 邵彦：《中国绘画的历史与审美鉴赏》，中国人民大学出版社2000年版，第258页。

④ 〔明〕詹景凤：《詹东图玄览编》，《中国书画全书》第4册，第5页。

⑤ 同上书，第6页。

⑥ 〔明〕王绂：《书画传习录》，卢辅圣主编《中国书画全书》第3册，上海书画出版社1992年版，第281页。

有之，近世所罕。”[①]后人仰慕黄公望人品画艺，从其佳作临摹学习中提高绘画技艺的则难以数计。

从明清以降，黄公望的影响与日俱增，成为历代画家心目中的画圣。

---

①〔明〕王绂：《书画传习录》，《中国书画全书》第3册，第289页。

王蒙传

第一章　具区薮泽深

生平家世

王蒙（1301—1385），元画家。字叔明，号香光居士，自号黄鹤山樵，吴兴（今浙江湖州）人。元末官理问，弃官后隐居临平（今浙江杭州临平区）黄鹤山，所谓“自吴徙居于杭州，近黄鹤山，因号黄鹤山樵”。后来，出游京师，曾任长史。明初出任泰安（今属山东）知州，被胡惟庸案牵累，死于狱中。能诗文，工书法，尤善画山水，得到外祖父赵孟頫的指点，以董、巨为宗，自成面目。写景稠密，布局多重山复水，善用解索皴和渴墨点苔，表现林峦郁茂苍茫的气氛。兼能画人物。对明清山水画影响甚大，后人把他和黄公望、吴镇、倪瓒合称“元四家”。

较早提到王蒙的画史著述，是元代夏文彦的《图绘宝鉴》，夏文彦写作此书是在至正二十五年（1365），其时王蒙在世，60余岁。《图绘宝鉴》称：“王蒙，字叔明，吴兴人。”

王蒙生年，有两说：一说武宗至大元年（1308），不知何据。一说成宗大德五年（1301）。后说有两事可佐证：第一，大德五年，赵孟頫为48岁，有得外孙的记载，王蒙为其外孙，或即以此为依据。第二，王蒙有《青山白云图》，画中款署：“丁丑（1337）三月五日，居荆村，文伯友兄邀松下品茗，归来索我画，精力已尽，余年四十未过，何老态如此？强起漫笔，得韵味而已，王蒙。”

以此推算，王蒙出生之年，便是公元1300年左右。至于卒年，据陶宗仪《哭王黄鹤》诗序所说，“洪武乙丑九月十日，卒于秋官狱”。洪武乙丑为洪武十八年，即公元1385年。

根据上述记载，即知王蒙约生于大德五年（1301），卒于洪武十八年（1385），享年85岁。

王蒙生于吴兴，出生时元朝已经建立稳固的统治秩序。元平宋后，在至元十三年到十五年（1276—1278）间，浙江各级行政区划也基本上确定了下来。据《元史》卷六二《地理志》和《元一统志》记载，元在浙江地区设置了十一路十二州五十四县。其中，湖州路，治今湖州。至元十三年改宋安吉州为湖州路安抚司，次年改为湖州路总管府。下辖一州五县一司：一州为长兴州，原为长兴县，元贞元年（1295）升为州；五县为乌程、归安、安吉、德清、武康；一司即录事司。嘉兴路，治今嘉兴。至元十三年正月，元设嘉兴路安抚司，次年二月改为嘉兴路总管府。下辖二州一县一司：二州为海盐州和崇德州，海盐、崇德原均为县，元贞元年升为州；一县为嘉兴县；一司即录事司。嘉兴路元初尚辖有松江府（今属上海）。松江府原为华亭县，至元十四年升为华亭府，次年改为松江府。此后较长一段时间里，松江府仍隶于嘉兴路，直到至元二十八年才脱离嘉兴路而直隶于江浙行省。建德路，治今建德。至元十三年，元设建德路安抚司，次年改为建德路总管府。下辖六县一司：六县为建德、淳安、遂安、桐庐、分水、寿昌；一司即录事司。

江浙行省管辖的是元代最富裕的地区，其财赋“恒居天下十六七”，又曾是南宋统治的中心地区，因此地位十分重要，是元朝廷统治整个江南地区的根本所在。江浙行省的治所几经变动后确定于杭州，浙江地区便随之成了江浙行省的中心区域和倚靠之地，这对元代浙江地区的政治、经济、文化都产生了十分重要的影响。

王蒙的外祖父赵孟頫、外祖母管道昇、舅父赵雍、表弟赵彦徽都是元代杰出的画家，因此他从小就能得到书画艺术的熏陶。我们在王蒙的作品中，也可以看出他在水墨表现上受外祖父的影响。

王蒙为赵孟頫的外孙，也曾有人将其误为外甥。《图绘宝鉴》《明史·文苑传》及《浙江通志》中，皆谓王蒙为赵孟頫的外甥。但《听雨楼诸贤记》《方孝孺集》《溪南醉归诗卷》及倪云林的诗歌记述中，均谓王蒙为赵孟頫的外孙。从王蒙本人为雪庭禅师题《赵子昂仲穆彦徵三马图卷》文字来看，似可断其为赵孟頫的外孙。现录王蒙题跋全文如下：

> 右湖州路总管赵公仲穆与其子莒州知州赵彦徵所画二马，气韵精神各得其妙。总管笔法，得曹将军为多，知州笔法得韩幹为重，独文敏公兼曹、韩而获其神妙，此所以名重千古，无愧前人。雪庭禅师与总管公为心交，父子之间同为知己。王蒙在文敏公为外祖，总管为母舅，知州为表弟，岂敢品题哉，实识悲感耳，王蒙谨书。[①]

《龟巢稿》卷六《王叔明〈云峰图〉》谓王蒙“笔法似舅松雪翁”。《图绘宝鉴》亦谓王蒙是“赵文敏甥”，这是有误的。王蒙父亲王国器是赵孟頫之婿。与王蒙同时代的好友杨维桢《题王叔明画〈渡水僧图〉》谓：“叔明乃松雪外孙，国器，松雪婿。”倪云林《寄王叔明诗》：“允尔英才最，居然外祖风。”倪瓒是王蒙的好友，两人经常在一起吟诗作画，对赵孟頫和王蒙的关系最为清楚，应该是比较可靠的。黄公望出入赵孟頫家，与赵家上下都很熟悉，他《跋王叔明〈竹趣图〉》称：“叔明公子，文敏公之外孙也。”和王蒙同时代的大儒方孝孺《题王叔明墨竹为郑叔度赋》亦谓：“吴下王蒙艺且文，吴兴赵公之外孙。”综合以上史料，基本上可以断定王蒙为赵孟頫与管道昇的外孙。

王蒙父亲王国器是赵子昂之婿，雅好诗画，与黄公望相交甚厚，互相唱和。

王蒙结发之妻姓张，是一位有艺术才情的女子，两人情投意合，举案齐眉。友人凌云翰《柘轩集》卷二有《悼王叔明室张氏》诗，诗曰：“结发为夫妇，齐眉若主宾。山同黄鹤隐，书逼彩鸾真。兰树人皆羡，苹蘩尔独亲。情伤坦腹者，临穴重沾巾。”可知王蒙和其妻张氏感情深厚，张氏的亡故，给王蒙以极大的精神打击。

---

① 转引自堂谷宪勇著，董科、吴玲译：《中国美术史论》，上海书画出版社2023年版，第136页。

少年英发

王蒙生长于一个富贵的家庭，杨维桢有诗说其“王侯前朝驸马孙”。幼年读书，又受其外祖父赵孟頫、外祖母管道昇，其舅赵雍、赵奕和表兄弟赵凤、赵麟等知名画家的影响，青少年时的才华是不同凡响的。郑元祐《病中寄王叔明》一诗称道：“跌宕王郎天马驹，胸蟠百箧外家书；雨窗卧病三十日，裹饭何曾见子舆。”吕诚《题黄鹤山樵画〈匡山读书图〉》称道：“黄鹤山人美如玉，长年爱山看不足；醉拈秃笔扫秋光，割截匡山云一幅。诗豪每忆青莲仙，结巢读书长醉眠；我欲因之揽秋色，双凫飞堕香炉前。”王蒙身材颀长，丰神仪态，深得时人赞许。袁华在《谢伯诚所藏王叔明〈狼山图〉》中称赞王蒙的仪态道：“江南有客颀而长，梦觉池塘春草芳；生平爱画久成癖，题诗缄封遥寄将。千古风流犹未弭，翩翩王谢佳公子；日暮相思江水深，独立汀洲折兰芷。”[①]杨基《王叔明长史画》称道：“白云英英云簇簇，绿萝阴垂树如屋。鸣琴弹罢坐碧藓，手摇羽扇坦其腹。南风徐来生晚凉，衣裳飒然荷染香。世间万事若流水，呼吸湖光醉一觞。”王蒙具有豪爽个性，待人诚挚，深得友人推许。张宪《观倪元镇、王叔明画》中称赞王蒙“黄鹤素豪宕，云林霭声闻。画图宝名笔，词章驰雄韵”。倪瓒以清名赢得士林嘉许，王蒙则以豪放好客博得儒林赞誉。

王蒙学画，从小受外祖父赵孟頫的影响。元谢应芳《王叔明〈云峰图〉》称：“王郎多学画最工，笔法似舅松雪翁；松雪之书妙天下，以书为画妙亦同。想当洒墨成云峰，豪气压倒陈元龙；层巅崒嵂摩苍穹，咫尺可论千万重。岚光翠滴天无风，若有微籁鸣杉松；此时此画谁复有，我为此甥怀此舅。”[②]明朱存理称：“王蒙……赵松雪之外孙也。素好画，得外氏法，然不求妍于时，惟假笔意以寓其天机之妙，为文章不尚矩度，顷刻数千言可就，君子咸以豪士目

① 〔元〕袁华：《耕学斋诗集》卷七，《钦定四库全书》本。

② 〔元〕谢应芳：《龟巢稿》卷六，《四部丛刊三编》本。

之。”[①]及长，与黄公望、倪瓒交往，彼此都有相互影响的地方。王蒙曾经“扫室焚香”，请黄公望来，并出所画求教。黄细看之后，便在王蒙的画上“加添数笔”。黄宾虹评论说：“（王蒙）自言暇日为郡曹刘彦敬画《竹趣图》，甫毕，而一峰黄处士见过，仆出此求印正，处士谓可添一远山并樵径，天趣迥殊，顿增深峻。可知薰染磋磨之益，增进学识，所关甚大也。”[②]

黄宾虹先生曾说：“王蒙为赵子昂之甥，画法从鸥波风韵中来，故神似其舅。又泛滥唐右丞，得董源、巨然墨法。其用笔亦从郭熙卷去皴中化出，秀润可喜，临摹细密者尤佳……生平极重子久，奉为师范。”[③]

当时浙江名士俞友仁读到王蒙的诗文，誉为“唐人佳句”，十分钦羡他的文才。后来，俞友仁还把自己胞妹嫁给了王蒙。《明史·文苑传一》称：“王蒙……敏于文，不尚法度。工画山水，兼善人物。少时赋宫词，仁和俞友仁见之，曰：‘此唐人佳句也’，遂以妹妻焉。”郑元祐是王蒙至交，把王蒙誉为“天马驹”。他的《病中寄王叔明》诗曰：“跌宕王郎天马驹，胸悉百箧外家书。”顾瑛对王蒙深有了解，欣赏他的聪敏才智与交际才能，说王蒙“强记力学，作诗文书画尽有家法，尤精史学。游寓京师，馆阁诸公咸与友善，故名重侪辈”。夏文彦《图绘宝鉴》卷五称王蒙“画山水师巨然，甚得用墨法，秀润可喜。亦善人物”。恽格《南田论画》称：“以辋川为骨，北苑为神，赵吴兴为风韵，苍古兼备。黄鹤山樵得董元之郁宫，皴法类张颠草书，沉着之至，仍归飘渺。”方孝孺为浙东大儒，欣赏王蒙的才情画艺，《题王叔明墨竹为郑叔度赋》诗曰：“吴下王蒙艺且文，吴兴赵公之外孙；黄尘飘荡今白发，典刑远矣风流存。华亭米芾称善画，每观蒙画必叹诧。谓言妙处逼古人，世俗相传倍增价。昔年夜到南屏山，高堂素壁五月寒。壁间举目见修竹，烟雨冥漠蛟龙蟠。呼童秉烛久不寐，细看醉墨王蒙字。固知蒙也好天趣，画师岂解知其意……”[④]记述了当时王蒙画

① 〔明〕朱存理：《珊瑚木难》，卢辅圣主编《中国书画全书》第3册，上海书画出版社1992年版，第339页。

② 黄宾虹：《黄宾虹文集·古画微》，上海书画出版社1999年版，第215页。

③ 黄宾虹：《黄宾虹文集·鉴古名画论略》，上海书画出版社1999年版，第268页。

④ 〔明〕方孝孺：《逊志斋集》卷二四，《四部丛刊》本。

作“谓言妙处逼古人，世俗相传倍增价”的实际情况。

恽格题《仿山樵九华秀色图》认为王蒙笔法似赵孟頫，他说：“叔明为赵吴兴甥，乃自辟一门户，若论蕴藉之富，摹写之精，实不让其舅。”

吴历《墨井画跋》谓：“叔明以吴兴山水为画本，烟岚晚峰，霜红林密，笔笔生动，当在巨然妙悟处参之，所谓直诉其源头也。”①

对于王蒙的画学师承，除了上述历代学者所论之外，笔者认为其父王国器的教育也是不能忽视的。王国器与赵孟頫一家的关系之密切毋庸赘言，他与江浙文人士子交往不少，其中与黄公望、倪瓒、吴镇等人都有往来。以吴兴一地世风而言，书香门第总以子弟的学业仕进为重，王国器家也不例外，在王蒙拜师求艺与朋友交往方面，父亲的作用与影响自不待言。

王蒙对早年的读书生活有着深刻的体会感悟，其友人宇文公谅观赏王蒙的一幅《破窗风雨图》后，题诗曰：“刘郎读书如学仙，朝不出户夜不眠。时闻破窗风雨夜，正是澄心对圣贤。苕溪王子图景象，敬亭山色青连天。执经念子最清苦，亹亹论道心相传。鸡鸣喈喈天欲曙，疏棂萧飒寒声度”，这一场景正是王蒙勤读生活的真实写照。陆居仁也看到过这幅佳作，赋诗道：“环堵篝灯夜阒寥，欺人风雨更潇潇。诗成惊落鸡窗笔，梦破须来马鬣瓢。万里浪开看异日，连床屋漏耿今宵。丈夫莫袖为霖手，欲沃人间九土焦。”

王蒙在诗文方面，亦有相当的修养。《草堂雅集》中保存了他的十余篇诗文。王蒙敏于文，顷刻数千言可就，有他自己的风格，但现在已见不到他的文章了。《明史・文苑传》说他的诗文“不尚矩度”，正如他绘画的独创风格，不落常套，有他自己的创造。这从其遗留不多的诗作中，也可约略地了解到。

---

①〔清〕吴历：《墨井画跋》，卢辅圣主编《中国书画全书》第7册，上海书画出版社1994年版，第971页。

第二章　高天云路长

隐居黄鹤山

《明史》卷二八五《文苑传》记述王蒙事迹时称："元末官理问，遇乱，隐居黄鹤山，自称黄鹤山樵。"隐居黄鹤山是王蒙生活中一个重要的阶段，也是他绘画创作上的一个活跃阶段，许多重要作品都完成于这个时期。

王蒙隐居黄鹤山是什么时间呢？王伯敏先生认为是元惠宗至元年间（1335—1340），他说：王蒙"元末，做过清闲的'理问'小官，惠宗至元间，隐居黄鹤山，还以此为号……那时，王蒙的年纪还不到40岁，竟是芒鞋竹杖，漫步于山径……这位画家，就是这样的生活，这样的心态，这样的兴趣，在这黄鹤山中度过了30个春秋。所以，他在40岁以后的作品，都是以他那样的生活感受作为抒写山川的基础"。[①]杜哲森先生则认为是至正二年（1342），他说："有关他的生平文字很少，从可见的资料中，知道他是浙江吴兴人，约生于元大德二年（1298），先是出仕过元朝的理问，因有感于'世乱'，于至正二年（1342）便弃官隐居到黄鹤山中。"[②]王克文先生从王蒙今存《秋山溪馆图》《湘江风雨图》上自题"黄鹤山人王蒙"推断他隐居时间"大约在至正初"。[③]

---

① 王伯敏：《中国绘画通史》（上册），生活·读书·新知三联书店2000年版，第575页。

② 杜哲森：《中国绘画断代史·元代绘画》，人民美术出版社2004年版，第188页。

③ 王克文：《王蒙》，河北教育出版社2002年版，第9页。

元末，政局不稳，盗匪四起，乱象丛生。顺帝至元四年（1338）江西、福建起义。至正元年（1341）湖南、山东各地起义，至正八年，浙江海宁、台州及山东各地都有农民起义爆发，声势浩大。看王蒙画迹，如其《秋山溪馆图》，是在至正二年九月所画，且款署“黄鹤山人王蒙”。可见王蒙的隐居时间是在至正二年之前的“遇乱”时期，应是公元1338年至1341年之间，此时王蒙正是40岁左右的年纪。

黄鹤山在现在的杭州东北临平山一带，旧属仁和县管辖。黄鹤山一带，属天目山脉的余脉，山地由火山岩、砂页岩、侵入岩组成，曲折延伸，山间有缓坡地，土层深厚，自然植被为松、杉、竹等，山顶多为茅草、灌木等。

据清《仁和县志》载：“此山高百余丈，岭有龙池，一名渥洼。北坞有龙洞，西裂为路，深险可视。山之腰有黄鹤仙洞，甚狭，中可容数人。”1990年新编《余杭县志》称山之得名来自传说中的神仙王子安，曰：“（黄鹤山）相传仙人王子安乘鹤过此，故名。”山上松林遍布，桃李密栽，景色宜人。黄鹤山下原有佛寺建筑，旧称佛日院，后晋天福七年（942）吴越王钱弘佐建。宋大中祥符元年（1008）改寺名为佛日净慧寺。北宋时期，此地还是文人士子游赏胜地，据传当年苏轼、黄庭坚、秦观等人都来过这里。寺庙周围有渥洼泉、凌烟台、龙仓洞、真珠坞等遗迹。

隐居黄鹤山时的王蒙人到中年，芒鞋竹杖，漫步于山间小径，览云观山，目师造化。终日读《易》，吟诵不倦，过着遗世独立的生活。

黄鹤山中的生活清幽而不孤独，时有朋友来访，主客相聚，言谈甚欢，尽兴而罢。王汝玉曾专程上山访问挚友王蒙，逗留数日，在王蒙陪伴下徜徉于山间，后来，他回忆起这段往事，还是感慨唏嘘，作《题王叔明画〈黄鹤山图〉为喻彦行赋》，诗曰：“我昔曾游黄鹤山，山人留我闭松关。山中风雨经十日，万壑千岩空翠间。别来浪迹游湖海，岁月茫茫不相待。回首东南频梦飞，山空鹤去人何在？画里依稀记往年，水光山色总依然。寻游常有山中客，挥手谁招鹤上仙。竹阴深锁铁窗曙，疑是山人吟笑处。人生行乐付东流，万事浮云总何许。我欲山中访旧游，酒船横渡洞庭秋。请歌黄鹤归来曲，消尽胸中万古愁。”在另一首诗作《题黄鹤山人画》中称：“独卧茅庐学孔明，半生心事已无成。都将黄鹤山中趣，写作烟霞物外情。”在王汝玉眼中，王蒙在黄鹤山的生活是富有趣味和吸引力的。

这位具有杰出才情的画家，以平和的心态，在这黄鹤山中度过了数十个春秋。

王蒙隐居黄鹤山中，因而自号黄鹤山樵、黄鹤山人、黄鹤樵者，居处名为“白莲精舍”。钱塘范立曾有诗题其所赠的山水卷，说他在“黄鹤山中卧白云，使者三征那肯起”。

王蒙自己亦诗云：“我于白云中，未尝忘青山。”他也经常外出云游，与昔日友人相见，互相唱和，合作绘画。他的一首《题林泉读书图》曰：

调古世寡和，林疏自无群。
种玉闷奇术，还丹隐玄文。
披裘负薪士，拾金世所闻。
虽无箕颍节，亦不慕高勋。
石田长芝草，暮春自耕耘。
曲肱抱耒耜，长歌至日曛。
所乐良在兹，没岁复何云。[①]

从诗歌自述来看，他还有过耕耘田园、歇足草莱的农耕实践，这使他增加了对乡村平民生活的感受。

在这期间，他与画家倪瓒、黄公望、吴镇等都有交往，也与赵廷采、谭济、玄津、陈徵、泐季等往还。所画《万松书屋图》，从他自己的题款中可知是赠予陈徵的。至正六年（1346）九月六日，王蒙做客于朋友文伯处，宴饮微醉之后，画了《湘江风雨图》赠送给文伯。王蒙欣赏文伯为人，赞其“天趣甚高”，两人常相互往来。至正二十一年四月五日，王蒙与倪瓒合作了一幅山水画，赠送给文伯。在这幅画中，还题上了王蒙与倪瓒唱和的诗。

①〔明〕朱存理：《珊瑚木难》，《中国书画全书》第3册，第455页。

王蒙与陶宗仪有密切的交往。陶宗仪有《送廷采还黄鹤山中三首》，其中云："黄鹤山中夙著声，丹青文学有师承。前身直是王摩诘，佳句还宗杜少陵。"可以想见陶宗仪对他的才华与画艺的推崇。陶宗仪有一首《题王黄鹤〈竹石便面〉》，诗曰："貌得篔筜墨未干，萧萧离立万琅玕。此君心事坚如石，一握清风拂面寒。"诗中生动地描述了王蒙与陶宗仪在画室欣赏新作时的欣喜场景，对陶宗仪而言，目睹画家挥毫泼墨，顷刻之间绘成新图，自然是感慨万端，赞赏有加。陶宗仪还作有三首宫词，歌咏王蒙的仕女画，即《宫词三首题王叔明〈仕女〉》，词曰：

合门传诏宴龙池，宫漏穿花月上迟。准拟承恩供奉处，缕金团扇乞新诗。

大家妆着斗时宜，等候君王看月嬉。三十六宫清夜永，幽情不许外人知。

水晶别殿十分凉，金碧平桥近建章。直罢归来成小立，花深惊起宿鸳鸯。①

从这三首宫词可知，王蒙当年所作仕女画也到了炉火纯青之境界，令陶宗仪这样具有极高书画修养的观赏者也为之折服。

王蒙的大部分画作创作于隐居黄鹤山期间，他和黄公望、倪瓒、吴镇等交往最为频繁，互相之间切磋绘画技艺，提高了绘画表现力。从现存的作品来看，他和倪云林合作的画和唱和的诗较多。

王蒙对故乡充满深情，《珊瑚木难》录有他的一首思乡诗，诗曰：

太湖西畔树离离，故国溪山入梦思。
辽鹤未归人世换，岁时谁祭斩蛟祠？②

---

①〔元〕陶宗仪：《陶宗仪集》，浙江人民出版社2005年版，第71页。

②〔明〕朱存理：《珊瑚木难》，《中国书画全书》第3册，第353页。

他还有一首诗作描写太湖风光，曰：

虎斗龙争万事休，五湖明月一扁舟。
绿蓑衣上雪飕飕，雪月光中垂钓钩。
钓得鲈鱼春酒熟，仙娃酒酣娇睡足。
雕胡炊饭斫鲈羹，一缕青烟然楚竹。
篷窗眺对洞庭山，七十二峰青似玉。①

王蒙常发故国之思，对宋元易代发抒感慨，他自述道："余观《邵氏闻见录》，宋南渡后，汴京故老呼妓于废圃中饮，歌太白秦楼月一阕，坐中皆悲感，莫能仰视，良由此词乃北方怀古，故遗老易垂泣也。予亦尝填《忆秦娥》一阕，以道南方怀古之意：'花如雪，东风夜扫苏堤月。苏堤月，香销南国，几回圆缺。钱唐江上潮声歇，江边杨柳谁攀折。谁攀折，西陵渡口，古今离别。'自太白创此曲之后，继踵者甚众。不过花间月下，男女悲欢之情，就中有道者惟有：'花溪侧，秦娥夜访金钗客。金钗客，江梅风韵，海棠颜色。尊前醉倒君休惜，不成去后空相忆。空相忆，山长水远，几时来得。'自完颜莅中土，其歌曲皆淫哇喋嚶之音，能歌忆秦娥者甚少。有能歌者求予画，故为画此词之意。"②

乱世生活

至正八年（1348），台州方国珍起义，占据浙东台、温、明等十二州。至正十三年，江苏泰州张士诚在高邮起兵反元，建国号大周，年号"天祐"，后来移都苏州，割据一方，占据长江下游的浙西一带。张士诚注意招徕文人士大夫为己所用，他将王蒙作为自己笼络的对象之一，由部下陈基写信给王蒙，邀其出来做官。陈信写有《寄周信夫、王叔明二长史》诗。王蒙下山在张士诚幕下出

① 〔明〕朱存理：《珊瑚木难》，《中国书画全书》第3册，第455页。
② 同上书，第451页。

任长史一职，时间当在至正十八年前后。因为据陈基《夷白斋稿》记载，与王蒙一起出任长史职务的周信夫是在至正十八年“由行枢密院（枢密院在地方的代表机构）断事经历进辟掾史”。王蒙出任长史后，依旧未间断作画，还多次和倪云林聚会，共同作画送给友人。据陈基记载，张士诚部下行中书省右丞吴陵王经营了一个卧云轩，王蒙还为他作画纪念。

元至正年间（1341—1368），社会危机逐渐深重。首先，蒙古贵族统治集团内部频发的皇位继承冲突愈演愈烈，中央政府的控制力越来越弱化。其次，原本就比较脆弱的社会基础愈加不稳。至元以后，执政者愚顽不化，对南方士人的歧视有增无减，导致大批江南文人精英隐遁避世、拒不仕元。再次，吏治腐败严重，军政衰败，民怨沸腾，农民起义频发。

在广大的农村，白莲教得到发展与传播，遍布东南，远及大都与西南地区。白莲教与民间秘密流行的弥勒信仰相结合，逐渐成为动员与组织民众反对元朝统治者的有效组织形式。至正十一年（1351），刘福通在颍州领导红巾军起义。此后，起义烈火迅速燃遍大江南北。芝麻李在南北交通要地徐州起兵，徐寿辉在湖北蕲州（今湖北蕲春）领导西系红巾军起义。张士诚起兵泰州，攻占高邮，控遏南北大运河冲要，构成对元朝廷的巨大威胁。至正二十三年，张士诚派兵攻破安丰，杀死了红巾军领袖刘福通。至正二十六年，朱元璋大军包围苏州，围攻张士诚。至正二十七年，苏州城破，张士诚被朱元璋俘获。后来，割据浙江温、台、庆元一带的方国珍也向朱元璋投降。此后，朱元璋又派兵西进、北上，乘着军事上极为有利的形势，夺取全国政权。在这一段战事纷乱的岁月里，王蒙从张士诚幕府里退出，重回浙西故地隐居。

泰安知州

至正二十八年（1368），元顺帝弃大都逃遁，朱元璋即皇帝位，建大明朝，年号洪武。洪武初年，随着政治局势渐趋稳定，不少文人学士选择了出仕之路，王蒙也不例外，在洪武初年出任泰安知州。

五岳名山之首的泰山就坐落在泰安境内。泰山嵯峨百里，气象万千，泰山观日号称天下第一。面对泰山的壮观美景，生长于南方、熟习青山秀水的王蒙充满了新奇的感觉，他的绘画热情又高涨起来，拾笔作画。《明画录》卷三“陈汝言条”记载：“王蒙知泰安州，面泰山作画，三年始成。惟允过访，适大雪，遂用小弓挟粉笔弹之，改为雪景，成《岱宗密雪图》。”姜绍书《无声诗史》卷一称：“洪武初为泰安知州，斫事后正对泰山，叔明张绢素于壁，每兴至即着笔，凡三年而画成，傅色都了。时济南经历陈惟允与叔明俱妙于画，且相契厚。一日胥会，值大雪，山景愈妙，叔明谓惟允曰：‘改此画为雪景如何?’惟允曰：‘如傅色何?’叔明曰：‘我姑试之。’即以笔涂粉，然色殊不活。惟允沉思良久曰：‘我得之矣。’为小弓夹粉，张满弹之，粉落绢上，俨如飞舞之势，皆相顾以为神奇。叔明就题其上曰：岱宗密雪图。自夸以为无一俗笔，惟允固欲得之，叔明因缀以赠。陈氏宝此图百年，非鉴赏家不出。松江张学正廷采，好奇之士，亦善画，闻陈氏蓄此图，往观之，卧其下两日不去，以为斯世不复有是笔也。徐武功尤爱之，曰：‘予昔登泰山，是以知斯图之妙，诸君未尝登，其妙处不尽知也。’后以三十千归嘉兴姚御史公绶，未几姚氏火，此图遂付煨烬矣。叔明元末人，在元已称四大家之一矣，以其仕明，因载之。”对此，明王绂《书画传习录》则说：“山人曰：黄鹤山人，原出李昇，品在子久子昂之间，落笔精微，林深石润。观其三年而成一图，又何减左太冲十年而成三都赋也。弹粉之法，事出新奇，学者当师其意，神而明之，毋徒规规焉刻舟以求剑也。”①

从这些文献记载可见王蒙在泰安时期的绘画创作情况。虽然在官府担任要职，但他绘画的兴趣极高，寄乐于画，借绘画发抒心意，并在绘画技法上进行新的探索，进入了人生途程上又一个创作高峰期。而且，这一阶段王蒙的绘画受其政治活动的影响，对周围画友产生的艺术影响是很大的，很多画家如陈汝言、张廷采、徐武功等，都在绘画风格上受到王蒙的深刻影响。

---

①〔明〕王绂：《书画传习录》，卢辅圣主编《中国书画全书》第3册，上海书画出版社1992年版，第238页。

冤死狱中

终其一生，王蒙可能也没有想到自己会卷入一场天崩地坼的政治地震之中而遭遇灭顶之灾。他的命运不幸与震惊朝野的胡惟庸案件连在一起。胡惟庸从参加朱元璋大军开始，凭借自己的才干得到升迁。明代之初，他位至中枢，任右宰相，担负重要的军政事务，在朱元璋身边扮演着极为重要的角色。胡惟庸具有出色的行政能力，当时中书省大权基本上掌握在他手中。他的地位和影响力，最终与朱元璋建立专权政治的策略发生碰撞，直接招致朱元璋的严厉镇压。朱元璋滥施君权，大开杀戒，大肆杀戮文臣武将，借口清洗胡惟庸余党，逮捕、杀戮和胡惟庸曾经有过关联的人，政治迫害遍及社会各个角落。从洪武十三年（1380）开始，直至洪武二十三年犹未终止。朱元璋又借机废除中书省和丞相制，将君权和相权集中在一人之手。洪武二十六年，朱元璋又以大将军蓝玉谋反为借口，再一次大肆捕杀和清洗，因株连而被杀者约45000余人，连胡惟庸奴仆的远亲皆不能免。洪武间，王蒙的画名远播，胡惟庸早已知闻，曾请他和知聪和尚以及作家郭传到他的私第观画。胡惟庸死后第三年（洪武十五年），王蒙还画有《观云轩图》，可见这一年王蒙尚未受胡惟庸案牵连。不久，胡惟庸案株连范围扩大，王蒙便未能逃脱罗网，不幸被捕入狱了，当时他已是七八十岁的老人了。洪武十八年，这位被株连的老画家冤死狱中。陶宗仪写了《哭王黄鹤》诗：

人物三珠树，才华五凤楼。
世称唐北苑，我谓汉南州。
大梦麒麟化，惊魂狴犴愁，
平生衰老泪，端为故人流。

这首诗歌，深刻表达了陶宗仪对一位才情别具的挚友的痛悼之情。一代大画师，死后归葬于他生前生活过数十年的余杭黄鹤山。

王蒙生于富贵人家，他的祖上和外祖家皆是官吏出身，这使他一直在出仕与隐居之间矛盾斗争。倪云林多次写诗寄王蒙，劝他淡泊超脱，安贫乐道，隐居终身。

一诗曰：

仕禄岂云贵？贝琛非所珍。

当希陋巷者，乐道不知贫。

又一诗曰：

野饭鱼羹何处无，不将身作系官奴。

陶朱范蠡逃名姓，那似烟波一钓徒。

王蒙并未参与真正的政治活动，仅仅因为与胡惟庸的一次相遇而不幸丧命，实在是明代专制恶政的牺牲品，他是无辜的。从艺术家的命运来说，在创作进入真正的成熟期却突然夭折，确是最大之不幸。“元四家”中，黄公望也曾因为他人之故锒铛入狱，但最终得以走出牢笼，重新开始生活与创作。令人悲痛的是，王蒙却没有如黄公望般幸运。

第三章　笔精墨妙最能文

画学师承

王蒙的绘画成就，得益于对优秀传统画风的继承与发扬，也得益于地域文化与众多师友的艺术影响。

元代的学者认为王蒙绘画上承五代巨然，在皴法上得益于巨然的长披麻皴，是元人继承巨然画风的代表。著名绘画史学者夏文彦在《图绘宝鉴》中说王蒙“画山水师巨然，甚得用墨法，秀润可喜。亦善人物”。《图绘宝鉴》写作于至正二十五年（1365），是较早提到王蒙的画史著作，其时王蒙尚在世，约60岁年纪，书中的评述具有重要的参考价值。

明代学者对王蒙画风特点的认识有所深化。他们注意到除了董、巨之外，王蒙也受到李成、范宽，尤其是王维画风的影响。董其昌《画旨》称：“尝见其《溪桥玩月图》，又名《具区林屋图》，皆摹王右丞，石穴嵌空，树枝刻画，为未变唐法也。原之精于绘理，自出笔意，一洗黄鹤老人气习，苍莽秀润，君家顾长康真有种耶”；“作云林画，须用侧笔，有轻有重，不得用圆笔。其佳处在笔法秀峭耳。宋人院体皆用圆皴，北苑独稍纵，故为一小变。倪云林、黄子久、王叔明，皆从北苑起祖”。董其昌分析王蒙绘画风格成因，既点明了王蒙画风源于赵孟頫的一面，又点明了王蒙转益多师，取法唐宋名家，最终自成一家的缘由。他对王蒙《具区林屋图》的绘画风格与技法分析，阐明了水墨画宗师王维对于元代画坛的深刻影响，足见其对文人画的推崇。明代其他学者也持同样看法，王世贞《艺苑卮言》也称："叔明师王维，秾郁深至。"清代"四王"之一的王原祁对王蒙画风有自己的认识，他在《麓台题画稿》中说："黄鹤山樵……不过以右丞之体，推董巨之用。而学者拘于见闻，谓山樵离奇夭矫，别有一种新裁。而董巨之精神，不复讲求，山樵之本领，终归乌有。于是右丞之气韵生动，为纸上浮谈矣。"[①]这是在答亲友之问时的一段感慨，在王原祁看来，王蒙画风全由"右丞之体"而来，王蒙画艺之秘，在于"以右丞之体，推董、巨之用"，而称扬王蒙"别有一种新裁"的言论，均被他视为无根之论。王原祁之论，已有绝对化之嫌了。

在师友中，在绘画上对王蒙影响最大的首推其外祖父赵孟頫。董其昌称："王叔明画，从赵文敏风韵中来，故酷似其舅，又泛览唐宋诸名家，而以董源、王维为宗，故其纵逸多姿，又往往出文敏规格之外，若使叔明专门师文敏，未必不为文敏所掩也。"[②]王原祁说："黄鹤山樵，元四家中为空前绝后之笔。其初酷似其舅赵吴兴，从右丞辋川粉本得来，后从董巨发出笔墨大源头。乃一变本家法，出没变化，莫可端倪。"[③]

赵孟頫之外，要数得益于黄公望最多。黄公望在松雪斋里向赵孟頫请教画艺，与王蒙的父亲王国器、舅舅赵雍等互相结识，成为挚友。因而，黄公望对王蒙格外青睐与关照，王蒙则十分尊敬这位年长于自己的画家，常有请益，黄公望也经常给予指点。因此，黄公望的画学观与绘画技法对王蒙产生了直接而持久的影响。清学者盛大士在《溪山卧游录》中称："元画至黄鹤山樵而一变，山樵少时，酷似赵吴兴，祖述辋川。晚入董、巨之室，化出本宗体，纵横离奇，莫可端倪。与子久、云林、仲圭相伯仲，迹虽异而趣则同也。自夸以为无一俗笔。"

---

① 〔清〕王原祁：《麓台题画稿》，卢辅圣主编《中国书画全书》第12册（2版），上海书画出版社2009年版，第288页。

② 〔明〕董其昌：《画禅室随笔》，卢辅圣主编《中国书画全书》第3册，上海书画出版社1992年版，第1020页。

③ 〔清〕王原祁：《麓台题画稿》，《中国书画全书》第12册（2版），第288页，注：董其昌、王原祁都以为王蒙是赵孟頫外甥。见前文所述，王蒙应为赵孟頫外孙。

友人唱和

王蒙一生中交游对象很广，他待人平和，与各个阶层的人都有交往，当然，最多的还是画道中人。外祖父赵孟頫一家文采风流，在绘画艺术上给予他的教育熏陶自不待言，黄公望、倪瓒、吴镇、陶宗仪、杨维桢等朋友，对他的思想、画艺都有过重要的影响，现择其要者作一介绍：

1. 倪瓒

王蒙与倪瓒年龄相差不多，两人交往十分投缘，倪瓒对王蒙的画风十分推崇。比较相近的价值观、美学观，促进了两人在绘画艺术创造上的互相影响和提高。今存倪瓒《清闷阁集》中歌咏王蒙的诗作除前文所引之外，还有：

寄王叔明

能诗何水部，爱石米南宫；允尔英才最，居然外祖风。
钓丝烟雾外，船影画图中；他日千金积，陶朱术偶同。

送王叔明

连榻卧听雨，剧谈清更真。少年英迈气，求子不多人。
仕禄岂云贵，贝琛非所珍。当希陋巷者，乐道不知贫。

题《水傍树林图》

二月廿二日潘子素、王叔明来访，临别为写《水傍树林图》。
积雨开新霁，汀洲生绿萁。临流望远岫，归思忽如云。

题王叔明小画

余不溪上路，不到已三年。范蠡扁舟小，披图思惘然。

寄王叔明

几梦山阴王右军，笔精墨妙最能文；
每将竹影抚秋月，更爱岩居写白云。
秘笈封题饶古迹，幽襟萧散逸人群；
今年七夕闻多事，曝画缙书到夕曛。

用王叔明韵题画

王郎笔力追前辈，海岳新图入卧游；
独鹤眠松犹警露，孤猿挂树忽惊秋。
陶潜宅畔五株柳，范蠡湖中一叶舟；
同煮茯苓期岁暮，残生此外更何求！

留别王叔明

秋蛩唧唧雨萧萧，楮颖陶泓伴泬寥；
此去那能期后会，清言聊以永今朝。
湿云窗里初温酒，白鸟汀前又晚潮。
故国何人赋招隐，桂花零落更停桡。

题王叔明《岩居高士图》

临池学书王右军，澄怀观道宗少文。
王侯笔力能扛鼎，五百年来无此君。

倪瓒尊师重友，操履修洁，享有清名。其《述怀》诗曰：“嗟余幼失怙，教养自大兄，励志务为学，守义思居贞。闭户读书史，出门求友生，放笔作辞赋，览时多论评。”可见他一生重视与朋友的交往。据周南老撰《元处士云林先生墓志铭》载：“所居有阁，名清闷，幽迥绝尘。中有书千卷，悉手所校定，经史诸子、释老岐黄、记胜之书，尽日成颂。古鼎彝名琴，陈列左右……客至，辄笑语留连，竟夕乃已。”王蒙是清闷阁的常客，每次到访，都与“谈辩绝人”、口才出众的倪瓒有一番快心适意的长谈。倪瓒深悉王蒙的个性，与他有过推心置腹的交流。他劝说道：“野饭鱼羹何处无，不将身作系官奴”，这既是自己处世观的直白表露，又是对挚友的真心告白。张端撰《云林倪先生墓表》载：“一日，弃田宅，曰：‘天下多事矣，吾将遨游以玩世。’”《元处士云林先生墓志铭》载倪瓒：“晚益务恬退，弃散无所积……不为谗曲以事上官，足迹不涉贵人之门。”可知在对元末社会形势的了解与个人进退的选择上，倪瓒比王蒙更具理性。

2. 陶宗仪

陶宗仪与王蒙有亲戚关系，两人从小认识，有很深的交情，常有诗文往来。今存陶宗仪咏王蒙的诗歌有《哭王黄鹤》《题王黄鹤〈竹石便面〉》和《宫词三首题王叔明〈仕女〉》。

3. 杨维桢

题王叔明画《渡水僧图》（叔明乃松雪外孙，国器松雪婿）

后溪水浅不可舲，前溪水深不可涉，溪头两衲夫，赤脚庞眉睫，头上单包裹须捷，傔奴有似黄帽郎，挽引波心仍负笈。水深泥浑波浃渫，水声乱耳口语嗫，傔奴笑汝大恇怯，只解长廊步虚屟。须臾到岸解惊慑，前村酒家相贪馌，却愁故步复轮回，隔水西山青雉堞。吁嗟凌竞相蹀躞，何以葱山提履公，横绝西江蹋芦叶。王侯前朝驸马孙，能画愁心千万叠，更将天思穷僻深，貌得山人古须鬣。我有瀛海图，飞鸢下跕跕，请侯添只履，桃叶渡头不用楫，弹指一度千千劫。

题叔明画

青山白云如白衣，青天瀑布玉龙飞；
道人手持白羽扇，松风石上坐忘机。

题王叔明《竹石图》

王郎写竹出吴兴，潇洒纵横似更能。

昨日蒲庵庵里见，云根风骨更崚嶒。

（上引诗作见《铁崖诗集》）

4. 吴镇

叔明《松壑秋云图》

万壑潆回磴道长，崇冈交互转苍苍。

疏松过雨虚阑净，古木回风曲岸凉。

村舍几家门半启，渔梁何处水流香。

扁舟凝望云千顷，不觉西林下夕阳。

王叔明《林泉清话图》

落日秋山外，霜林暮霭中。相看无俗处，生事有谁同。

王叔明卷

短缣几许容丘壑，郁郁乔林更著山。

应识王郎胸次好，未教消得此身闲。

（上引诗作见《元诗选二集·梅花庵稿》）

5. 柯九思

王叔明《天香书屋图》

颍川有高士，落落无常居。不爱城市游，乃向岩壑庐。

开窗俯西野，纵目聊自娱。青山望中来，白云与之俱。

森森芳桂林，濯濯朝雨余。良时会佳朋，尊酒散襟裾。

岂无荣宠念，穷达各有途。山来不必麾，山去不必呼。

仙人王子蒙，挥洒作新图。优游自成趣，奚必谷名愚。

题黄鹤樵叟《竹石》

风落湘江秋正波，重瞳消息竟如何。
竹间犹有斑斑泪，应是英皇恨更多。

王叔明《双松图》

碧眼支郎耳更聪，轩楹占断白云中。
有声听到无声处，错认长松是老龙。

题黄鹤山樵《剑阁图》

天梯石栈自相钩，造物玄功笔底偷。
挂起碧窗相对处，满堂风色剑关秋。

（上引诗作见《元诗选三集·丹丘生稿》）

6. 沈梦麟

黄鹤山人《竹石》

爱此一拳石，上倚珊瑚枝。彩凤忽飞下，墨池云起时。
始闻蛰雷动，复见凉风吹。相期保贞节，黄鹤今何之？

晓登狼山怀王叔明理问

日出长江烟雾开，芙蓉插汉青崔嵬；
仙人已跨白狼去，长史曾骑白鹤来。
吴楚中分天地堑，干戈四塞水如杯；
令人苦忆周公瑾，羽扇纶巾一俊才。

题王黄鹤小幅

每向西湖载酒过，小风轻雨听渔歌；
王君又写孤山意，从此令人入梦多。

题王黄鹤《枯木竹石》

鸥波亭下水光微，黄鹤翱翔振羽衣；
冰壑风生苍雪下，墨池云起紫鸾飞。
枯梢有待乘槎客，灵瓮曾支织女机；
搔首风流今已矣，摩挲令我重歔欷。

（上引诗作见《花溪集》卷三）

7. 钱惟善

题《听雨楼图》（王叔明为卢士恒画）

一榻春声雨满楼，杏梢微湿五更头；
东风更绿江南岸，卖剑家家尽买牛。
荷气香飘竹外楼，雨声滴碎采菱舟；
南风一夜生新涨，鱼鸟还知此乐不！
积雨生凉转蓐收，碧梧初贡满城秋；
邻家不识余心乐，也爱书声在小楼。
天地严凝万壑冰，不堪寒雨洒孤灯；
一楼清气更宜雪，纸帐生春睡未能。

（《江月松风集》）

8. 马玉麟

次韵王叔明游杭州海会寺

清秋楼阁耸苕峣，直上层巅俯市朝；
红树青山藏宿雨，空江淡日起寒潮。
百年南渡无遗老，千古西陵有断桥；
赖尔风流王长史，登高能赋酒全销。

（《东皋先生诗集》卷四）

9. 张昱

《林泉读书图》（王叔明作图）

高情自爱乐林泉，华屋藏修度岁年；
书简韦编曾几绝，砚槃铁造亦磨穿。
牙签插架封芸叶，银烛临窗散蜡烟；
黄鹤山樵如得意，丹青为作画图传。

（《张光弼诗集》卷七）

10. 陈基

寄周信夫、王叔明二长史

帷幄贤劳夙夜宾，古今儒律两彬彬；
汉庭重厚唯斯老，江左宁馨尚几人！
霜落吴门天接水，雷鸣楚泽雨连旬；
黄粱酒熟淮鱼白，南国秭风不爱莼。

（《夷白斋稿》卷九）

卧云轩记

行中书省右丞吴陵王公即居第东偏筑室若干楹，垒石为小山，引水为池沼，药畦花径，纡余委折，朝光暮景，与云日争变化。间与所知角巾逍遥，引觞淋漓，酣歌夷犹，浩然有脱屣轩裳蝉蜕富贵之意。尝自诵曰：“世无赤松子，则范少伯、张子房何如人也！”因自题其颜曰：卧云轩。

黄鹤山人最善画，凡卉木烟霞山光水色可以状夫轩之胜者，虑无不曲尽其态。士大夫相与传玩之……至正二十三年岁癸卯四月乙巳临海陈基记。

（《夷白斋稿》卷三一）

11. 郑元祐

病中寄王叔明

跌宕王郎天马驹，胸蟠百箧外家书；
雨窗卧病三十日，裹饭何曾见子舆。

（《侨吴集》卷六）

12. 吕诚

题黄鹤山樵画《匡山读书图》

黄鹤山人美如玉，长年爱山看不足；
醉拈秃笔扫秋光，割截匡山云一幅。
诗豪每忆青莲仙，结巢读书长醉眠；
我欲因之揽秋色，双凫飞堕香炉前。

（《来鹤亭诗集》卷八）

13. 贝琼

题王叔明《茅山图》

一峰插天三万丈，众峰旁联不相让。
我行未尽天下奇，王宰写山工异状。
霭霭勾曲云，苍苍溧阳树。
天高去鸟没，日落行人度。
茅君已千年，浪忆烧丹处。
犹忆风雨夜，骑虎山头过。
平生好山独未归，山中桃花如雨飞。
相从采术定何日，长向云间瞻翠微。

（《清江诗集》卷三）

14. 虞堪

题王叔明为瑛上人所画《松亭雅集》

仙人王子乔，吹笙度人世；
天目山前骑鹤来，五彩虚空画无际。
徂崃冈头十八公，恰在己公茅屋东。
要予赋诗请莫笑，石上精魂古今同。

（《希澹园诗集》卷一）

题王叔明所画《岩居罗汉》

金锡曾飞海上峰，归来岩窟坐蒙茸；
已探娑竭珠宫藏，几度长安半夜钟。
席上衔花驯杂乌，钵中听法隐黄龙；
写真画变还摩诘，应为人间叹未逢。

（《希澹园诗集》卷三）

15. 袁华

谢伯诚所藏王叔明《狼山图》

忆昨鼓楫溯大江，海门一点狼山碧；
安得振六蹑层颠，东望扶桑初日赤。
忽见此图心目明，石壁铁削苔花青；
仙翁白狼不复见，金银佛宇开岩扃。
上方台观云中起，下瞰鳣涛千顷水；
平原宅相放舟过，吮墨含毫柁楼里。
江南有客颀而长，梦觉池塘春草芳；
生平爱画久成癖，题诗缄封遥寄将。
千古风流犹未弭，翩翩王谢佳公子；

日暮相思江水深，独立汀洲折兰芷。

（《耕学斋诗集》卷六）

16. 杨基

王叔明长史画

白云英英云簇簇，绿萝阴垂树如屋；
鸣琴弹罢坐碧藓，手摇羽扇坦其腹。
南风徐来生晚凉，衣裳飒然荷染香；
世间万事若流水，呼吸湖光醉一觞。

（《眉庵集》卷二）

黄鹤生歌，赠王录事叔明

君不闻眉山道士徐佐卿，化为黄鹤朝太清，还君今仆姑，留得千载名。又不闻穹窿小仙徐子贞，翩翩自称黄鹤生，铢形蓬莱山，凤臆紫燕膺，千有六百年，飞上白玉京。玉京锦贝阙，十二楼五城，娟娟万青娥，吹笙沓相迎。黄鹤生，骨相奇，金衣玄霜裙，纤指而洪髀。不饮华池浆，不啄青田芝。耻彼五色乌，览德辉下之。浮丘不能招，八公不能骑。飘然从西来，不使上帝知。帝遣紫虚玄君魏夫人，夜乘白鸾来相追。琅霄顷刻九万里，追之不及鸾声悲。黄鹤生，请少留，尔为黄鹤舞，我为黄鹤讴。便须吹玉笛，登尔黄鹤楼。楼高几百尺，见三岛十洲。琼珠金光草，铁网珊瑚钩。楼今已槌碎，瓦砾三千秋。黄鹤生，孰与侍，毋乘腰缠人，扶摇上扬州。扬州琼花已枯死，仙人不复来遨游。黄鹤生，钳尔口，毋衔紫泥书，寄与西王母。王母见尔笑，起作小垂手。黄鹤生，来尔听，昆仑十二峰，朵朵芙蓉青。上有翠羽箭，金镞孔翠翎。为我取之来，射此天狼星。坐令谈笑间，四海烟尘清。尔亦策尔勋，我为尔敕铭。更呼薛少保，图尔云台形。黄鹤不肯顾，长鸣掉头去。路逢铁龙君，亹亹道其故。龙君劝不止，竟触龙君怒。手挽黄鹤衣，醉叱黄鹤住。黄鹤不敢去，飞绕三花树。夜深铁龙醉不醒，黄鹤高飞不知处。

（《眉庵集》卷四）

王蒙画《西山图》

楚山迢递隔江齐，江上人家尽向西；
缺处每逢新月上，淡中长映夕阳低。
清怜爽气晴犹湿，紫护烟光昼欲迷；
无复滕王高阁上，珠帘暮雨正凄凄。

（《眉庵集》补遗）

17. 袁凯

王叔明画《云山图》歌

有客来自高句丽，遗我一幅丈二纸，
纤白只如松顶云，光明不减吴江水。
藏之箧笥今七年，妻孥爱惜如纨绮。
至正乙巳三月初，王郎远来访老夫。
升堂饮茶礼未毕，索纸为作《云山图》。
初为乱石势已大，橐驼连拳马牛卧；
忽焉拔地高入天，欲堕不堕令人怕。
其阳倒挂扶桑日，其阴积雪深千尺。
日射阴崖雪欲消，百谷春涛怒相激。
林下丈人心自闲，被服如在商周间；
问之不言唤不返，源花漠漠愁人颜。
老夫见之重叹息，何由致我共绝壁，
王郎王郎莫爱惜，我买私酒润君笔。

（《海叟诗集》卷二）

袁凯与王蒙有深厚友情，这首诗歌叙述与抒情并重，形象叙述了王蒙在创作《云山图》时的场景，抒发了对画家才情与画艺的赞赏之情。

18. 王行

梁溪渔友图诗序

予以吕志学父掌教锡山，声闻著矣。年六十，有退休之志，自号梁溪渔友。梁溪，其乡里也。好事者为绘之图，大夫士成为之咏歌焉。歌咏浸多，裒为卷轴，征予纪其事于图而冠于诗，予不得而辞也。晋宗少文志好名山而足迹不能遍至，乃画图四壁，卧以游之，以适其意。今志学身处黉宫，厥有职业，不得时至其乡，乐其林园烟水之胜。斯图既展，则神情超然，邈乎自得，盖似于宗少文矣。

或曰："古称同类曰友，志学儒者也，顾乃友于渔，渔其类乎?""不然也，同志曰友耳，志苟同，奚必论其迹哉。张子同有道之士也，谓诚渔耶，而以渔自居，渔父词至今传于世，讵必食于渔然后为渔哉!"志学之所尚可见矣。

志学弦诵之余，每多赋咏，予时见之，未尝不喜其气益昌、意益畅、词益修，而旨益远。盖老而愈工，久而弥笃者也。则为之咏歌者，无率然之作也哉！求为之序，盖亦宜矣。且志学居吴中时，吴之文人才士多与之交，转首二十年，故旧凋落，今为之赋渔友者当时之人十无二三。使诸名胜无恙，则其卷轴之富，又当何如，得不重予之感乎！此予之文所以不得而辞也。诗在卷首几首，某郡某人，某郡某人。好事绘为图者，黄鹤山人王蒙叔明也。

（《半轩集》卷六）

王行在这篇诗序中，记述了当年王蒙为友人吕志学父亲所绘《梁溪渔友图》的史实与感慨，值得研究者重视。

19. 张宪

观倪元镇、王叔明画

柳长女垣低，桃开小楼近。凭栏望春色，抚髀叹天运。

主人爱远客，请酌倒芳酝。坐深额有眦，饮余脸生晕。

黄鹤素豪宕，云林霭声闻。画图宝名笔，词章驰雄韵。

讽诵心神凉，披阅目力紊。予生慕膏馥，残剩苦拾攟。

君教本家庭，翰墨抱遗训。清颜羡轩昂，白发厌孤愤。

仰珍明月珠，俯愧蜣螂粪。高玩固可怜，退思当自奋。

（《玉笥集》卷五）

20. 凌云翰

为林子山题王叔明所作《羌山隐居图》

诗人头未白，又欲隐羌山。好把无声意，先传满世间。

王叔明画，次张一笑韵

高人自是爱林泉，每向山中枕石眠；

今日偶然溪上去，松风吹转橛头船。

题叔明《山居图》

画托交游迹已陈，西庄依旧锁松筠；

也知谷口烟霞趣，造物应留待子真。

（上引诗作见《柘轩集》卷一）

21. 宇文公谅

题黄鹤山人《芝兰室图》

紫芝采为衣，幽兰纫作佩。
聊复助熏修，庶几堪傲世。
一室静生香，诸尘自融会。
蒲团禅燕余，经卷了空外。
嗒然吾我忘，谁云有三际。

（《元诗选三集·纯节先生集》）

第四章　王侯笔力能扛鼎

佳作纷呈

王蒙的画遗世甚多，面貌不一。现根据历代收藏和著录等信息，将他的作品分三类介绍。

一类是创作时地、题跋、著录、钤印等要素明确，画论界学者经品鉴确认为王蒙真迹的作品，如下：

《夏山高隐图》轴　元至正二十五年乙巳（1365）作。绢本，设色。149厘米×63.5厘米。收藏于北京故宫博物院。题款："夏山高隐。至正二十五年四月十七日，黄鹤山人王蒙为彦明徵士画于吴门之寓舍。"钤印二。

《夏日山居图》轴　明洪武元年戊申（1368）作。纸本，水墨。118.4厘米×36.5厘米。收藏于北京故宫博物院。题款："夏日山居。戊申二月，黄鹤山人王叔明为同玄高士画于青村陶氏之嘉树轩。"上方有乾隆戊寅御题，并钤有乾隆内府鉴藏玺印。

《西郊草堂图》轴　纸本，设色。97.5厘米×27.2厘米。收藏于北京故宫博物院。

《葛稚川移居图》轴　纸本，设色。139.5厘米×58厘米。收藏于北京故宫博物院。题款："葛稚川移居图。蒙昔年与日章画此图，已数年矣。今重观之，始题其上。王叔明识。"

《蓝田山庄图》轴　明洪武十三年庚申（1380）作。收藏于北京故宫博物院。

《溪山风雨图》册　纸本，水墨。28.3厘米×40.5厘米。收藏于北京故宫博物院。款署："吴兴王蒙作溪山风雨图。"徐邦达认为此画为王蒙早年手笔。中国古代书画鉴定组认为第十开为王蒙作品，其余九开为元代作品。

《太白山图》卷　纸本，设色。27厘米×237厘米。此画曾经沈周、安国、项元汴、梁清标等收藏。现收藏于辽宁省博物馆。题："太白山图。"右上方有乾隆庚寅御题。卷末钤印一："王蒙印"。拖尾有宗泐、守仁、清睿等跋，并有项元汴书小记一段。

《青卞隐居图》轴　元至正二十六年丙午（1366）作。纸本，水墨。140.6厘米×42.2厘米。此图历经元代赵麟，明代华夏、项元汴、董其昌，清代梁清标、安岐、李宗瀚、乾隆内府及近人狄学耕、狄平子、魏停云等收藏。现收藏于上海博物馆。题款："至正廿六年四月，黄鹤山人王叔明画青卞隐居图。"画上有乾隆御题。诗塘有明董其昌题"天下第一王叔明"。裱边有近人朱祖谋、郑孝胥、罗振玉、金城、陈宝琛、张学良、冒广生、叶恭绰、吴湖帆等题。

《丹山瀛海图》卷　纸本，设色。28.5厘米×80厘米。曾经明人项元汴、清人归希之、近人庞元济收藏。现收藏于上海博物馆。题款："丹山瀛海图。香光居士王叔明画。"钤印一："黄鹤山樵"。拖尾有元金圭主人、陈方跋，并有明人项元汴题记。

《听松图》卷　此画为沈阳李介人收藏。

《春山读书图》轴　纸本，设色。132.4厘米×55.5厘米。此画曾经周鸿孙收藏，现收藏于上海博物馆。左上自题七律二首。款署："□（黄）鹤峰下樵叟王子蒙画诗书。"

《松山书屋图》轴　元至正九年己丑（1349）作。纸本，设色。收藏于苏州博物馆。

《竹石图》轴　元至正二十四年甲辰（1364）作。纸本，水墨。77.2厘米×27厘米。画中自题七绝四首，其一首句"太湖秋霁画图开"；其二首句"西施绝代不堪招"；其三首句"夫树山与洞庭连"；其四首句"云拥空山万木秋"。款署："至正甲辰九月五日，余适游灵岩归，德机忽持纸命画竹，遂写近作四绝于上，黄鹤山人王蒙书。"

《会阮图》卷 纸本，设色。24.2厘米×94.6厘米。收藏于台北故宫博物院。此幅无款印。引首有王文治行书"黄鹤山樵会阮图"。拖尾有文徵明、王穌祥、陆治、谢时臣、周天球、文嘉、陆师道、钱穌、王穌登、毕泷、王文治跋。鉴藏玺印有"嘉庆御览之宝"。收传印记有："王氏百穌""逢强""毕涧飞鉴藏印""神品""画癖""毕泷藏书画印""毕泷鉴赏""毕泷审定""毕泷藏书画记""毕涧飞书画记""清赏""竹痴秘玩""毕泷秘笈""王氏禹卿"。

《长江万里图》卷 收藏于台北故宫博物院。

《松窗读易图》卷 收藏于台北故宫博物院。

《芝兰室图》卷 收藏于台北故宫博物院。

《万松仙馆图》轴 题款："万松仙馆。叔明为□□画。"钤印二："黄鹤山樵""叔明"。

《坐听松风图》轴 元至正二年壬午（1342）作。纸本，设色。155.7厘米×30.2厘米。收藏于台北故宫博物院。右上方自题"坐听松风"四字；左上方款署"至正二年夏四月二十又二日，黄鹤山樵王蒙画"。钤印二："王蒙印""王叔明章"。诗塘有乾隆御题。鉴藏玺印有：五玺全、"养心殿鉴藏宝"、"嘉庆御览之宝"、"宣统御览之宝"。

《东山草堂图》轴 元至正三年癸未（1343）作。纸本，设色。111.4厘米×61厘米。收藏于台北故宫博物院。题款："东山草堂。至正三年四月望日，为东山良友画。黄鹤山樵王蒙。"钤印一："黄鹤樵者"。收藏于台北故宫博物院。画上有乾隆己丑御题。鉴藏玺印有：八玺全、"嘉庆御览之宝"、"宣统御览之宝"。收传印记有："吴氏家藏""征仲""白石翁""包山子""唐氏家藏""天籁阁""墨林山人""项子京家珍藏"。《故宫书画录》卷五云："《石渠宝笈》著录之收传印记内，有'吴氏匏庵'一印，实无。又项氏、文氏等印疑伪。"

《山水图》轴 元至正三年癸未（1343）作。纸本，水墨。125.9厘米×58.4厘米。收藏于台北故宫博物院。题款："苔润凉泉雨后新。至正三年六月中旬，黄鹤山樵王蒙写。"钤印二："王蒙""叔明"。画之上有雪窝甲辰题、乾隆壬午御题。鉴藏玺印有："乾隆御览之宝"、"乾隆鉴赏"、"淳化轩"、"乾隆宸翰"、"信天主人"、"淳化轩图书珍秘宝"、五玺全、"宝笈三编"、"宣统御览之宝"。收传印记有："停云""白阳山人""天池""研云草阁"。

《深林叠嶂图》轴　元至正四年甲申（1344）作。绢本，水墨。64.5厘米×38.6厘米。收藏于台北故宫博物院。款署："至正四年十月二十日，黄鹤山人王蒙画。"钤印一："王蒙印"。右上方有乾隆辛未御题。鉴藏玺印有：八玺全、"乐寿堂鉴藏宝"、"宣统御览之宝"。

《松崖飞瀑图》轴　元至正四年甲申（1344）。纸本，浅设色。137.6厘米×34.2厘米。收藏于台北故宫博物院。款署："至正四年五月六日，黄鹤山樵王蒙画。"钤印二："王蒙印""黄鹤山樵"。上方有乾隆己丑御题。鉴藏玺印有："乾隆御览之宝"、"乾隆鉴赏"、五玺全、"宝笈三编"、"宣统御览之宝"。收传印记有："朗润堂""江村秘藏""苑西""高士奇图书记""独旦翁""竹窗""河渚山房""汪道昆印""伯玉""千秋阁图书记"。

《竹趣图》轴　元至正十二年壬辰（1352）作。纸本，水墨。这幅画系王蒙与黄公望合作。王蒙题首句"仆暇日为郡曹刘彦敬画竹趣图"；款署："吴兴王蒙谨题"。黄公望题首句"叔明公子，文敏公之外孙也"；款署："至正壬辰冬公望"。

《松林听涛图》轴　元至正二十一年辛丑（1361）作。

《松山书屋图》轴　元至正九年己丑（1349）作。绢本，浅设色。113厘米×51.7厘米。收藏于台北故宫博物院。题款："松山书屋。至正九年八月，香光居士王蒙写。"钤印二："王蒙印""香光居士"。鉴藏玺印有：三玺全、"嘉庆御览之宝"、"宣统御览之宝"。收传印记有："王芷""东吴张氏朝清家藏""东崖""何印"（半印）等。

《幽林清逸图》轴　元至正十年庚寅（1350）作。纸本，设色。133.4厘米×47.4厘米。收藏于台北故宫博物院。题款："幽林清逸。至正十年九月，王蒙。"钤印一："王蒙印"。画上有乾隆丙子御题。鉴藏玺印有：五玺全、"御书房鉴藏宝"、"石渠继鉴"、"嘉庆御览之宝"、"宣统御览之宝"。收传印记有："深处"（半印）、"云西小馆"、"毗陵犀辟堂书画记"、"李书楼"、"桃园"、"书楼真藏"。

《紫府仙山图》轴 元至正十二年壬辰（1352）作。绢本，设色。107.4厘米×34.7厘米。收藏于台北故宫博物院。款署："至正壬辰春日，黄鹤山樵王蒙。"钤印一："蒙"。鉴藏玺印有：五玺全、"宝笈三编""宣统御览之宝"。收传印记有："晋府书画之印""其永宝用"。

《松风泉石图》轴 元至正十三年癸巳（1353）作。纸本，浅设色。88.8厘米×31.8厘米。收藏于台北故宫博物院。题款："松风泉石图。至正癸巳四月二十日，黄鹤山樵王蒙。"钤印一："黄鹤山樵"。画上有乾隆丁亥御题。鉴藏玺印有：八玺全、"嘉庆御览之宝"、"宣统御览之宝"。收传印记有："石田""来鸥馆"。

《丹台春晓图》轴 元至正十四年甲午（1354）作。纸本，水墨。122.4厘米×36.2厘米。收藏于台北故宫博物院。右上方篆书"丹台春晓"。左上方款署："至正十有四年五月，吴兴王叔明为子安作。"钤印一："王蒙印"。右上方书有乾隆戊寅御题。右边幅有董其昌题。鉴藏玺印有：三玺全、"乐寿堂图书记"、"石渠继鉴"、"嘉庆御览之宝"。收传印记有："王时敏印""颛庵""王掞之印""太原王逊之氏收藏图书"。

《雅宜山斋图》轴 元至正十八年戊戌（1358）作。纸本，设色。97.6厘米×46.6厘米。收藏于台北故宫博物院。题款："雅宜山斋。王叔明为雅宜主陈惟允画。时至正十八年四月也。"钤印一："王蒙印"。鉴藏玺印有："乾隆鉴赏""三希堂精鉴玺""宜子孙""石渠三编""嘉庆御览之宝""嘉庆鉴赏""宣统御览之宝"。

《湘江风雨图》轴 元至正六年丙戌（1346）作。右上方篆书题"湘江风雨"；左上方长题九行，首句"至正丙戌九月六日"。款署："黄鹤山中人王蒙。"钤印二："王蒙印""黄鹤樵者"。钤有项元汴等收藏印。

《秋山萧寺图》轴 元至正二十二年壬寅（1362）作。纸本，水墨。142.4厘米×38.5厘米。收藏于台北故宫博物院。款署："至正壬寅秋七月，吴兴王蒙在蓬荜居为复雷炼师画。"钤印一："王蒙印"。画上有乾隆御题。鉴藏玺印有：五玺全、"重华宫鉴藏宝"、"乐善堂图书记"、"嘉庆御览之宝"、"宣统御览之宝"。收传印记有："真赏""琴书堂""都尉耿信公书画之章""宜尔子孙""丹诚”“晴云书屋珍藏”“珍秘”“信公珍赏”“会侯珍藏”“程邃”“安氏仪周书画之章”等。

《石壁飞流图》轴　元至正二十二年壬寅（1362）作。纸本，水墨。110.6厘米×37.4厘米。收藏于台北故宫博物院。题款：“石壁飞流。至正壬寅秋九月，为道一处士作。王蒙。”钤印二：“王蒙印”“叔明”。右上方有乾隆甲戌御题。鉴藏玺印有：五玺全、“养心殿鉴藏宝”、“石渠继鉴”、“嘉庆御览之宝”、“宣统御览之宝”。收传印记有：“蔡羽之印”“公绶”“贞节堂印”“瞿起田耕石斋图书”“商山吴氏图书”等。

《松窗高士图》轴　元至正二十二年壬寅（1362）作。纸本，浅设色。107.4厘米×32.6厘米。收藏于台北故宫博物院。款署：“至正二十又二年秋，黄鹤山人王蒙画。”钤印二：“王蒙印”“叔明”。画上有董其昌庚申题、乾隆丁丑御题。鉴藏玺印有：“乾隆御览之宝”、“乾隆鉴赏”、“乐寿堂鉴藏宝”、五玺全、“宝笈三编”、“宣统御览之宝”。收传印记有：“清勤堂梁氏书画记”“梅江”“绎堂珍赏”“令甫”。

《溪山高逸图》页　题款：“溪山高逸。黄鹤山樵王蒙。”钤印二：“王蒙之印”“叔明”。

《高山仙馆图》轴　左上自题诗文七行，首句“□蓉削翠入空蒙”。款署：“黄鹤山中人王蒙。”钤印二。

《谷口春耕图》轴　绢本，设色。124.9厘米×37.2厘米。左上方自题七绝一首，首句“山中旧是读书处”。收藏于台北故宫博物院。款署：“黄鹤山人王蒙。”画上有周尚、郑维翰、王鄄题。上方裱绫有董其昌题；右边幅又有其记云“叔明有青卞图，与此图同一笔法”。鉴藏玺印有：五玺全、“石渠继鉴”、“重华宫鉴藏宝”、“乐善堂图书记”、“嘉庆御览之宝”、“宣统御览之宝”。收传印记有：“王氏清玩”“安氏仪周书画之章”“子孙世昌”等。

《桃源春晓图》轴　纸本，设色。157.3厘米×58.7厘米。收藏于台北故宫博物院。右上方自题七绝三首：其一首句“空山无人瑶草长”；其二首句“花飞烟溟正愁人”；其三首句“月明风细衾枕寒”。款署：“洪武庚□春二月黄鹤山樵王蒙画桃源春晓图。”钤印一：“王叔明”。鉴藏玺印有：三玺全、“嘉庆御览之宝”、“宣统御览之宝”。收传印记有：“易安轩珍藏印”等。

《溪山高逸图》轴　绢本，设色。113.7厘米×65.3厘米。款署：“叔明王蒙为菊窗琴友制图。”收藏于台北故宫博物院。钤印一：“王蒙印”。诗塘有李弗、李嗣贤题。左边幅有董孝初、孙孟芳跋。鉴藏玺印有：三玺全、“嘉庆御览之宝”、“宣统御览之宝”、“宣统鉴赏”、“无逸斋精鉴玺”。收传印记有：“都尉耿信公书画之章”“耿昭忠信公氏一字在良别号长白山长收藏书画印记”。

《修竹远山图》轴　纸本，浅设色。93.1厘米×31.2厘米。收藏于台北故宫博物院。左上方自题，首句“修竹远山”。款署：“黄鹤山中人王蒙。”钤印一：“王蒙印”。鉴藏玺印有：五玺全、“宝笈三编”、“宣统御览之宝”。收传印记有：“槜李项氏世家宝玩”、“籁阁”（半印）、“桃里”、“墨林子”、“项元汴审定真迹”、“项子京家珍藏”、“槜李李氏鹤梦轩珍藏记”、“醉鸥”、“李氏珍赏”、“汪令闻审定”。

《具区林屋图》轴　纸本，设色。68.7厘米×42.5厘米。收藏于台北故宫博物院。右上方自题“具区林屋”。右中偏上款署：“叔明为日章画。”诗塘有董其昌题。鉴藏玺印有：“乾隆御览之宝”、“乾隆鉴赏”、五玺全、“宝笈三编”、“宣统御览之宝”、“宣统鉴赏”、“无逸斋精鉴玺”。收传印记有：“吴廷”。

《秋山草堂图》轴　纸本，浅设色。123.3厘米×54.8厘米。收藏于台北故宫博物院。题款：“秋山草堂。黄鹤山樵者王子蒙为□□画于淞峰书舍。”画上有乾隆御题。鉴藏玺印有：八玺全、“乐寿堂鉴藏宝”、“宣统御览之宝”、“宣统鉴赏”、“无逸斋精鉴玺”。收传印记有：“项元汴印”“墨林秘玩”“神游心赏”“神奇”“项子京氏”“香岩居士”“子京父印”“项墨林鉴赏章”“墨林山人”“项子京家珍藏”。

《秋林万壑图》轴　纸本，设色。68.3厘米×45.6厘米。收藏于台北故宫博物院。题款：“秋林万壑图。黄鹤山樵王蒙叔明画。”钤印一：“王叔明”。右下方有“藁”字小号。上方有乾隆甲戌御题。鉴藏玺印有：五玺全、“养心殿鉴藏宝”、“石渠继鉴”、“嘉庆御览之宝”、“宣统御览之宝”。收传印记有：“退密”“项元汴印”“墨林秘玩”“子京父印”“项墨林鉴赏章”“项子京家藏”“圣谟”“大明锡山安国珍藏”“徐健庵”等。

《花溪渔隐图》轴　纸本，浅设色。124.1厘米×56.7厘米。收藏于台北故宫博物院。右上方书“花溪渔隐”。又七律一首，首句“御儿西畔霅溪头”。款署：“黄鹤山中樵者王蒙，敬为玉泉尊舅画，并赋诗于上。”画上有邡良、沈梦麟、弘历题诗。鉴藏玺印有：五玺全、“乐寿堂图书记”、“石渠继鉴”、“重华宫鉴藏宝”、“嘉庆御览之宝”、“宣统御览之宝”。收传印记有：“李绍私印”“兰亭居士鉴赏”等。

《林泉清集图》轴　元至正二十七年丁未（1367）作。题款：“林泉清集。至正二十七年暮春，黄鹤山人王子蒙为士文画于吴门兵舍。”

《秋壑鸣泉图》轴　题款：“秋壑鸣泉。黄鹤山人写赠诘□道兄。”收藏于狄葆贤。

《秋林晚翠图》轴　题款：“秋林晚翠……王蒙写。”右上方有他人题。

《云林小隐图》卷　题款：“云林小隐。叔明为彦辉画。”钤印一：“王叔明”。右上有乾隆御题。鉴藏玺印有：“乾隆御览之宝”“乾隆鉴赏”“石渠宝笈”“三希堂精鉴玺”“宜子孙”等。收传印记有：“蕉林秘玩”“仪周鉴赏”等。

《惠麓小隐图》卷　纸本，浅设色。28.4厘米×73.5厘米。收藏于美国印第安纳波利斯美术馆。题款：“惠麓小隐。黄鹤山樵王蒙为遇嬾翁画。”又七绝一首，首句“白头学种邵平瓜”。款署：“王蒙为叔敬尊契家题。”引首有钱逵题“惠麓小隐”四字。前隔水有徐守和等题。拖尾有麓泉老人、杨维桢、吴克恭、倪瓒、柳贯道、李坚、钱良右、曹睿、柯九思、惠鉴、詹景南、孙华、李节清、高明则、周南、王鸣吉、朱昇、钱逵、俞昌烈跋。收传印记有：“□寿堂”“周寿昌兹农氏所藏”“宝藏陈氏仁涛”“心赏”“神品”“希逸”“荇农”“荇翁审定”“徐安”“巢松卧雪”“侯印”“瀹菴”“仲茗”“仁涛铭心绝品”“谭氏区斋书画之章”“长沙周氏”“端伯”“撰”“张珩私印”“吴兴张氏图书之记”“韫辉斋印”“暂得于□怡然自足”“程□”。

《秋山读书图》轴　纸本，设色。66.9厘米×43.4厘米。收藏于台北故宫博物院。题款：“秋山读书图”“叔明为日章画”。钤印一：“叔明”。画上有乾隆戊寅御题。鉴藏玺印有：五玺全、“石渠继鉴”、“养心殿鉴藏宝”、“嘉庆御览之宝”、“宣统御览之宝”。收传印记有：“周公缜”、“昆山周氏世藏书画印”、“玉峰石秀岩藏”、“鹤城居士”、“军假司马”、“元朗鉴定”、“墨林山人”（半印）、“京印”（半印）。

《竹石流泉图》轴　纸本，水墨。94.7厘米×34.8厘米。收藏于台北故宫博物院。右下方自题七绝一首，首名“萧口翠叶复萧萧”。款署：“黄鹤山中樵者王蒙为心斋老师画并题。”钤印二：“王蒙叔明”“黄鹤山中人”。右下方有僧衍、王行题。鉴藏玺印有：五玺全、“御书房鉴藏宝”、“嘉庆御览之宝”、“宣统御览之宝”。收传印记有：“京麓鉴赏”“吴郡沈氏恒吉图书印”“吴氏宗高珍藏图书”“子子孙孙永保其用”。

《松溪钓隐图》页　元至正元年辛巳（1341）作。纸本，水墨。30.7厘米×22.8厘米。收藏于台北故宫博物院。题款：“黄鹤山中人王蒙写松溪钓隐。”款署：“至正辛巳秋八月叔明重题。”此幅系《历代集绘》册（二十开）中之一开。

《山水图》页　纸本，设色。35.8厘米×30.1厘米。收藏于台北故宫博物院。款署：“黄鹤山樵写似慧师。”此幅系《集古图绘》册（十五开）中之一开。

《花溪书屋图》页　纸本，设色。31.2厘米×64.9厘米。收藏于台北故宫博物院。题：“花溪书屋”，又七绝一首，首句“小隐新成溪北湾”。款署：“君征高士，结屋于华溪之畔，霍靡幽榥，若似桃源，命余作图并赋诗于上，黄鹤山中樵者王蒙。”此幅系《名画荟萃》册（八开）中之一开。画上有张纳题。

《江皋烟岚图》卷　元至正九年己丑（1349）作。纸本，浅设色。收藏于日本大阪市立美术馆。款署：“至正九年秋八月，黄鹤山樵王蒙为士文画。”钤印一：“王蒙印”。拖尾有汤孝则、廉泉跋。钤有“神品”“天籁阁”“紫英”“廉泉之印”“槜李项氏世家宝玩”“北山草堂”“泰州宫氏珍藏”“来鹤楼”“锡山安氏西林秘藏”“小万柳堂”“悲秋阁”等收传印记。

《夏山隐居图》轴　元至正十四年甲午（1354）作。纸本，浅设色。56.8厘米×34.2厘米。曾经张大千收藏，现收藏于美国弗利尔美术馆。题款：“至正甲午暮春，吴兴王蒙为仲方县尹尊亲作夏山隐居。”收传印记有：“南北东西只有相随无别离”“张爰”“大千”“口赵”等。

《树下高士图》轴　纸本，浅设色。39.6厘米×56.6厘米。曾经美国贝里收藏，现收藏于美国克利夫兰艺术博物馆。右上自题：“闭户著书多岁月，秋松皆得老龙鳞。”左上款署：“黄鹤山樵为贞素写。”钤印一：“王蒙印”。此幅系《胜国十二名家册》（一作《元季十二名家册》，二十开）中第五开。现为轴装。

《素庵图》轴　纸本，设色。136.1厘米×44.8厘米。曾经关冕钧、王己千收藏。现收藏于美国大都会博物馆。题款：“素庵图。黄鹤山樵王蒙为素庵高士画。”

《林麓幽居图》轴　元至正二十一年辛丑（1361）作。纸本，浅设色。177.6厘米×64厘米。收藏于美国芝加哥美术馆。题款：“林麓幽居。至正辛丑三月十日，王蒙画。”钤印二：“王蒙”“叔明”。诗塘有吴湖帆题“元王叔明林麓幽居图”。收传印记有：“□堂李可□鉴藏”“王氏季迁珍藏印”等。

《静室清音图》轴　元至正三年癸未（1343）作。纸本，水墨。71.3厘米×38.9厘米。题款：“静室清音。至正三年黄鹤山樵王蒙画。”钤印一：“叔明”。美国翁万戈收藏。

《九峰读书图》轴　元至正八年戊子（1348）作。纸本，水墨。107.9厘米×62.1厘米。日本山本悌二郎收藏。题款：“九峰读书图。至正八年十月画，黄鹤山人王蒙。”钤印一：“王蒙印”。收传印记有：“张氏允中收藏”“曾经山阴张致和补萝盦藏”。

《修竹远山图》轴　纸本，水墨。117.6厘米×27.9厘米。题款：“修竹远山……黄鹤山中人王蒙书。”瑞典埃里克森收藏。左上方有乾隆丁丑御题。左裱边有王穉登跋。

《万松书屋图》轴　纸本，水墨。70.6厘米×22.1厘米。题款：“万松书屋。余与惟寅陈征君……黄鹤山中人王蒙。”钤印二：“王蒙之印”“黄鹤山人”。日本小栗秋堂收藏。收传印记有：“项墨林鉴赏章”。

《泉声松韵图》轴　纸本，水墨。51.5厘米×60.6厘米。日本长尾钦弥收藏。题款：“泉声松韵。黄鹤山中人王蒙为子文广文写。”钤印一：“王蒙印”。画上有张羽、张纬、周翥、邵初、沈度及弘历题诗。鉴藏玺印有：“乾隆御览之宝”“乾隆鉴赏”“三希堂精鉴玺”“宜子孙”“石渠宝笈”。收传印记有：“太原王逊之收藏图书”“烟客鉴藏”“臣孔广陶敬藏”“鹅群馆”等。

《太白林峦图》卷　纸本，设色。28.8厘米×274.5厘米。收藏于美国波士顿美术馆。无款。钤印一："王蒙印"。引首有乾隆御题"并驾荆关"四字，前隔水又有其戊寅御题五律一首。拖尾有沈周80岁时跋。鉴藏玺印有：七玺全、"淳化轩图书珍秘宝"、"淳化轩"、"乾隆宸翰"、"信天主人"、"五福五代堂古希天子宝"、"八徵耄念之宝"、"古希天子"、"寿"、"太上皇帝之宝"。收传印记有："董光裕印"。

另有《侣鹤图》轴、《山庄图》轴和两幅《山水图》轴。

同时，见于元明人著录的王蒙作品有：

《云山图》 袁凯作有《王叔明画〈云山图〉歌》，详尽地描述了王蒙创作《云山图》的前因后果，具有重要的史料价值。

《渡水僧图》 元杨维桢《铁崖诗集》收录《题王叔明画〈渡水僧图〉》诗。

《寒林钟馗》图 明詹景凤记载道："王叔明《寒林钟馗》，钟馗坐石上，背作大林密茂。笔法秀爽，然林木茂密，要在乱中一一分疏。令人细阅层层可数。乃今密而无章，纷披柴虎，则叔明病也。"①

《溪桥玩月图》 明詹景凤记载道："其《溪桥玩月图》，人物屋宇树石并佳。独中间桃李树数十株太潦草。"②

《玄君炼真图》 明詹景凤记载道："王叔明《玄君炼真图》，法僧巨然，古雅秀劲，此叔明画中最佳者，可谓尽美无遗恨矣。又《竹石》一幅，未见佳。皆顾仲方藏。并精纸画。"③

《松林读易图》 詹景凤谓："（祭酒）又藏王叔明《松林读易图》一小幅，下参差为数石，石旁写二高松于石之中，间散作棘。棘参差五六枝，予见古人山水中作棘刺，自未有如此布置者。就石上作一亭，无平台。亭中一士人把易。"④

---

①〔明〕詹景凤：《詹东图玄览编》，卢辅圣主编《中国书画全书》第4册，上海书画出版社2000年版，第9页。

② 同上。

③ 同上。

④ 同上书，第33页。

《丹台春晓图》　詹景凤谓："王叔明小纸《丹台春晓图》，原在黄志淳家。志淳没，归毗陵谈志伊思重，予从借观，纸高三尺余，阔未盈九寸，而气概磅礴，充溢一幅。横拖直抹，纵横自如，微尽笔端，神超笔外，若自天来。虽一墨运而无色之色自具。其作松针，但用秃水笔乱涂抹一片，了不分针，然非分之外自妙。始知沈宜谦前所为予摹来者，直土苴耳。予时因复手临一过。"[①]

《竹石图》　詹景凤曰："王叔明竹石二，一纸有款，题曰黄鹤山樵，字径寸余大，佳，石是大笔乱拓，一幅石下作纷披乱草，一石下作上生乱草，无不奇绝。其最奇在一幅上横空突出一大枯株，尤骇目也。予几稀得之，其门下有言，走为今天下大赏鉴，方遂珍袭以为重宝，不复示人。顷归吾同邑汪子固，至索值卅六金。"[②]

《山水图》　詹景凤谓："又有王叔明山水一轴，长纸，阔仅尺一二寸。上作行书径寸字，题年月，字亦雅劲。其画法绝不着色，先用羊毛笔以淡笔分山崚嶒，后以淡墨细细点。后又以半浓墨细细点，如是数重，满纸皆墨，中作二高松，松身乃是飞白。松身亦不是寻常画家先界二笔，直以笔从根底圈上，枝亦尽露白。松针则先淡墨画成。复成半浓墨疏汕，其意欲为画中之飞白，亦奇作也。松下傍着一小屋，内着一人，仅半寸余。今亦不知何处。"[③]

《岱宗密雪图》　明王绂记载了王蒙与画友陈惟允创作《岱宗密雪图》的经过，曰："王叔明，洪武初，为泰安知州。泰安厅事后，有楼三间，叔明日夕登眺其上，因张绢素于壁，画泰山之胜，每兴至，辄一举笔，凡三年而画成。傅色都了，时陈惟允为济南经历，与叔明皆妙于画，且相契厚。一日胥会，值大雪，山景愈妙，叔明谓惟允曰：改此图为雪景可乎？惟允曰：如傅色何？叔明曰：'我姑试之。'以笔涂粉，色殊不活。惟允沉思良久曰：'我得之矣。'为小弓夹粉笔张满弹之，粉落绢上，俨然飞舞之势，皆相顾以为神奇。叔明题其上曰：'岱宗密雪图。'自夸以为无一俗笔。后惟允固欲得之，叔明因缀以赠。惟允尝谓人曰：'予昔亲登泰山者屡矣，是以知此图之妙。诸君未尝尽登，不能尽

① 〔明〕詹景凤：《詹东图玄览编》，《中国书画全书》第4册，第21页。

② 同上书，第12—13页。

③ 同上书，第10页。

知妙处也。’”[①]

《忆秦娥词意画》 王蒙自称：“予亦尝填《忆秦娥》一阕，以道南方怀古之意……自完颜莅中土，其歌曲皆淫哇喋嚶之音，能歌忆秦娥者甚少。有能歌者求予画，故为画此词之意。”[②]

临王摩诘《关山密雪图》 明詹景凤记载道：“王叔明用细绢临王摩诘《关山密雪》小幅，松树上皆用粉。积雪小披麻皴。秀劲雅致。原在云间顾仲方，今归朱太常石门。”[③]

另一类是明清时期画家的临摹本，主要有：

（1）《仙居图》卷。现收藏于北京故宫博物院。此幅系清初摹本。

（2）《关山萧寺图》轴。绢本，设色。161.5厘米×56厘米。收藏于北京故宫博物院。傅熹年先生认定它为明人摹本。

（3）《修禊图》卷。28.8厘米×135.5厘米。收藏于辽宁省博物馆。杨仁恺先生认为它是明人画。[④]

（4）《为陈惟寅作山水图》轴。纸本，水墨。44.8厘米×20.3厘米。收藏于上海博物馆。款署：“黄鹤山人王蒙为雅宜山中陈惟寅画。”傅熹年先生将此画认定为旧临本。

（5）《林泉清趣图》轴。元至正六年丙戌（1346）作。纸本，水墨。105.5厘米×39.8厘米。收藏于台北故宫博物院。右上方篆书“林泉清趣”四字。并题七律一首，首句“溪藤洁白墨淋漓”。款署：“至正六年九月望，黄鹤山人写，时年七十有五。”钤印三：“王蒙印”“香谷居士印”，另一印模糊不识。左上方有乾隆癸未御题。诗塘有王铎题“王蒙真迹”。鉴藏玺印有：五玺全、“石渠继鉴”、“重华宫鉴藏宝”、“乐善堂图书记”、“嘉庆御览之宝”、“宣统御览之宝”。收传印记有：“项元汴印”“子京父印”“净因庵主”“天籁阁”“项墨林父秘笈之印”“王时敏印”等。

---

① 〔明〕王绂：《书画传习录》，《中国书画全书》第3册，第238页。

② 〔明〕朱存理：《珊瑚木难》，《中国书画全书》第3册，第451页。

③ 〔明〕詹景凤：《詹东图玄览编》，《中国书画全书》第4册，第9页。

④ 参见杨仁恺：《国宝沉浮录》，上海人民美术出版社1991年版。

（6）《花溪渔隐图》轴。纸本，浅设色。129厘米×58.3厘米。收藏于台北故宫博物院。题款：右上方书“花溪渔隐”，又七律一首，首句“御儿西畔霅溪头”。款署：“黄鹤山中樵者王蒙，敬为玉泉尊舅画，并赋诗于上。”鉴藏玺印有：五玺全、“宝笈三编”、“宣统御览之宝”。收传印记有：“李应祯印”“李绍私印”“兰亭居士鉴赏”“天籁阁”“墨林秘玩”“项子京家珍藏”“项元汴印”“子孙永保”“槜李”“墨林山人”“项叔子”“退密”“子京所藏”“项墨林鉴藏章”“蕉林”“姜绍书印”。王蒙《花溪渔隐图》轴，台北故宫博物院共藏有三幅，章法、笔墨、题款位置大体相同，《石渠宝笈》初编著录者认为此幅与另一幅系摹本。明詹景凤曰：“王叔明《花溪渔隐》一全幅，纸写，大树千余株，似王笔作树身与点叶，并有逸趣，作小柳林数十株，乃大失步，山与石有佳者，有失步者，点苔则大失步，作小楷七八十字，落款乃生硬而不成章，想是当时高手临本，云间董翰林思白卖与黄开先，取值五十金，以上皆开先藏。”①

（7）《花溪渔隐图》轴。纸本，浅设色。128.4厘米×54.6厘米。收藏于台北故宫博物院。题款：右上方书“花溪渔隐”，又七律一首，首句：“御儿西畔霅溪头”。款署：“黄鹤山中樵者王蒙，敬为玉泉尊舅画，并赋诗于上。”钤印一：“王蒙”。画上有沈梦麟等题诗。鉴藏玺印有：“嘉庆御览之宝”“宣统御览之宝”。收传印记有：“墨林秘玩”“项子京家珍藏”“君谦”。

（8）《青卞隐居图》轴。元至正二十六年丙午（1366）作。纸本，水墨。97.2厘米×28厘米。曾经美国艾里奥特收藏。现收藏于美国普林斯顿大学美术馆。题款：“至正二十六年四月，黄鹤山人王叔明青卞隐居图。”钤印二。此幅画为摹本，原作在上海博物馆。

还有一类真伪难辨，需要加以考证研究的作品，主要有：

（1）《天香深处图》轴。元至正十一年辛卯（1351）作。纸本，设色。124.5厘米×53.3厘米。收藏于上海博物馆。题款：“至正辛卯八月既望。写天香深处图。黄鹤山人王蒙。”右上方有山村老人、仇远题。当代书画鉴定家徐邦达认为此画是旧仿作。傅熹年认为是伪作。

---

① 〔明〕詹景凤：《詹东图玄览编》，《中国书画全书》第4册，第51页。

（2）《大茅峰图》轴。纸本，水墨。54.4厘米×28.3厘米。题款："黄鹤山中人王蒙画。"钤印二："王蒙印""黄鹤樵者"。收藏于上海博物馆。左上方有尚左生、钱仲益题。

（3）《溪山秋霁图》卷。元至正二年壬午（1342）作。绢本，水墨设色。收藏于刘海粟美术馆。款署："溪山秋霁。至正二年春，黄鹤山樵王蒙写。"钤印一。

（4）《层峦耸翠图》轴。元至正元年辛巳（1341）作。纸本，浅设色。83.3厘米×36.3厘米。收藏于台北故宫博物院。款署："至正元年三月望日写。黄鹤山樵王蒙。"钤印一："王蒙"（墨印）。鉴藏玺印有：三玺全、"嘉庆御览之宝"、"宣统御览之宝"。

（5）《山水图》轴。元至正八年戊子（1348）作。绢本，浅设色。211.1厘米×34.4厘米。收藏于台北故宫博物院。款署："至正八年五月望日写，王蒙。"钤印二："叔明""王蒙之印"。画之上方有黄公望题。鉴藏玺印有：五玺全、"嘉庆御览之宝"。收传印记有："太原王逊之氏收藏图书""诒晋斋印""殿魁"。

（6）《东山草堂图》轴。元至正二十一年辛丑（1361）作。纸本，浅设色。188.2厘米×49厘米。收藏于台北故宫博物院。题款："至正辛丑十月三日，王蒙与徵君同宿愚隐老师丈室，明烛烹茶，作东山草堂图。"钤印一："王蒙"。画上有乾隆庚戌御题。鉴藏玺印有：八玺全、"嘉庆御览之宝"、"宣统御览之宝"。

（7）《荆溪湿翠图》轴。元至正二十四年甲辰（1364）作。纸本，设色。142.6厘米×42.9厘米。收藏于台北故宫博物院。左上自题，首句"至正甲辰春"。款署："黄鹤山樵王蒙画。"钤印二："王叔明章""王蒙印"。画上有乾隆己酉御题。鉴藏玺印有：八玺全、"嘉庆御览之宝"、"宣统御览之宝"。收传印记有："旌表贞世之门"。

（8）《有余清图》轴。明洪武十五年壬戌（1382）作。纸本，设色。76.6厘米×44厘米。收藏于台北故宫博物院。题款："有余清图。壬戌岁八月望日，吴兴王蒙叔明为时用作。"上方有燕皓和、王彦强、孙份题。诗塘有恒庵题。鉴藏玺印有：五玺全、"八徵耄念之宝"、"太上皇帝之宝"、"乾隆御览之宝"、"御书房鉴藏宝”、“石渠继鉴”、“嘉庆御览之宝”、“宣统御览之宝”。收传印记有：“吴希元印”“子珍藏记”“程因可氏收藏鉴赏章”。

（9）《剑阁图》轴。纸本，浅设色。120厘米×51厘米。收藏于台北故宫博物院。题款：“剑阁图。黄鹤山樵王蒙画。”钤印一：“叔明”。鉴藏玺印有：三玺全、“嘉庆御览之宝”、“宣统御览之宝”。

（10）《山中归隐图》轴。纸本，水墨。140.7厘米×53.4厘米。收藏于台北故宫博物院。题款：“山中归隐图。黄鹤山樵王蒙为谨中太常画于京师龙河方丈。”无印。右上方有乾隆御题。鉴藏玺印有：“乾隆御览之宝”、五玺全、“宝笈三编”、“宣统御览之宝”。收传印记有：“槜李李氏鹤梦轩珍藏记”“希之”“莫是龙印”“卞令之鉴定”“令之”“式古堂书画”。

（11）《琴书自娱图》轴。纸本，浅设色。144.6厘米×41.9厘米。收藏于台北故宫博物院。题款：“琴书自娱图。黄鹤山樵为孟襄高士图。”钤印一：“黄鹤山樵”。左方裱绫有高士奇跋。鉴藏玺印有：“乾隆御览之宝”、五玺全、“宝笈三编”、“宣统御览之宝”。收传印记有：“退密”“项墨林秘笈之印”“天籁阁”“子京父印”“墨林山人”“神游心赏”“真赏”“高士奇图书记”“诒晋斋印”等。

（12）《坡石烟篁图》轴。纸本，水墨。73.4厘米×28.3厘米。收藏于台北故宫博物院。款署：“叔明王蒙画。”钤印一：“王蒙印”。鉴藏玺印有：五玺全、“御书房鉴藏宝”、“嘉庆御览之宝”、“宣统御览之宝”。收传印记有：“元美”“汪氏伯玉”等。

（13）《兰亭雪霁图》轴。纸本，水墨。125.5厘米×66.7厘米。款署：“黄鹤山中樵者作于兰雪斋清玩。”钤印二：“王蒙印”“香光居士”。收藏于台北故宫博物院。鉴藏玺印有：五玺全、“御书房鉴藏宝”、“嘉庆御览之宝”、“宣统御览之宝”。收传印记有：“项墨林鉴赏章”“其贞”“吴氏公一”“吴其贞印”“子孙永保”“国泰”等。此幅存疑。

（14）《松溪独钓图》轴。收藏于邵福瀛。题款：“黄鹤山中樵者王蒙画松溪独钓。”钤印二：“王蒙印”“黄鹤山樵”。鉴藏玺印有：“乾隆御览之宝”“石渠宝笈”。

（15）《菖蒲云石图》轴。元至正三年癸未（1343）作。收藏于萧方骏。左上自题，首句“嵩山大愚石上”。款署：“至正三年正月八日，王蒙。”钤印一。画上有乾隆戊寅御题两则。鉴藏玺印有：“乾隆御览之宝”。

（16）《松壑楼居图》轴。纸本，浅设色。154厘米×46厘米。收藏于台北故宫博物院。题款：“松壑楼居。黄鹤山樵王叔明画。”钤印一：“王蒙印”。鉴藏玺印有：三玺全、“乐善堂图书记”、“嘉庆御览之宝”、“宣统御览之宝”。此幅疑伪。

（17）《长松飞瀑图》轴。纸本，设色。143.2厘米×32.5厘米。收藏于台北故宫博物院。款署：“大德改元夏四月念日，黄鹤山樵王蒙画。”钤印二：“王蒙印”“王叔明章”。鉴藏玺印有：“乾隆御览之宝”。收传印记有：“印冈”“罗凤”。

（18）《松溪草堂图》轴。元至正十年庚寅（1350）作。纸本，浅设色。66.6厘米×29.8厘米。收藏于日本东京国立博物馆。题款：“松溪草堂。至正十年三月既望，黄鹤山樵王蒙。”钤印一：“黄鹤山樵”。画上有沈周、弘历题诗。鉴藏玺印有：乾隆内府诸印九方。

（19）《松壑云涛图》轴。纸本，浅设色。36.8厘米×58.6厘米。收藏于日本大阪市立美术馆。款署：“黄鹤山中樵者王蒙为听雪舟主者画。”钤印二：“王蒙印”“叔明”。鉴藏玺印有：“乾隆御览之宝”“乾隆鉴赏”“石渠宝笈”。收传印记有：“夏元吉”“永存珍秘”。

（20）《柳桥渔唱图》卷。元至正三年癸未（1343）作。纸本，浅设色。24.5厘米×159.1厘米。题款：“至正三年癸未三月，写柳桥渔唱图似中立先生清玩。黄鹤山樵王蒙。”钤印二：“王蒙”“叔明”。收藏于日本京都国立博物馆。拖尾有宇文公谅《柳桥渔唱诗叙》，并有杨维桢、宇文公谅、韩性、叶恒、孙鼎、陈眉寿、王冕、杨渊跋。有罗天池观款。以上诸家跋语中均未提及作者。

（21）《山居图》轴。纸本，浅设色。130.4厘米×34厘米。款署在左中侧。图片太小，字迹不清晰。收藏于日本阿形邦三。清恽格《瓯香馆画跋》称：“王叔明《山居图》在毗陵唐孝廉家，苍浑沉古，真有董、巨遗意。”①

（22）《山水图》轴。纸本，水墨。43.1厘米×29.3厘米。收藏于日本薮本庄五郎。此画无款。

（23）《临王维辋川图》卷。纸本，浅设色。30厘米×1076.2厘米。收藏于美国弗利尔美术馆。右上书“辋川图”；左上自题，首句“丙□夏见右丞辋川图于青□陈氏藕花轩”。款署：“黄鹤山人王蒙。”引首有黎民表书“蓝田高隐”四字、汤焕书“辋川图咏”四字。拖尾有朱之蕃、邝恭受、梁章钜等跋，有汤焕书辋川集并序。

（24）《山水图》轴。此幅无款印。画上钤“太上皇帝之宝”。

（25）《山水图》轴。元至正十年庚寅（1350）作。款署：“庚寅三月，黄鹤山人王叔明画于青村陶氏之嘉树轩。”钤印二。

（26）《怡云草堂图》轴。纸本，浅设色。100厘米×38.8厘米。美国王己千收藏。款署：“黄鹤山樵王蒙为怡云上人写。”

（27）《天香深处堂图》轴。元至正十七年丁酉（1357）作。绢本，浅设色。165.4厘米×61.8厘米。日本斋藤悦收藏。上方书《天香深处堂图记》三十六行。款署：“至正丁酉春二月黄鹤山樵王蒙画并书。”钤印二。

（28）《丹崖翠壑图》轴。纸本，水墨。67.8厘米×34.3厘米。收藏于美国大都会博物馆。右上方自题七律一首，首句“远上青山千万重”。款署：“黄鹤山樵王叔明为原东画并题旧诗于上。”钤印一。《访美所见书画录》称：“有骨无肉，入明之作。”

（29）《山水图》轴。纸本，浅设色。72.7厘米×34.4厘米。曾经吴伟业收藏，现为新加坡卢氏收藏。款署：“黄鹤山樵王蒙画。”钤印三。诗塘有褚德新题。

（30）《一梧轩图》轴。纸本，浅设色。113厘米×50厘米。收藏于美国大都会博物馆。无款。右上方钤印一：“黄鹤樵者”。收传印记有：“子京父印”“冠五清赏”“田溪书屋”“震泽王氏宝武堂图书记”“燕如心赏”“林下野人”

① 〔清〕恽寿平著，吕凤棠点校：《瓯香馆集》，西泠印社出版社2012年版，第295页。

“冈州李氏日东珍赏”“梓村”“元器印章”“吴氏筠清馆所藏书画”“之定私印”“彀山”。

(31)《松阴草阁图》轴。元至正五年乙酉（1345）作。绢本，浅设色。136.8厘米×59厘米。收藏于台北故宫博物院。款署：“至正五年春三月画，黄鹤山樵王蒙。”钤印二：“黄鹤山樵”“王蒙印”。鉴藏玺印有：“嘉庆御览之宝”。收传印记有：“停云”“衡山”“征仲”等。此幅疑伪。

精品力作

在王蒙的作品中，最能代表他的山水画成就和个人艺术风貌的是《青卞隐居图》《夏日山居图》《夏山高隐图》与《葛稚川移居图》等画作。现以这几幅画为例，对王蒙绘画艺术的独特审美价值进行分析。

(1)《青卞隐居图》是王蒙的得意之作。画上王蒙自题：“至正廿六年四月黄鹤山人王叔明画《青卞隐居图》。”卞山，又称弁山，位于浙江湖州吴兴西北，在今湖州市西北15千米左右的龙溪乡。卞山系天目山脉的支脉，山上有碧岩、秀岩和云岩三岩。下有玲珑山，有石壁如嵌空。卞山山岳幽深，上有飞瀑。山上有松、杉、银杏、梧桐，且多竹林。登临此山，可远望太湖，可俯瞰湖州市区。卞山高耸入云，远看雄伟，近观峻险。苏轼曾有“闻有弁山何处是，为君四面竟求看”诗句，赵孟頫也有诗“何当便理南归棹，呼酒登楼看卞山”，可知此山是一座具有深厚人文内涵的名山。

此图所写层峦叠林，丛林密树，溪流幽谷，村舍山路，表现了优美旖旎的江南山景。画面上千崖万壑，重山复岭，飞泉云雾，景象万千，令人目不暇接。这幅画技法高妙，在创作时，先以淡墨勾勒，后施浓墨的方法为之。用笔灵活，层次井然。山头打点，有浑点、破竹点、胡椒点、破墨点，表现出山上树木的茂密苍郁。全画渲染不多，多以皴擦来表现山体的浓密深厚，充分表现出画面空间的深度。

在这幅画的创作上，王蒙用解索、披麻和焦墨枯笔的苔点表现出山林茂盛的意境。他画山石用的是披麻皴加解索皴，王蒙的披麻皴在细柔密致上超过了董、巨皴法。在用墨上，干湿互用，先用干而松的墨笔皴勾，后用润而淡的墨覆皴加染，再用焦而枯的破笔皴擦。画面中部解索皴用笔轻松随意。王蒙在皴法上的创新，博得论者的好评。钱杜《松壶画忆》称：“（王蒙）其一世传解索皴，一用淡墨勾石骨，纯以焦墨皴擦，使石中绝无余地，再加以破点，望之郁然深秀。”①戴熙《习苦斋题画》称：“王山樵秀密之致，以淡得深，因渴成润，未易遽到。”王时敏为王献作《黄鹤传灯图》作跋时称：“元四大家画皆宗董、巨，其不为法缚，意超象外处，总非时流所可企及。而山樵尤脱化无垠，元气磅礴，使学者莫能窥其涯缦。”吴历《墨井画跋》称：“叔明以吴兴山水为画本，烟岚晚峰，霜红林密，笔笔生动，当在巨然妙悟处参之，所谓直诉其源头也。”②山峰用小披麻夹雨点皴，衬托出无数的矾头。王蒙在点苔上的创新，也得到论者的好评。这幅画山石的结构线上，都点上重苔点，或用焦枯的破笔戳出蓬松的重墨痕，正如清代松年在《颐园论画》中所称说的“山之点苔，必须由淡湿而淡干，由淡干而少加浓干，再加焦墨干点，毛毛茸茸，浑然无败笔，无痴墨，只见蕴藉苍茫，松活雄秀”。因而在视觉上显得异常的苍郁茂朴，形成了古人“林木参差辨高下”与“溪流绕转辨平阔”的变化情致。

董其昌对这幅画十分赏识，誉其为“天下第一王叔明画”。又题：“笔精墨妙王右军，澄怀观道宗少文。王侯笔力能扛鼎，五百年来无此君。倪云林赞山樵诗也，此图神气淋漓，纵横潇洒，实山樵平生第一得意山水。倪元镇退舍宜矣。庚申中秋日题于金昌门季白太舟中，董其昌。”董其昌平生最服膺倪云林，但在看到这幅作品后，他改变了看法，认为倪云林不及王蒙。当董其昌泊舟卞山之时，久视景致，长叹曰：“能为此山传神写照者，唯王蒙而已。”

王伯敏先生对《青卞隐居图》所涉及题材与画法作过深入的研究，他说：“该图作于至正二十六年（1366），那时，他还住在黄鹤山，这幅画却是画他自己的家山。王蒙早有感受，遂作此图以为寄意……卞山在浙西为名山，赵孟頫诗中提到‘何当便理南归棹，呼酒登楼看卞山’，诗中的这个卞山，即指此山。

① 〔清〕钱杜：《松壶画忆》，西泠印社出版社2008年版，第59页。

② 〔清〕吴历：《墨井画跋》，《中国书画全书》第7册，第971页。

赵所谓登楼看卞山，其实，到了湖州市郊的三天门，便能看到卞山的大略。至明代，董其昌曾泊舟卞山下，认为只有王蒙才有本领‘为此山传神写照’。在这幅画上，千崖万壑，林木幽深，写出卞山自山麓而至山顶的大貌，突出云岩。在表现方法上，有以淡墨而后施浓墨，有以湿笔而后用干皴，山头打点，乱而不乱，方法极多。山上树木，用笔简而不繁，但表现出茂密苍郁。全局不多渲染，其深处，只以紧密的皴擦为之。画的章法，亦极别致。所画隐居草庐数间，堂内有倚床抱膝的隐士，草庐的位置画在左边一角，极具幽致。画面密而不塞，实中有虚，有深远的空间感。”①这段话对这幅名作的结构布局与技法特点作了概括的评述。

(2)《夏日山居图》是王蒙的又一幅得意之作，现藏于北京故宫博物院。这幅画是他晚年之作，画于戊申二月，也就是创作《青卞隐居图》后的第二年，与《青卞隐居图》同为王蒙画风成熟时期的作品。

此画画长松高岭，山坞人家。笔干墨枯，渴墨皴擦，勾皴结合，染中带擦，焦墨醒破，层层深厚，于苍浑中见秀雅，于繁复中显灵秀。林瀚为此画题诗曰：“黄鹤山人标格清，胸中丘壑何纵横。兴来捉笔一挥洒，苍崖翠石烟云生。人家住在山之麓，隐映门墙蔽林木。横经读罢鼓瑶琴，熏风微动窗前竹”②,赞颂画作的深幽意境。清常熟吴历称：“毗陵唐氏世藏叔明《夏日山居图》，其款识戊申二月为同元高士画于青村陶氏之嘉树轩。予时客于许氏补处堂，与唐氏静香斋只隔一舍。其画不肯借过，予就而观之，笔墨境界逼肖巨然。”③静香斋主人只许客人观赏而不愿出借，显见对此画的珍重之意，吴历每天造访静香斋“予得饱观又得手临”，大饱眼福，得偿所愿。

现代许多研究者对此画作过深入的图像分析。谢稚柳先生说：“他的笔势，是如此的多样化，卷曲如蚯蚓的皴笔，是强调了董源的一端，绞缠着的线条和

① 王伯敏：《中国绘画通史》(上册)，第576—579页。

② 〔清〕卞永誉：《式古堂书画汇考》，卢辅圣主编《中国书画全书》第7册，上海书画出版社1994年版，第92页。

③ 〔清〕吴历：《墨井画跋》，《中国书画全书》第7册，第970页。

繁密的小点子，又是其中的一端而结合了巨然的。许多破而毛近乎是点子的，也是其中的一端更吸收了燕文贵的笔意。焦墨的粗线条，又是从李、郭而来。”[①]对其笔法的由来分析得十分清楚。王克文先生说：“在此图中充分显示出作者干墨堆叠，在枯毛中见湿润技法的特长，故能形成浑厚绒浓的独特艺术效果。这种画法和倪瓒简逸疏朗的气格恰好形成鲜明对比。”[②]对其笔墨技法的特点作了细致的比较分析。

与《夏日山居图》题材相近似的名作还有一幅《夏山高隐图》，是王蒙现存作品里尺幅最大的绢本画轴。画面上重峦叠嶂，丛树密林，山间梵宇草堂映现，山中一溪水自深处流泻，境界幽旷，繁密苍郁。王克文先生评点说：“此图绢本仿董、巨笔意而另出机杼……巍峨山体披麻中间用解索笔法，湿墨中带有干笔皴擦。而在树法上突破更大，近处松针，大浑点、介字点，圆形、菊花形，个、介字状及夹叶等多种变化，浓淡墨交互，积墨法见其浑朴，均以兼工带写的手法。”[③]总的来说，王蒙这幅绢画颇具特色，构图采用全景布局，创作上设色用墨以繁复取胜，画面内容丰富，引人入胜。

（3）《葛稚川移居图》体现了王蒙绘画的另一种风格，是典型的含蕴北格南韵的山水画佳作。这幅画画的是东晋葛洪携家移居罗浮山修炼的情景。詹景凤谓：“钱唐王孝廉王叔明纸画《葛仙翁移居图》，长一丈二尺，阔几二尺，此人间仅有，上有袁清容题，今在檇李项元汴。”[④]此图在笔法上，勾勒皴擦相间，融合荆浩、关仝笔意，丘壑深密，山石皴擦仍以水墨为主，明处略施赭黄色，侧壁深暗处略施花青色，远山则用花青抹出。图中树法也是创新的画法，所有的树叶都是双勾后填以石青、石绿等重色，明艳清丽。全画除远处小树似点外，皆不作苔点，山石的皴法似从小斧劈皴中变出。干笔淡墨，墨色清淡干松，层次繁复。此画值得分析的一点是画中人物部分的价值。王蒙是山水画名家，但他的人物画也是极为出色的。最早提到王蒙人物画造诣的论者是元代著名学者

① 谢稚柳：《水墨画》，上海人民美术出版社1957年版，第26页。

② 王克文：《王蒙》，第65—66页。

③ 同上书，第76页。

④〔明〕詹景凤：《詹东图玄览编》，《中国书画全书》第4册，第20页。

夏文彦，其《图绘宝鉴》称：王蒙“画山水师巨然，甚得用墨法。秀润可喜，亦善人物”。黄朋先生对王蒙的人物画风做了细致的评析：“它虽然主要还是一幅山水作品，但因为有较强的叙事性，人物在画中占据的地位也相当重要，所以它就成了王蒙现存作品中人物最吃分量的一幅了……他飘逸的用线使得其笔下的人物似有仙风道骨，与吴镇秃笔所绘渔父的憨态质朴大相异趣。”①

① 黄朋：《湿墨繁笔》，上海书画出版社2006年版，第90—94页。

第五章　丹青为作画图传

笔情墨趣

王蒙绘画的艺术特色主要可以概括为以下四点。

第一，王蒙的山水画师承王维、董源、巨然与郭熙，尤其深解巨然的笔墨精意，用笔熟练，纵横离奇，望之蕴藉苍茫，松活雄浑，郁然深秀，令人莫辨端倪。明代学者关注王蒙画艺的师承出处。王世贞《艺苑卮言》曰：“叔明师王维，浓郁深至。”方薰《山静居画论》称：“王叔明纸本中幅，笔极老致，起手鼠足点树，中插一仰枝松，疏落荒率，若不经意，隔水两峰，破网皴法，淋漓墨沈，意仿巨然，掩其款书，几无可辨，自题行书‘黄鹤山中樵者王蒙画于京师龙河方丈’。左边董思白跋云：‘余见山樵画多矣，无不规摹古人，遂作掩抑古人者，云林所谓五百年来无此君，不虚也。然诸格中以仿巨然为最，此幅仿巨然，又叔明平生第一得意笔，得此，诸叔明画可废矣。’”[①]詹景凤对王蒙知悉甚详，他论道：“王叔明《玄君炼真图》，法僧巨然，古雅秀劲，此叔明画中最佳者，可谓尽美无遗恨矣。”[②]又谓：“董北苑溪亭独坐小景，林木但钩树身。有大枝无小枝，树叶直用淡墨，囫囵沈成，不分点，画岸脚写草，笔极微细，

---

① 〔清〕方薰：《山静居画论》，人民美术出版社2016年版，第149页。

② 〔明〕詹景凤：《詹东图玄览编》，《中国书画全书》第4册，第36页。

而远近山苔，则饱笔大点，王叔明大点苔本此，乃北苑则本唐人。”[①]詹景凤曾仔细研究过王蒙《春山采药图》用朱砂点桃花技法，发现他学的是唐人技巧，感慨地说：“唐周古言《谢安石携妓东山》大绢幅，亦深重青绿，然笔法与意致远不及昭道。其中桃花直用朱砂点，常见王叔明《春山采药图》；桃花乃朱点，不知乃本之此。”[②]明王绂高度称赞王蒙画艺，誉其为古今画史第一人，说王蒙“山水用墨，师巨然。其笔法，又从郭熙卷云皴中化出。秀润清莹，别具标格。临摹细密者尤佳。至于层峦叠嶂，曲径回蹊，山居茅屋，悉具村妆童妇。舟航水渚，多写朱衣渔叟。盖前所未有，而叔明独冠绝古今者也。山人曰：绘事，非细故也。高人旷士，用寄其闲情。学士大夫，时抒其逸韵。品高故寄托自远，学富故挥洒不凡。古今来濡毫吮墨，人各名家，传者果几人哉。曹弗兴、顾恺之、陆探微、张僧繇，夐乎辽矣。自李将军以逮黄鹤山樵，皆精于斯道，而传于斯世者也。”[③]王绂之论，借“山人”之口，道出了艺术合为情而作的理论，绘画乃士大夫文人寄托情志的手段与工具，因此，画人首要的条件是要重视人品的高洁，其次是要增加学识修养。在他的眼中，王蒙是千年绘画史上“精于斯道，而传于世者”的一个完全合乎条件的画家。

恽格对王蒙的画风也作了仔细的分析，沿流溯源，探讨过王蒙画风形成的各种原因，他的《瓯香馆画跋》称：“黄鹤山樵，得董源之郁密，皴法类张颠草书，沉着之至，仍归飘渺。”[④]又称：“黄鹤山樵远宗摩诘，近师文敏，参以董源，故足与倪、黄方驾”；“王叔明《山居图》在毗陵唐孝廉家，苍浑沉古，真有董、巨遗意。”[⑤]詹景凤谓：“董北苑纸写小长条山水，笔墨秀润，冲古而逸，不着色，元人王叔明差得其墨，吴仲圭差得其笔。”[⑥]当然，外祖父一家的影响是更为重要的，赵孟頫的秀雅温润，管夫人的清丽秀致，都对他的画风有着深远的影响。他还从两宋范宽、苏轼、米芾、李公麟等大家的画风中吸取营养。

---

① 〔明〕詹景凤：《詹东图玄览编》，《中国书画全书》第4册，第38页。

② 同上书，第28页。

③ 〔明〕王绂：《书画传习录》，《中国书画全书》第3册，第243—244页。

④ 〔清〕恽寿平著，吕凤棠点校：《瓯香馆集》，第258页。

⑤ 同上书，第292页。

⑥ 〔明〕詹景凤：《詹东图玄览编》，《中国书画全书》第4册，第23页。

詹景凤称："王叔明《九峰图》一轴，纸写本，罗舍人龙文物，后归王弇老家奴姓陶者。松奇古，山石似法范中立。"①

吴历《墨井画跋》曰："叔明以吴兴山水为画本，烟岚晚峰，霜红林密，笔笔生动，当在巨然妙悟处参之，所谓直诉其源头也。"②王时敏为王献的《黄鹤传灯图》作跋时称："元四大家画皆宗董、巨，其不为法缚，意超象外处，总非时流所可企及。而山樵尤脱化无垠，元气磅礴，使学者莫能窥其涯缦。"黄宾虹先生称赞王蒙的绘画艺术，他说："黄鹤山樵画法唐人，能兼苏、米士习之长。用笔多圆润"③；"王蒙为赵子昂之甥，画法从鸥波风韵中来，故神似其舅。又泛滥唐右丞，得董源、巨然墨法。其用笔亦从郭熙卷去皴中化出，秀润可喜，临摹细密者尤佳。至于峰峦叠巘，蹊径纡回，山居茅屋，悉具村妆童妇；水渚舟航，多写朱衣渔叟，其一种文士气，冠绝古今"④。郑午昌评论说："山樵初学其舅松雪翁法，后乃出入辋川、北苑诸家，好以赭石和藤黄着色，山头石云，草树掩映，气韵蓬松，或竟不着色，只以赭石着人面及松皮，亦殊古雅有别致。"⑤

第二，王蒙绘画艺术呈现多样化的面貌，笔墨繁复多样超越他人，皴法丰富，曲尽幽致，千岩万壑，重山叠水，画格独具。詹景凤谓："云间何元朗所藏，尽元人子久、仲圭、元镇、方壶诸作，合五十余幅，内元镇至二十四幅，独叔明仅一幅尔。然亦非甚佳者。大抵越吴叔明真山水甚少，唯武林王氏《葛仙翁移居》一长幅，云间顾氏三幅，吾歙罗氏一幅，已归吴，今又归歙汪氏……友人毗陵吴助教昆麓所藏名画共二十余轴，元四大家各有二幅，王叔明唯一小幅，长仅尺余，阔仅七寸，而笔有一泻千里之气，下笔迅速不停。山与二树颇大，而草屋内一人甚小，意高趣长，笔大略而足，此其高也。予尝临过。"⑥王蒙画作有取势雄奇、纵笔直拓一路画风的，詹景凤曰："武林方氏二

① 〔明〕詹景凤：《詹东图玄览编》，《中国书画全书》，第4册，第45页。
② 〔清〕吴历：《墨井画跋》，《中国书画全书》第7册，第971页。
③ 黄宾虹：《画学文存·黄宾虹谈艺录》，上海人民美术出版社2018年版，第192页。
④ 黄宾虹：《黄宾虹文集·鉴古名画论略》，第268页。
⑤ 郑午昌：《中国画学全史》，上海书画出版社1985年版，第287页。
⑥ 〔明〕詹景凤：《詹东图玄览编》，《中国书画全书》第4册，第17页。

纸条王叔明竹石，盖予昔所见者，违十一年，顷于武林汪氏复见之，二石一作子昂飞白大石，一以大披麻稍加墨水渲染，石皆大，皆纵笔乱拓，遍满一幅，势雄奇而爽垲。”①

钱杜《松壶画忆》曰：“（王蒙）其一世传解索皴，一用淡墨勾石骨，纯以焦墨皴擦，使石中绝无余地，再加以破点，望之郁然深秀。”戴熙《习苦斋题画》曰：“王山樵秀密之致，以淡得深，因渴成润，未易遽到。”清恽格《瓯香馆画跋》称：“乌目山人为余言：‘生平所见王叔明真迹，不下廿余本，而真迹中最奇者有三：吾从《秋山草堂》一帧悟其法，于毗陵唐氏观《夏山图》会其趣，最后见《关山萧寺本》，一洗凡目，焕然神明，吾穷其变焉。’大谛《秋山》天然秀润，《夏山》郁密沉古，《关山图》则离披零乱，飘洒尽致，殆不可以径辙求之。”②

秦祖永《桐阴论画》曰：“黄鹤山樵见一小卷，沈古超逸，全是化工灵气，不可以迹象求之。时时悬想，笔墨渐有入处。惜如渔父出桃源，径途不可复识矣。”吴湖帆先生评论道：“学古人画至不易，如倪云林笔法最简，寥寥数笔可成一帧，但摹临者虽一二千笔，仍觉有未到处。黄鹤山樵笔法繁多，一画之成，假定有万笔，学之者不到四千笔，已觉其多。”

恽格《瓯香馆画跋》曰：“王黄鹤为顾阿瑛写《玉山草堂》，不为崇山叠岭，沉厚郁密，惟作松杉篁篆，浅沙回濑，禽雀飞翔，别有一种风趣。”③

第三，王蒙在皴法上进行了艰苦的探索，作出了独特的创造，形成了自己鲜明的个人面目，成为中国古代山水画史上具有独特风格的画家。黄宾虹先生评论说：“（王蒙）生平不用绢素，惟于纸上写之，得意之笔，常用数家皴法。山水多至数十重，树木不下数十种，径路纡回，烟霭微茫，曲尽幽致。”④

清钱杜《松壶画忆》称：“山樵皴法有两种，其一世所传解索皴，一用淡墨勾石骨，纯以焦墨皴擦，使石中绝无余地，望之郁然深秀。此翁胸具造化，落

① 〔明〕詹景凤：《詹东图玄览编》，《中国书画全书》第4册，第51页。

② 〔清〕恽寿平著，吕凤棠点校：《瓯香馆集》，第250页。

③ 同上书，第300页。

④ 黄宾虹：《黄宾虹文集·古画微》，第215页。

笔岸然，不顾俗眼，宜乎倪元镇有扛鼎之誉也。古来诗家，皆以善变为工，惟画亦然，若千篇一律，有何风趣，使观者索然乏味矣。予谓元、明以来，善变者莫如山樵，不善变者莫如香光，尝与蓬心、兰墅论之。”[①]詹景凤谓：“朱杜村藏柯丹丘大幅绢写竹石，唐子华仿郭淳父山水，皆真。又买谈思重小幅王叔明绢画诗意，妙绝。叔明此作迥异常调。不着色，大要意致高古。中作二高松，下面石上苔，以笔连缀若竹叶交加状，而笔秀颖，予极爱此苔也。上石壁苔则用笔直点，斋室在图中间，室前有池，池中勾勒莲花叶，亦雅。款与诗句皆小篆，亦佳。”[②]

第四，王蒙在笔墨上重视书法入画，使文人画创作达到了一个新的高峰。王蒙以草隶作画，笔力劲利，用笔圆润，墨气酣厚于奇峭之中，得幽深高淡之趣。倪云林谓：“王叔明之秀润清新。”《画说》称：“王蒙沉郁古拙，以印泥画沙之笔，写其胸中之丘壑，令观者如身游其间，有不能遽出之势。”

黄宾虹先生称赞王蒙的绘画艺术，他说：“倪云林谓为‘五百年来无此君’，称赏至矣。垢道人言：黄鹤山樵画法纯用荒拙，以追太古，粗乱错综，若有不可解者，是其法也。盖能纯以草隶作画，笔力劲利，而无怒张之态，墨气酣厚，而无痴肥之病，于奇峭之中，得幽深高淡之趣，诚古今绝作。”[③]黄宾虹先生从王蒙笔法角度阐述了画风的特质，富有启迪意义。

艺术影响

王蒙的艺术影响是与文人画地位的不断上升成正比的，自明代董其昌大力倡导南宗画派以后，对“元四家”的揄扬越来越多，人们对王蒙的认识越来越客观全面，这对于充分准确地认识文人画是十分必要的。

倪瓒在《题王叔明〈岩居高士图〉》诗中评论王蒙历史地位与历史影响时说“王侯笔力能扛鼎，五百年来无此君”，将王蒙评定为五百年来画坛的中流

---

① 〔清〕钱杜：《松壶画忆》，第59—61页。

② 〔明〕詹景凤：《詹东图玄览编》，《中国书画全书》第4册，第27页。

③ 黄宾虹：《黄宾虹文集·鉴古名画论略》，第268页。

砥柱。

我们可以从王蒙与“元四家”其他几位画家的比较中看出他在中国绘画史上的独特创造与历史影响。

《四友斋丛说》称：“子久叔明仲圭皆宗董、巨，而云林专学荆关。黄之苍古，倪之简远，王之秀润，吴之深沉，四家之画，其经营位置气韵生动无不毕具，即所谓六法兼备者也。”《清晖画跋》曰：“子久之苍浑、云林之淡寂、仲圭之渊劲、叔明之深秀。”《雨窗漫笔》评论道：“山樵用龙脉多蜿蜒之致，仲圭以直笔出之，各有分合，须探索其搭配处。子久则不脱不粘，用而不用，不用而用，与两家较有别致。云林纤尘不染，平易中有矜贵，简略中有精彩，又在章法笔法之外，为四家第一逸品。”《芥子园学画编》评价“元四家”用墨特色时称：“大痴用墨浑融，山樵用墨洒脱，云林用墨缥缈，仲圭用墨淋漓。”

从上述评论里看到，王蒙在艺术上的造诣，对中国绘画的发展是有重要贡献的。他自小学艺，在赵孟頫的悉心调教与关怀下，从临摹唐宋名品入手，充分吸收了唐宋绘画的笔墨技巧，通过长期的探索实践，在用笔用色上形成了独特的绘画风格。他的成功有几方面的原因：

首先，王蒙对自然景物有着深厚的感情，对自然界的观察细致入微。他栖居黄鹤山，朝晖晚霞，夏云冬雪，留意于自然的变化，积累了大量的生活经验。

其次，他富有探索精神与创造思想，不断尝试新的艺术表现形式。他的作品大气磅礴，纵横自如，莫辨端倪。他的代表作《葛稚川移居图》《青卞隐居图》《夏日山居图》等，都可见他在绘画上的创新。他的皴法如春蚕吐丝，笔精墨妙。画作整体视觉效果苍茫深秀，给人以强烈的艺术震撼力。明代著名书画家与评论家董其昌高度评价王蒙的杰出艺术成就，以不容置疑的口吻称道：“其画皆摹唐宋高品，若董巨李范王维，备能似之。若于刻画之工，元季当为第一。”①他在绘画上的创新实践，经受了时间的考验，愈到晚年，笔墨愈见功力，他自己也曾说：“老来渐觉笔头迂，写画如同写篆书。”他的朋友吴镇在评论他

---

①〔明〕董其昌：《画禅室随笔》，《中国书画全书》第3册，第1015页。

的画作时称赞道："吾友王叔明为太朴先生作此二十幅，高古清逸，无不兼之，人有谓其生平精力尽属于此。吾又谓其稍露一斑，不仅止此而已也。"吴镇与王蒙是相交长久的挚友，在绘画艺术上，都有同样的甘苦经历，吴镇自然能够理解王蒙在艺术实践上的不凡勇气与过人才气。

王蒙与黄公望，是在赵孟頫的艺术思想熏育下成长起来的一代画家，两人保持了深厚的友谊，在绘画观念与画技上有许多相同点，同时又有各自的独特成就。时人所评论的"黄子久之逸迈不群，王叔明之秀润清新"，概括了他们的不同绘画个性。

在绘画发展史上，元代是山水墨画成熟发展的阶段。王世贞谈到山水发展的几个阶段，称唐代李思训、李昭道是"一变"，到五代荆浩、关仝及北宋董源、巨然又是"一变"，到了李成、范宽又是"一变"，及至南宋刘松年、李唐、马远、夏珪时又是"一变"，以后便是到元代黄公望、王蒙，使得山水又起"一变"。这充分说明，到"元四家"，元代绘画达到了一个新的高度。

自元代以来，王蒙的绘画艺术受到许多文人士子的喜爱，不少画家临摹王蒙画作，从中吸纳与学习王蒙的独特艺术表现方法。明代屠隆认为，赵孟頫、黄公望、王蒙、吴镇、倪瓒等的画风，传承唐宋绘画精华，画风纯正，笔墨精美，是值得后世习画者临摹学习的最可取资对象。屠隆称："如赵松雪、黄子久、王叔明、吴仲圭之四大家及钱舜举、倪云林、赵仲穆辈，形神俱妙，绝无邪学，可垂久不磨，此真士气画也。"[①]屠隆的见解是很有道理的。此后，明清以来直至现代，代有学者以王蒙画风为师，出入其里，吸收艺术营养。

---

① 〔明〕屠隆：《画笺》，卢辅圣主编《中国书画全书》第3册，上海书画出版社1992年版，第995页。

吴镇传

第一章　道人家住梅花村

梅花庵主

吴镇，据其墓碑碑文所记，出生于元世祖至元十七年（1280），逝世于元顺帝至正十四年（1354），字仲圭，自号梅花道人、橡林书生，又称梅花和尚、梅道人、梅沙弥，浙江嘉兴海宁（今嘉兴海宁市）魏塘镇人。

20世纪80年代初，在浙江省平湖县发现了《义门吴氏谱》，从谱牒上所记载的文字来看，吴镇家族为嘉兴望族，祖先世代为官，先人做过南宋转运使和水军官司员，居汴梁，后随宋室南渡。祖父吴泽迁至浙江海盐澉浦，从事航运，由此发家致富，被称为“大船吴”。[①]可以说，吴镇出生于东南沿海一个豪门富室之家，从小具有优越的生活条件。到吴镇父亲吴禾这一代，举家迁居海宁魏塘。家中筑有春波草阁、橡林精舍、笑俗陋室等房舍。其兄吴瑋，字伯圭，征聘不赴，是一位饱读诗书的儒士。

吴镇出生时，距离宋朝灭亡已经一年多了，朝代鼎革，许多东南望族都在时局巨变中沉浮潜隐，无数士人的人生发生了天翻地覆的变化，吴家也在时世变化中走向衰败。家道中落对于幼小的吴镇产生了深远的思想影响。元代孙作《沧螺集》评其“殊乏贵游子弟之气”，自小养成了孤洁闲放的个性。他对名利

① 余辉：《吴镇世系与吴镇其人其画——也谈〈义门吴氏谱〉》，《故宫博物院院刊》1995年第4期。

看得非常淡薄，如贝琼《清江诗集》咏吴镇时称：“微利虚名，何啻蝇头蜗角”。

年轻时吴镇和哥哥吴瑱一起，曾受业江苏毗陵的柳天骥先生，学习经史典籍，研究“天人性命之学”。吴镇沉潜于典籍之中，修身养性，颇为自得。从他所绘《槐阴读书图》中我们可窥其人之心。这幅画是吴镇为姑苏好友王行道所画。刘基作《槐阴读书图》序称：“王氏之先，有植三槐于庭而期其后必为三公者，后果如其言，为宋贤相。今仲圭之作此也，其将勖行道以力学而履前人之发也乎！夫盛德大业，有志者成之。圣贤与我皆人也，企斯及之矣。故与人交，必常有所勖者，朋友之盛心也。”

吴镇是在少年时代开始学画的，据史料所载，大约始于元贞元年（1295），这时他刚好是15岁。[①]关于吴镇书画创作的记载，最早见于元代夏文彦、陶宗仪等人的著述中。夏文彦《图绘宝鉴》称：“吴镇，字仲圭，号梅花道人。嘉兴魏塘镇人。画山水师巨然。其临模与合作者绝佳；而往往传于世者，皆不专志，故极率略。亦能墨竹墨花。”陶宗仪《书史会要》曰：“吴镇，字仲圭，嘉兴人。草学䛒光。”夏文彦与陶宗仪的记述说明了吴镇的书法绘画艺术风格之渊源。

由于元代对江南士人的歧视政策，吴镇与所有江南士人一样得不到仕进机会。后来，他一直隐居不仕。隐居乡里时，吴镇曾在村塾中教书。村塾教师的收入是极为有限的，因此，他过的是清贫自给的生活。有时，他以卖卜为生，在家乡嘉兴与杭州等地为人卜算吉凶，赖以养家糊口。元代江南士人大多过着清贫的生活，我们从元初赵孟頫史料中可见一斑。据史料记载，赵孟頫出仕之前，衣食困顿，生活拮据，赵氏羞于向人求乞，陷入困境。他的《罪出》诗曰：“向非亲友赠，蔬食常不饱。病妻抱弱子，远去万里道。”即使在进入大都以后，他也因为身居清要而生活清贫，其《和黄景杜雪中即事》曰：“燕雪常飞十月前，敝裘破帽过年年。拥炉自笑何为者，欲买浊醪无一钱。”吴镇是一个个性孤傲的人，不喜和达官贵人接触，可以想见，他的生活会比赵孟頫更加贫困。

潘天寿先生对“元四家”都作过深入的研究，他对吴镇的生平家史有过一

① 盛东涛：《吴镇》，河北教育出版社2006年版，第60页。

番概括："吴镇，嘉兴魏塘人，字仲圭，号梅花道人，尝自署梅沙弥，自题其墓曰：梅花和尚之塔。博学多闻，藐薄荣利，村居教学以自娱，参易卜卦以玩世。遇兴挥毫，非酬应世法也。故其笔端豪迈，墨汁淋漓，无一点朝市气。师巨然而能轶出畦径，烂漫惨淡，自成名家。盖心得之妙，非易可学，北宋高人三昧，惟梅道人得之。兼工墨花，写像亦极精妙。"①这段话，对吴镇的独特性格与村居生活实际都作了评述，并对其绘画风格作了阐析，简括而准确。在元代这样少数民族统治的时代，吴镇这样的士人选择了洁身自好、潜心书画的道路，实也是时世使然。

吴镇性格安静清寂，不喜欢喧嚣嘈杂的地方，常在幽静的环境中遐思，思考生命、自然与世界，心远地偏，神安思清。他曾画有一幅反映隐逸之士情趣的《草亭图》，自题诗云："依村构草亭，端方意匠宏。林深禽鸟乐，尘远竹松清。泉石供延赏，琴书悦性情。何当谢凡近，任适慰平生。"②

吴镇书画兼通，书法也很高妙。"元四家"中，他的草书最足称道。《书史会要补遗》记："吴镇……草学䛒光。"《六研斋三笔》谓之："作藏真笔法，古雅有余。"以草书笔法入画，亦能诗词，诗书画结合，是他绘画上的一大特色。陈继儒谓之："书仿杨凝式。"䛒光是唐代僧人，永嘉人，长于草隶，书体遒健；藏真即怀素，亦唐代僧人，湖南长沙人，其草书最为后人所称；杨凝式是五代时华阴人，最工草书。从吴镇书迹看来，出于以上三人是可信的。

元顺帝至正十四年（1354），吴镇长离人间，时年75岁。遗命置短碣于冢曰"梅花和尚之塔"。墓葬就在他的旧居附近，所在后来被称为梅花巷。明万历年间，邑令谢应祥等重修，并题"此画隐吴仲圭高士之墓"。泰昌元年（1620），邑令吴旭如和举人钱士升等又曾集资重修，增建祠堂曰"梅花庵"。董其昌亲书庵名，陈继儒还写了《修梅花庵记》。梅花庵的碑、墓、庵等有关文物至今犹在。

孙作《沧螺集》称："嘉禾吴镇仲圭善画山水竹木，臻极妙品，其高不下许

---

① 潘天寿：《中国绘画史》，上海人民美术出版社1983年版，第145页。

② 李德熏编：《吴镇诗词题跋辑注》，山东美术出版社1990年版，第33页。

道宁、文与可。与可以竹掩其画，仲圭以画掩其竹。近世画出吴中赵文敏父子外，仲圭其流亚也。仲圭于画，世无贬议，惟论墨竹或訾其有酸馅气。仲圭为人抗简孤洁，高自标表，号梅花道人。从其取画，虽势力不能夺，惟以佳纸笔投之案格，需其自至，欣然就几，随所欲为，乃可得也。故仲圭于绢素画绝少。余留秀州三年，遍访士夫家，征其笔迹，蔑有存者。然则更后百年，知好其画，复当几人耶？"[①]本来在元朝末年，吴镇的作品在他的家乡就已"蔑有存者"。到了明代以后，出现了两种情况：一是有不少署名吴镇的画，但大都是赝品；二是画家真迹被人误为伪作，受到世人误解。詹景凤曾曰："文太史《仿吴仲圭渔乐图》一卷，无款识，但有二印……而吴中过客则往往疑为子朗代作。余经武林，邦相出示，且笑吴客不能辨而从余鉴定，将以证诸疑者。然予生平于太史画实一望而知其真赝也。盖子朗诸人，工或似之，而笔则未劲，匀颇得之，而超则未能。此卷游戏三昧，非工而工，非匀而匀，笔纵意闲，往往得之象外。其为真迹何疑？"[②]

吴镇的诗文至今仍有存世，明嘉兴人钱芬曾搜集他的诗文和题跋编成《梅花道人遗墨》两卷。《四库全书总目提要》谓其诗，因"胸次既高"，故"吐属自能拔俗"。我们总能从他的画上读到他的诗，如"放歌荡漾芦花风""一叶随风万里身"等，从中了解他的思想情怀。收在《元诗选二集》中的《梅花庵稿》，也收录了他的诗歌。

尊儒崇道

吴镇隐居于家乡，过着平静而淡泊的乡村生活。从士人的角度看，他勤读儒家经典，精通儒学典籍，接受了儒家入世思想，成为他思想体系的重要部分。盛东涛先生称："吴镇的思想深处，儒家入世的积极精神仍是主流，他绘画的题材，多画竹石，写的正是竹石的不屈气节和品质。"这是从画家绘画创作题材特

---

① 〔元〕孙作：《沧螺集》卷三，《钦定四库全书》本。

② 〔明〕詹景凤：《詹东图玄览编》，卢辅圣主编《中国书画全书》第4册，上海书画出版社2000年版，第52页。

点上抓住了其思想特点。

元代是一个充满各种矛盾冲突的时代，元代士人经常感受到内心抉择的痛楚。在儒学思想熏陶下成长起来的儒生，具有以道自任的政治意识与社会使命感，诚所谓“任重而道远”“穷不失义，达不离道”。我们可以理解，生活是清贫的，但吴镇能在乡村简陋的学舍任教，无疑反映出他身上这种“士志于道”的道德自律。然而，元朝廷废止科举，堵塞士人进身之路，对长期重文重教的江南地区的儒生来说，心灵所遭遇的痛苦是无法言喻的。于是，在元代文人中，普遍出现两种人生倾向，一种是从都市社会与官场退身，隐逸退避，追求内心的安宁；一种是消磨雄心，借助于宴饮社交、都市娱乐，用耳目声色之乐来忘忧消愤。吴镇选择的是前者，他以清醒的理性，选择了平静的生活方式。

同时，吴镇也接受了佛道思想的深刻影响，尤其受全真教影响为大。他以全真教为安身立命的根本。张立文等学者认为：“当士人处于穷之时，道学的思想比儒学的孔颜乐处更能保持内心的平衡。中国文化的儒道互补，特别表现为士人的心理结构互补。”[①]吴镇隐居乡间，自号梅花道人，同为全真教友的倪瓒、黄公望等人也都以“道人”称呼他，视其为同道中人。游建西先生说：“直呼吴镇为道人的诗不胜枚举，不管他出家与否，他是梅花道人这一点，已被大家认同。”[②]从吴镇所作书画题跋上可知他结交最多的朋交还是道士和僧人，先后有松岩和尚、雷所尊者、竹叟禅师、古泉老师等。《历代论画名著汇编》收录方董论梅道人书画语：“梅花和尚，墨名儒行者，居吾乡之武塘，萧然环堵，饱则读书，饥者卖卜。画石室竹，饮梅花泉。一切富贵利达，屏而去之。与山水鱼鸟相狎。宜其书若画，无一点烟火气。”危素与黄公望、方从义等相识，也与吴镇相熟，他在为吴镇《夏山欲雨图》题跋时称：“吴梅庵，吾之至友也，有高世之行。书无不读，而绘事更精。所谓鲁之原宪，晋之陶潜，殆其俦乎。予固爱其画，而更爱其人。予每有所请，无不应之，而悉佶妙。就中画卷种种入神，即使王洽复起，董巨再生，亦何过焉。使梅庵见之，必以予为知言。是岁四月十

① 张立文等：《玄境——道学与中国文化》，人民出版社2005年版，第173页。

② 游建西：《道家道教史略论稿》，光明日报出版社2006年版，第79页。

有一日，临川危素。”危素这段话，对吴镇作了很高的评价。

张庚对“元四家”作了比较分析，论述道：“大痴为人坦易洒落，故其画平淡而冲濡，在诸家中最醇。梅道人孤高而清介，故其画危耸而英俊；倪云林则一味绝俗，故其画萧远峭逸，刊尽雕华。若王叔明未免贪荣附热，故其画近于躁。”这段话，除对王蒙评论稍嫌简单之外，对黄公望与吴镇、倪瓒三人的性情、画艺的评论应该说是客观而准确的。吴镇的为人诚然是“孤高而清介”，其画艺更是可以用一个“清”字来作结。明孙作称他的画作是“有山僧道人气”。

对于吴镇的思想特点，王伯敏先生有过一番分析，他说：“值得注意的，吴镇既自认是‘老书生’，又自称‘道人’，更自号‘和尚’。至正十二年（1352）九月，他画《渔父图》，居然款署‘梅花道人书于武塘慈云之僧舍’，无疑如倪瓒于‘玄窗下参禅’，也如杨维桢于‘丛林兰若（僧舍）’里‘读易论道’。在元代，如吴镇那样的亦道亦佛，并非个别的现象，形成这种思想作风的重要原因，即在于在特定的封建社会中所产生的一种‘儒家道释观’。儒家道释观的表现，具有一种哲理性的内涵。反映在生活行止中，虽然不属‘异端’，但不寻常。吴镇也好，倪云林也好，便是黄公望也好，如果用形象化比喻来描绘他们——是身穿儒服、头戴道冠、手拄锡杖的‘超然者’。综观吴镇的一生，‘儒为本’‘道为用’，后来进一步求‘空门’，因此建‘和尚之塔’为自寿。”这段评述，把吴镇的世界观与人生观的特点揭示得一清二楚。联系前文对黄公望思想的分析，从价值观层面来观察，“元四家”确实有着本质相通的地方，这是那个特定历史时代给予他们的思想烙印。

游戏墨池

吴镇的绘画理论有其独特之处，主要表现在他的“墨戏说”。至正五年（1345），吴镇在为《四友图》作跋时坦诚地表明了自己的艺术观：“梅花道人游戏墨池间仅五十年，伎止于此。古泉老师每以纸索作墨戏，勉而为之。一日出此卷属之，欲补于后，以供清玩，遂作以补之。”[1]此时吴镇已是65岁的老人了，“墨戏”一说绝非吴镇戏言，而是这位画家的心迹坦陈。在吴镇诗作与书画题跋中，他的“墨戏”理念多有表述。例如，他的《题云西画卷》诗曰：“云西老人清且奇，随意点笔自合诗。”他为画作《枯木竹石图》题诗曰：“与可画竹不见竹，东坡作诗忘此诗。高丽老茧冰雪冷，戏写岁寒岩壑姿。”吴镇还称“墨戏之作，盖士夫人词翰之余，适一时之兴趣，与夫评画者流，大有寥廓”，充分表明了他的美学观点。在吴镇的画作上，亲笔题款“梅花道人墨戏”的不胜枚举。试举几例：

（1）收藏于北京故宫博物院的纸本《墨竹图》轴，款署“梅花道人墨戏”。

（2）收藏于北京故宫博物院的纸本《墨竹坡石图》轴，款署“梅花道人戏作于春波客舍”。

（3）收藏于北京故宫博物院的绢本《枯木竹石图》轴，款署“梅花道人墨戏”。

（4）收藏于上海博物馆的纸本《竹谱图》卷，水墨画，题款：“与可画竹不见竹……梅花道人戏为可行作《竹谱》……”

（5）收藏于上海博物馆的纸本《松石图》轴，款署“梅花道人墨戏”。

（6）南京博物院收藏的纸本《松泉图》卷，款署“……奉为子渊戏作松泉……”。

（7）收藏于台北故宫博物院的纸本《洞庭渔隐图》轴，题款“梅花道人戏墨”。

（8）收藏于台北故宫博物院的绢本《西风萧萧图》，款署“至正二年为子敬戏作渔父意……”。

（9）元至正十年庚寅（1350）作的纸本《墨竹谱二十二开》册，从第一页始至最后一页止，署“梅道人戏墨”“梅花戏墨也”“梅花道人戏墨”等字样。

吴镇的“墨戏说”，其内涵是什么呢？

一是心物交融，心手两忘，进入艺术王国的自由境界。在吴镇的眼中，绘

---

① 转引自盛东涛：《吴镇》，第60页。

画由笔墨而成，创作又需舍笔墨而成，只有当创作主体忘情弃世，进入纯美的境界，达到心手相忘、物我同一，才能创造出新的艺术世界。吴镇有诗曰："图画书之绪，毫素寄所适。垂垂岁月久，残断争宝惜。始由笔砚成，渐次忘笔墨。心手两相忘，融化同造物。"[①]

二是融汇性情，表现自我，实践绘画艺术的最终目的。依吴镇看来，绘画乃写胸中块垒，绘事之本质乃在表现自我，他强调了绘画的抒情功能，称："意足不求颜色似，前身相马九方皋"；又称："写竹之真，初以墨戏，然陶写性情终胜别用心也"。[②]在这一点上，吴镇的艺术识见高于同一时代的艺术家们，而为后代的艺术家们所折服。

三是笔情墨趣，重在感悟，突破审美思维束缚，洞达艺术创造的奥秘。吴镇认为，绘画是人为的行动，"濡墨有浅深，下笔存轻重"，故需重视学养，"力学"为先；但是，绘画又不能仅止于此，须由此及彼、由表及里，直达艺术创造的彼岸，因此，画家须由感悟所得，形于笔端，成其大业。吴镇称："成不成，奇不奇，口不能言心自知。聊写此言相娱嬉。此余寱语也。"[③]寱语即为感悟之语。类似之语常在吴镇诗作中出现，足见吴镇的绘画"墨戏"论并非心血来潮，而是在长期艺术实践活动中得来的。

在古代绘画史上，文人"墨戏"可上溯到北宋苏轼与文同，苏轼特别强调绘画的"象外意"，融和象意，超越形似，提出了绘画的"意气说"。米芾紧承苏轼观点，又提出了"意似说"。绘画创作上，米芾、米友仁父子开创了面目一新的"云山墨戏"画。至元代，黄公望、王蒙、倪瓒进一步发展了"意气说"，着力在绘画中表现笔墨意趣。而吴镇则以明确的理念、持久的实践，丰富与发展了"墨戏说"，使文人山水画艺术达到了一个新的高度。

---

① 李德熏编：《吴镇诗词题跋辑注》，第1页。

② 同上书，第148页。

③ 同上书，第144页。

平生至交

吴镇的画多是自画自题，这与他独特的个性和习惯是分不开的。吴镇一生中，交游对象多为方外道友，如黄公望、倪瓒等，他们曾在一起聚会，谈文论艺，交流切磋，这一切对他的思想、画艺都有过重要的影响，现择其要者作一介绍：

1. 黄公望

吴镇作有咏画诗《子久为危太朴画》，诗曰："子久丹青好，新图更擅长。浮空烟水阔，倚岸树阴凉。咫尺分浓淡，高深见渺茫。知君珍重意，愈久岂能忘。"在吴镇等友人的眼中，黄公望是一个珍视友情、慷慨洒脱的人。黄公望看到吴镇的《墨菜图》，题云："……是知达人游戏于万物之表，岂形似之徒夸，或者寓兴于此，其有所谓而然耶。"可见他对吴镇的人品和艺术也是十分推崇的。

2. 倪瓒

倪瓒的生平，我们已经在前文黄公望传中作过简要的介绍，此处不再赘述。倪瓒之兄倪昭奎"以黄老为归"，加入全真教，曾蒙元朝廷"特赐真人号"，成为道教的上层人物，享有很大的权力。少年时代，倪瓒在兄长扶持下，勤于读书，攻习经史。陶宗仪称："先生自幼读书，过目不忘。既长，群书博极，不事雕琢。"张端称他"多读书，礼乐制度，靡不究索"。顾瑛称赞他："酷好读书，尊师重友，操履修洁。"倪瓒作《述怀》诗："嗟余幼失怙，教养自大兄，励志务为学，守义思居贞。闭户读书史，出门求友生，放笔作词赋，览时多论评。白眼视俗物，清言屈时英。贵富乌足道，所思垂令名。"

吴镇与倪瓒多有交往，在书画艺术上常有商讨。吴镇逝世七年之后，倪瓒还写诗《题吴仲圭诗画次韵》怀念他。倪瓒的题咏诗有：

题吴仲圭诗画次韵

元初真士尝居嘉禾紫虚观，好与吴仲圭隐君游，故得其诗画为多。今年十月，余始识元初，即出示此帧，命仆赋诗。因走笔，次吴隐君诗韵题于上。隐居自号梅花道人云。至正廿一年辛丑。

鸳湖在嘉禾，湖水春浩荡。家住梅花村，梦绕白云乡。
弄翰自清逸，歌诗更悠长。缅怀图中人，看云杖桄榔。

附：梅花道人原韵

平林方漠漠，野水正汤汤。苍莽日欲暮，辛苦客异乡。
草店月回合，村路迂更长。渡头人散后，渔父正鸣榔。

（《清闷阁集》卷二）

题梅花道人《墨菜》诗卷

肉食固多鄙，菜烹元自癯。晓畦含露气，夜鼎煮云腴。
春醪时一进，林笋与之俱。游戏入三昧，披图聊我娱。

（《清闷阁集》卷三）

吴仲圭《山水》

道人家住梅花村，窗下松醪满石尊。
醉后挥毫写山色，岚霏云气淡无痕。

（《清闷阁集》卷七）

为蒙庵题吴仲圭《竹枝便面》

十年害眼今年较，障眼前缘始暂离。
纨扇箧藏无弃置，三收吴叟碧筠枝。

（《清闷阁集》卷八）

3. 王蒙

吴镇曾题王蒙的山水画册云："吾友王叔明为太朴先生作此二十幅，高古清逸，无不兼之，人有谓其生平精力尽属于此，吾又谓其稍露一斑，不仅止此而已也。"可见他对王蒙不仅有很深的感情，对他的画也是很服膺的。

从吴镇写给王蒙的诗歌《王叔明卷》《王叔明〈林泉清话图〉》《叔明〈松壑秋云图〉》中，可以看出两人的深厚交情。

4. 黄玠

桃花庵，为吴仲圭作

函三一气初未分，包括万象为阳春。
亦如孤根抱独暖，不与桃李同光尘。
吁嗟此意知者少，我欲往问庵中人。
高官不如士白贵，厚富不如农赤贫。
结茅为椒小于笠，翕翕鼻观通机神。
眼中见花不见我，我身已与花为身。

吴仲圭《画松》

以尔为楹，其直不可以中绳。
以尔为梠，其曲不可以中矩。
一丘一壑，多历年所。白摧朽骨，太阴雷雨。

（上引诗作见《弁山小隐吟录》卷下）

5. 杨维桢

题《松隐图》（朱显卿所藏吴仲圭画）

谁家松树大十围，主者亦是朱桃推。
菟丝上屋作华屋，琥珀迸崖流玉脂。
东山大夫鄙封号，柴桑处士同襟期。
老仙有约餐肪去，准拟空山快雪时。

（《铁崖诗集》庚集）

6. 贝琼

应天长（吴仲圭《秋江独钓图》）

澄江日落，渺一叶归航，渡口初泊。垂钓何人，不管中流风恶。西山青似削，旷千里楚乡萧索。问甚处，更有桃源，看花如昨。往事总成错，羡范蠡风流，故迹依约。微利虚名，何啻蝇头蜗角。宫袍无意着，但消得绿蓑青蒻。鲈堪斫，明月当天，酒醒还酌。

（《清江诗集》卷十）

7. 高启

吴仲圭《枯木竹石》

丛筱倚乔柯，秋阴雨尚多。

风霜莫摇落，留荫石边莎。

（《高太史大全集》卷十六）

8. 刘基

《槐阴读书图》序

《槐阴读书图》者，嘉兴吴仲圭所为姑苏王行道作也。王氏之先，有植三槐于庭而期其后必为三公者，后果如其言，为宋贤相。今仲圭之作此也，其将勖行道以力学而履前人之发也乎！夫盛德大业，有志者成之。圣贤与我皆人也，企斯及之矣。故与人交，必常有所勖者，朋友之盛心也。观听动息，凡有所接，必使可以有所警者，进修之善道也。然则斯图岂玩好之云乎！虽然，吾愿益有以勖之。

夫王氏之先所以致位宰相者，抑由乎槐耶？非与植柏于大别而冀似禹求南国之棠而憩焉，曰：吾以继召伯也，可乎哉！晋公之行事，载在史官。若三槐者，苏子所谓德之符也。思其人，象其德，今之槐犹昔之槐也。不然，彼园之檀，其下维勖而已矣。吾子勖之，使后人之慕此图如今人之慕三槐，则伟矣。于是乎言。

（《诚意伯文集》卷七）

9. 袁华

吴仲圭《墨竹》

风生太液水微波，霜影侵阶月色多；
截得昭华苍玉管，多情箫史奈愁何。

（《耕学斋诗集》卷十二）

10. 沈梦麟

梅花道人《山水》

梅花道人盘礴赢，画山画水无不可；
兴来纵笔不同皴，奇峰玉立莲花朵。
石根乔木青丛丛，群柯罗列如儿童；
两翁兀坐茅屋底，衣冠仿佛商颜同。
一翁匆匆下山去，涉江拟趁渔舟过；
尘途当暑正炎热，何事担簦赴焦火。
嗟予颓景已九旬，频年主试沐圣恩；
只今无由报穹昊，归休泉石终吾身。

（《花溪集》卷二）

皇甫廷玉赠刘士端梅花道人《山水图》

道人造化蟠心胸，能写湖上之群峰；
氤氲佳气吐烟壑，冉冉空翠浮云松。
琼楼高架九苞凤，银潢下飞双玉龙；

刘公归去得此画，出门一笑登吴淞。

（《花溪集》卷三）

11. 张宪

吴仲圭画《荔枝障》

知味何人似蔡襄，方红陈紫与谁尝；
七闽尘障南来使，肠断薰风十八娘。

（《玉笥集》卷十）

12. 钱惟善

梅道人《墨菜》（用仲圭韵）

晚菘香凝墨池湿，畦菜摘尽春雨泣。
梅花庵中吴道人，写遍群蔬何德色。
怪我坐客寒无毡，床头却有买菜钱。
四时之蔬悉佳味，乃知此菜吾尤便。
有客忽携画卷至，一笑落笔南风前。

（《江月松风集》卷十二）

13. 王逢

吴仲圭《山水》，为李源复题

我生未了烟霞债，见水见山心所快。
兵戈澒动十年余，真水真山不如画。
梅花道人吴仲圭，斯画乃出胸中奇。
无声诗托有声写，汧也笑谓非公谁。
沙洲吐吞石龃龉，三脊仙茅杂香杜。

锦绣天开灵鹫云，笙竽籁过苍龙雨。
一杖商翁自外归，方舟渔郎若相语。
葛藟古木苔藓皴，形若槁立凑理春。
屠苏略彴密映带，老我顾作渔商邻，
渔或钓周商避秦。

（《梧溪集》卷七）

14. 张适

题梅花道人所制竹枝，赠江月轩主者二首

春尽梅花穗帐空，独留鸾影度东风；
不如江月轩中客，学风长吹十二筒。
月上江斋夜未分，鸾笙遥度隔林闻；
上人更寄青瑶麈，时拂天坛五色云。

（《甘白先生诗集》卷四）

15. 王行

吴仲圭《墨竹》

烟叶正青青，轩窗晓思清。开帘看春雨，江上有歌声。

（《半轩集》卷十）

16. 姚文奂

吴仲圭画《折枝竹》

风去梁王宅，苔荒习氏池。阿谁风雨里，见得翠蛾眉。

（《草堂雅集》卷十）

17. 郑洪

题梅花道人《偃松》

墨池帽脱管城子，壁府罄折徂徕公；
玉关金锁掣玄豹，铜台瑶柱蟠苍龙。
星霜鬓眉遽如许，铁石肝胆将谁同；
丈夫受命当伛偻，天子法驾行东封。

题梅道人《平林野水图》

浣纱溪头车骑发，镜湖影里画图开；
有客相寻草堂去，何人却棹酒船回。
是处山林有真隐，如此风尘无好怀；
青袍不似黄冠乐，二老风流安在哉。

（上引诗作见《元诗选二集·素轩集》）

18. 柯九思

题梅道人为伯理十幅

云溪吴仲岂凡俦，写得湖山数幅秋；
良夜漏沉呼剪烛，不知风雨下前洲。

（《元诗选二集·丹丘生稿》）

第二章　斯画乃出胸中奇

传世作品

吴镇的画作面貌不一，可分三类介绍。一类是创作时地、题跋、著录、钤印等要素明确，经学者品鉴确认为真迹的作品，有：

《渔父图》轴　元顺帝至元二年丙子（1336）作。此幅曾经明人詹僖和清人吴荣光、潘正炜收藏，现收藏于北京故宫博物院。绢本，水墨。84.7厘米×29.7厘米。画之上方自题《渔父词》一首，首句“目断烟波青有无”。款署：“至元二年秋八月，梅花道人戏作渔父四幅并题。”钤印二：“梅花□”“嘉兴吴镇仲圭书画记”。诗塘中有明人王铎题诗。

《渔父图》卷　又名《仿荆浩渔父图》卷。元至正五年乙酉（1345）作。纸本，水墨。33厘米×651.6厘米。曾经吴湖帆收藏，现收藏于上海博物馆。画中题柳宗元《渔父词》十六首分布前后，无款印。拖尾有吴瓘等四家跋。画之创作年代依吴瓘跋。吴瓘是吴镇之侄，同住魏塘（见《义门吴氏谱》）。

《墨竹图》轴　纸本，水墨。90.3厘米×23.6厘米。收藏于北京故宫博物院。右上方自题五绝一首，款署：“梅花道人墨戏。”钤印二。左上方有湖南散人题。

《墨竹坡石图》轴　又名《墨竹》《竹石》轴。纸本，水墨。103.4厘米×33厘米。曾经清人安岐、近人庞元济收藏，现收藏于北京故宫博物院。画之上部自题诗一首，首句“与可画竹不见竹”。款署：“梅花道人戏作于春波客舍。”钤印二：“梅花庵”“嘉兴吴镇仲圭书画记”。

《枯木竹石图》轴 绢本，水墨。53厘米×69.8厘米。收藏于北京故宫博物院。左上方自题五绝一首，首句“晴霏光煜煜”。款署：“梅花道人墨戏。”钤印四。

《芦花寒雁图》轴 绢本，水墨。83.3厘米×27.8厘米。曾经清成亲王永瑆、安岐及近人庞元济收藏，现收藏于北京故宫博物院。画上钤有“怡亲王宝”等收藏印多方。画上方自题《渔父词》一首，首句“点点青山照水光”。钤印二：“梅花”“嘉兴吴镇”。

《溪山无尽图》轴 收藏于北京故宫博物院。

《秋溪晚眺图》轴 元至正十一年辛卯（1351）作。纸本，水墨。172厘米×43.2厘米。收藏于荣宝斋。

《竹石图》轴 纸本，水墨。96.5厘米×28.5厘米。收藏于天津市艺术博物馆。

《多福图》轴 纸本，水墨。96厘米×28.5厘米。收藏于天津市艺术博物馆。右上方自题五绝一首，首句“长忆古多福”。钤印“嘉兴吴镇仲圭书画记”。

《墨梅图》卷 元至正八年戊子（1348）作。纸本，水墨。29.6厘米×35厘米。收藏于辽宁省博物馆。题款于画后，为唐明远长题，记述画梅流派。此幅裱于南宋徐禹功《雪中梅竹图》卷之跋尾。画上有乾隆御题七绝一首，尚有嵇璜、梁诗正、董邦达、汪由敦诗题。

《竹谱图》卷 元至正十年庚寅（1350）作。纸本，水墨。36厘米×544.1厘米。收藏于上海博物馆。题款：“与可画竹不见竹……梅花道人戏为可行作《竹谱》……至正十年春三月杜鹃花发时，梅花道人顿首。可行以为何如?”

《松石图》轴 纸本，水墨。103.6厘米×30.7厘米。此画曾经清梁清标、乾隆内府及近人庞元济收藏，钤有其鉴藏印记十余方，现收藏于上海博物馆。左上方自题五绝一首，首句“苍藤矗露梢”。款署：“梅花道人墨戏。”钤印“嘉兴吴镇仲圭书画记”。

《松泉图》卷 元顺帝至元四年戊寅（1338）作。纸本，水墨。105.6厘米×31.7厘米。画上方自题诗一首，首句“长松兮亭亭”。此幅清初收藏家孙承泽先得见沈周的临本，后来才购得真迹，并改装成横卷。乾隆时收藏家安岐收藏此图，就以“松泉老人”为自己的别号。其后为庞元济收藏，现收藏于南京博物院。拖尾有高士奇、樊增祥、罗振玉等跋。鉴藏印记有：“怡亲王宝”“虚斋审定”“衡酒仙家珍藏”“思鹤庵秘笈”“明善堂珍堂书画印记”“源头活水山房”等。款署：“至元四年夏至日，奉为子渊戏作松泉。梅花道人书。”下钤印“嘉兴吴镇仲圭书画记”。

《墨竹图》卷　纸本，水墨。款署：“梅花道人戏墨。”收藏于苏州博物馆。

《双树坡石图》轴　绢本，水墨。68.9厘米×27厘米。收藏于浙江省宁波市天一阁博物馆。

《墨竹图》卷　此幅又名《竹》卷，与王冕梅花合装为《梅竹双清》卷。元至正四年甲申（1344）作。纸本，水墨。22.4厘米×89.1厘米。收藏于台北故宫博物院。左侧自题，首句“图画书之绪”。款署：“至正甲申，梅花道人戏墨而书。”钤印二：“梅花”“嘉兴吴镇仲圭书画记”。右上有曾光题七绝一首。引首有沈民则隶书“梅竹双清”。拖尾有周鼎、王世贞跋。鉴藏玺印有：五玺全。收传印记有：“永誉印”“式古堂书画”“安岐之印”“仪周鉴赏”“安仪周家珍藏”等。

《中山图》卷　元顺帝至元二年丙子（1336）作。纸本，水墨。26.4厘米×90.7厘米。收藏于台北故宫博物院。题款：“至元二年春二月，奉为可久戏作中山图。梅花道人书。”钤印“嘉兴吴镇仲圭书画记”。右上方有乾隆御题。

《晴江列岫图》卷　收藏于台北故宫博物院。

《夏山欲雨图》卷　收藏于台北故宫博物院。

《山水图》卷　收藏于台北故宫博物院。

《竹石图》轴　题款：右中自题草书六行，款署：“梅沙弥□□。”

《竹谱》卷　收藏于台北故宫博物院。

《空同问道图》　詹景凤称：“梅花道人《空同问道图》，一大绢幅，学夏圭而兼己法。苍古而豪，亦奇作也。”[①]

《墨竹图三幅》卷 收藏于台北故宫博物院。

《双松图》轴 又名《双松平远图》《双桧平远图》《双桧图》轴。元泰定五年戊辰（1328）作。绢本，水墨。180.1厘米×111.4厘米。收藏于台北故宫博物院。款署：“泰定五年春二月清明节，为雷所尊师作。吴镇。”钤印二：“仲圭”“口庐”。鉴藏玺印有：三玺全、“乐善堂图书记”、“嘉庆御览之宝”、“宣统御览之宝”。收传印记有：“胡氏珍藏”“王长安父”“瞻近堂收藏印”“怡斋”“三韩蔡琦书画之章”“吴□之印”（半印）等。

《洞庭渔隐图》轴 收藏于台北故宫博物院。元至正元年辛巳（1341）作。纸本，水墨。146.4厘米×58.6厘米。左下方款署“梅花道人戏墨”。钤印二：“梅花□”“嘉兴吴镇仲圭书画记”。上方自题诗一首，首句“洞庭湖上晚风生”。款署：“至正元年秋九月梅花道人戏墨。”右上方有乾隆丁卯御题。鉴藏玺印有：“乾隆御览之宝”“石渠宝笈”“重华宫鉴藏宝”“嘉庆御览之宝”“宣统御览之宝”“宣统鉴赏”“无逸斋精鉴玺”。收传印记有：“天籁阁”“项墨林父秘笈之印”“子孙世昌”“子孙永保”“子京父印”“墨林子”“平生真赏”“项元汴印”“墨林山人”“神游心赏”“项叔子”“寄傲”“项子京家珍藏”“项墨林珍赏章”“安仪周家珍藏”。

《西风萧萧图》 元至正二年壬午（1342）作。绢本，水墨。176.1厘米×95.6厘米。收藏于台北故宫博物院。上方自题诗，首句“西风萧萧下木叶”。款署：“至正二年为子敬戏作渔父意。梅花道人书。”钤印二：“梅华□”“嘉兴吴镇仲圭书画记”。鉴赏玺印有：三玺全、“嘉庆御览之宝”、“宣统御览之宝”。收传印记有：“真赏”“琴书堂”“都尉耿信公书画之章”“信公珍赏”“丹诚”“宜尔子孙”“耿会侯鉴定书画之章”“阿尔喜普之印”“东平”“御赐忠孝堂长白山索氏珍藏”“珍秘”等。

《竹石图》轴 元至正七年丁亥（1347）作。纸本，水墨。90.6厘米×42.5厘米。收藏于台北故宫博物院。右中侧偏下自题，首句“梅花道人学竹半生”。

---

① 〔明〕詹景凤：《詹东图玄览编》，《中国书画全书》第4册，第39页。

款署："至正七年丁亥初冬作于槜李春波之客舍。"钤印二："梅花庵""嘉兴吴镇仲圭书画记"。鉴藏玺印有：五玺全、"御书房鉴藏宝"、"嘉庆御览之宝"、"宣统御览之宝"。收传印记有："徐树藩印"。

《清影图》轴　元至正十年庚寅（1350）作。纸本，水墨。106.2厘米×32.7厘米。收藏于台北故宫博物院。上方自题诗，首句"陶泓磨松吐黑汁"。款署："梅道人戏墨于晚风清处，至正庚寅夏六月。"钤印二："梅花□""嘉兴吴镇仲圭书画记"。鉴藏玺印有：三玺全、"嘉庆御览之宝"、"宣统御览之宝"、"宣统鉴赏"、"无逸斋精鉴玺"。收传印记有："蕉林书屋""苍岩""蕉林居士"。

《山水图》轴　收藏于台北故宫博物院。元至正十二年壬辰（1352）作。绢本，浅设色。122.5厘米×30.2厘米。款署："至正十二年五月三日，戏墨于西湖之寓馆。梅花道人。"钤印二："梅花□""嘉兴吴镇仲圭书画记"。上方有乾隆庚戌御题。鉴藏玺印有："乾隆御览之宝"、"乾隆鉴赏"、五玺全、"宝笈三编"、"宣统御览之宝"。

《清江春晓图》轴　绢本，水墨。114.7厘米×100.6厘米。收藏于台北故宫博物院。题款："清江春晓。梅道人戏墨。"钤印二："梅花□""嘉兴吴镇仲圭书画记"。诗塘上有董其昌题云："梅花道人画巨轴绝少，此幅气韵生动，布置古雅，大类巨然，非王蒙所能梦见也。董其昌藏并鉴定。"画轴上装裱纸条题云："辛巳仲冬之望日，以五十金易之王越石。张覲宸识。"钤印一："张覲宸印"。收传印记有："张孝思赏鉴印""张则之""蕉林""观其大略""蕉林收藏"。

《秋江渔隐图》轴　绢本，水墨。189.1厘米×88.5厘米。收藏于台北故宫博物院。右上自题五律一首，首句"江上秋光薄"。款署："梅花道人戏墨。"钤印二："梅花□""嘉兴吴镇仲圭书画印"。画上有乾隆戊申御题。裱绫有笪重光题。鉴藏玺印有："乾隆御览之宝""石渠定鉴""宝笈重编""重华宫鉴藏宝""嘉庆御览之宝""宣统御览之宝"。收传印记有："阿尔喜普之印""东平""苍岩""蕉林居士""也园索氏收藏书画""御赐忠孝堂长白山索氏珍藏"。

《秋山图》轴　绢本。收藏于台北故宫博物院。

《溪流归艇图》轴　元至正二年壬午（1342）作。纸本，水墨。44厘米×

26.7厘米。收藏于台北故宫博物院。款署：“至正二年八月画于梅花□□之景。”钤印一：“梅花□”。此幅系《名画琳琅》册（十二开）中之一开。

《墨竹图二十开词》册 元至正八年戊子（1348）作。纸本，水墨。均34.3厘米×44.3厘米。收藏于台北故宫博物院。前十八开为墨竹图，后二开为自书题跋。款署：“梅道人戏墨。”钤印“梅花”。

第一开，自题五绝一首，首句“涓涓多息水”。款署：“梅花戏墨也。”钤印一：“梅花□”。

第二开，自题：“野竹诗于后。”钤印一：“梅花□”。

第三开，自题五言古诗一首，首句“我爱晚风清”。款署：“梅花道人戏墨。”钤印二：“梅花□”“嘉兴吴镇仲圭书画记”。

第四开，自题五绝一首，首句“众木摇落时”。钤印一：“梅花□”。

第五开，自题五绝一首，首句“媚媚春前花”。款署：“梅花道人戏墨。”钤印二：“梅花□”“嘉兴吴镇仲圭书画记”。

第六开，无题句款印。

第七开，自题五绝一首，首句“缅怀潇湘江”。款署：“梅花道人戏墨。”钤印二：“梅花□”“嘉兴吴镇仲圭书画记”。

第八开，无款。钤印一：“梅花□”。

第九开，款署：“梅花庵墨戏。”钤印一：“梅花□”。

第十开，自题五绝一首，首句“叶叶舞清风”。款署：“梅花老朽戏墨。”钤印二：“梅花□”“嘉兴吴镇仲圭书画记”。

第十一开，自题首句“写竹之真”。款署：“梅老谬谈。”钤印一：“梅花□”。

第十二开，自题五绝一首，首句“日日行青山”。款署：“梅花老戏墨。至正戊子秋。”钤印二：“梅花□”“嘉兴吴镇仲圭书画记”。

第十三开，款署：“梅花道人墨戏。”钤印二：“梅花□”“嘉兴吴镇仲圭书画记”。

第十四开，自题五绝一首，首句“日日对此君”。款署：“梅老戏云。”钤印二：“梅花□”“嘉兴吴镇仲圭书画记”。

第十五开，自题首句“蓊蔚为难”。款署：“梅老戏语也。”钤印一：“梅花□”。

第十六开，款署：“梅花道人戏墨。”钤印一：“梅花□”。

第十七开，款署：“梅花道人戏墨。”钤印二：“梅花□”“嘉兴吴镇仲圭书画记”。

第十八开，款署：“梅花道人戏墨。”钤印一：“梅花□”。

第十九开，自书诗，首句“野竹绝可爱”。款署：“七十翁梅老戏墨也。”钤印二：“梅花□”“嘉兴吴镇仲圭书画记”。

第二十开，自书题跋，首句“墨竹之法”。款署：“至正八年戊子秋九月，梅花老朽戏墨而书。”钤印二：“梅花□”“嘉兴吴镇仲圭书画记”。

前副页有项元汴题。收传印记有：项元汴、耿昭忠、耿嘉祚诸印30方。

《墨竹谱二十二开》册　元至正十年庚寅（1350）作。纸本，水墨。前二开为书法，均41.1厘米×51.5厘米。其余二十开为墨竹谱，均40.3厘米×52厘米。题款：前二开为行书苏东坡《题文与可画筼筜谷偃竹记》。款署：“梅花道人为佛奴画竹谱，书此记于卷首。至正十年庚寅夏五月一日，雨窗笔。”

谱第一，自题首句“东坡先生有诗云”。款署：“至正庚寅夏五月一日梅花道人戏墨于醉李春波陋室。”

谱第二，自题：“拟与可笔意。”又题，首句“曹操字孟德”。又题，首句“宋元君将画图”。

谱第三，自题首句“东坡先生守湖州日”。款署：“至正十年五月一日，梅花道人年已七十一矣。试貂鼠毫笔。潘衡旧里，儿诵《论语》声声。”

谱第四，自题七绝一首，首句“有竹之地人不俗”。款署：“梅道人一日与人写纸屏而作此竹，佛奴索写此诗于谱上，遂为书也。至正庚寅夏五月十三日竹醉时。”

谱第五、第六，自题诗文，首句“晴霏光煜煜”。款署：“梅花道人写至此，遂写竹以破俗云。至正庚寅夏五月，时窗雨未霁，笔倦少息。”

谱第七，自题五绝一首，首句“晴霏光煜煜”。款署：“梅花道人戏作此纸……至正（钤庚寅连珠印）夏六月。”

谱第八，自题五绝一首，首句“俯仰元无心”。款署：“六月九日梅道人戏墨。”

谱第九，自题五绝一首，首句“竹窗思阒寥”。款署：“六月九日梅道人戏墨。”

谱第十，自题首句“相逢尽道休官去”。款署：“梅花戏墨，时客至，退而书也。”

谱第十一，自题五言绝句一首，首句“抱节元无心”。款署：“梅花道人为佛奴戏作此竹书此诗……”

谱第十二，自题首句“鲜于伯机题高房山墨竹诗云”。款署：“至正十年夏六月九日因南窗孤坐拈笔写此纸以识岁月也。梅花道人戏墨。”

谱第十三，款署：“梅花翁寄兴于椽下。”

谱第十四，自题首句“简斋诗”。款署：“梅花亲书也。”

谱第十五，自题首句“我观大地众生”。款署：“至正十年夏六月十日，梅沙弥随喜而戏墨也。”

谱第十六，自题五绝一首，首句“径深茅屋陋”。款署：“至正庚寅夏六月梅花老戏墨也。”

谱第十七，自题五绝一首，首句“轻阴护绿苔”。款署：“梅老戏作于度余之东客位且吃茶戏。”

谱第十八，自题七绝一首，首句“愁来白发三千丈”。款署：“梅道人戏墨，时骤雨忽至，清风凉肌，至正庚寅夏六月十五日也。”

谱第十九，自题首句“昔游钱塘吴山之阳”。

谱第二十，自题诗一首，首句“董宣之直”。款署：“梅道人戏作雪竹之法。”

以上每开钤印有“庚寅”“梅花庵主”“嘉兴吴镇仲圭书画记”“口庐”“一梅”“吴仲圭”“淡中有味”等。

此册曾经明人项元汴、清人宋荦及乾隆内府收藏。现收藏于台北故宫博物院。鉴藏玺印有：八玺全。收传印记有：“李肇亨印”“醉鸥”“槜李李氏鹤梦轩珍藏记”“项叔子”“宫保世家”“天籁阁”“墨林子”“子孙世昌”“寄傲”“墨林秘玩”“神品”“项元汴印”“项子京家珍藏”“子京父印”“墨林山人”“退密”“项墨林鉴赏章”“项墨林父秘笈之印”“子京”“子孙永保”“若水轩”“神游心赏”“檇李项氏士家宝玩”“黄□山氏精赏”“宋荦审定”“□云山馆”“教忠堂藏”“松乔堂书画印”“子孙宝子”“衣园居士”“衣翁秘玩”“秋容亭”“竹香馆”“衣园观玩”“衣园珍藏”“竹溪秘玩”“竹溪逸史”“竹溪居士”“滋大”。

《烟汀雨渡图》页 绢本，设色。29.1厘米×22.9厘米。收藏于台北故宫博物院。无款署。钤印一：“梅花道人”。此幅系《集古名绘》册（二十开）中之一开。

《枯木竹石图》页 纸本，水墨。27.5厘米×25.3厘米。款署：“梅道人戏墨。”收藏于台北故宫博物院。此幅系《历代集绘》册（二十开）中之一开。

《山水图》页 纸本，水墨。34.8厘米×28.9厘米。自题七绝一首，首句“芦荻萧萧两岸秋”。收藏于台北故宫博物院。款署：“梅道人戏墨。”钤印一：“梅花庵主”。此幅系《集古图绘》册（十开）中之一开。

《独钓图》轴 纸本，水墨。105.2厘米×59.7厘米。收藏于台北兰千山馆。款署：在左上方。

《山窗听雨图》卷 元至正四年甲申（1344）作。纸本，水墨。27.5厘米×202厘米。自题七绝一首，首句“一林修竹护幽居”。款署：“至正四年夏五十日，梅道人作。”钤印二：“梅花道人”“嘉兴吴镇仲圭书画记”。台北王雪艇先生收藏。

《竹石图》轴 纸本，水墨。88厘米×40.8厘米。左上自题五绝一首，首句“碧条挺奇节”。收藏于日本东京国立博物院。款署：“梅花道人戏墨。”钤印二。

《竹石图》轴 纸本，水墨。93厘米×28.4厘米。收藏于日本京都国立博物馆。左上方自题五绝一首，首句“抱节元无心”。款署：“梅道人戏墨。”钤印二。

《墨竹图》轴 纸本，水墨。90.2厘米×40.7厘米。收藏于日本藤田美术馆。右上方自题五绝一首。款署：“梅道人戏墨。”钤印二。

《枯木竹石图》轴 纸本，水墨。72.3厘米×278厘米。日本山本悌二郎收藏。

《嘉禾八景图》卷 八景：空翠风烟；龙潭暮云；鸳湖春晓；春波烟雨；月波秋霁；三闸奔湍；胥山松涛；武水幽澜。元至正四年甲申（1344）作。纸本，水墨。69.1厘米×641.8厘米。题款："嘉禾八景图。胜景者……至正四年岁甲申冬十一月阳生日画于橡林旧隐。梅花道人镇顿首。"画中每景有题，每作《酒泉子》词一首。第八景款署："梅花道人劝缘。"钤印"嘉兴吴镇仲圭书画记"。日本田中武平收藏。收传印记有文徵明、文彭、项元汴等印多方。

《山水图八开词》册 纸本，水墨。各29.1厘米×25.1厘米。第八开左上方书"梅道人仿米家山"。钤印一："梅华"。日本斋藤悦藏收藏。收传印记："宫尔铎审定""会稽梁氏图书之印"等。

《墨竹图》页 绢本，水墨。21.5厘米×20.8厘米。款署："梅道人。"钤印一："梅华□"。收藏于英国大英博物馆。

《墨竹图》卷 元至正十年庚寅（1350）作。绢本，水墨。收藏于德国日耳曼东亚美术馆。自题首句"东坡先生守湖州日"。款署："梅道人时年七十一，至正十年庚寅夏月十三竹醉日也。"左段，自题首句"春到龙孙满地生"。款署："梅花道人戏墨。"

《风竹图》轴 纸本，水墨。75.2厘米×54.3厘米。收藏于美国波士顿美术馆。右下自题五绝一首，首句"抱节元无心"。款署："梅道人戏墨。"钤印二："梅华□""嘉兴吴镇仲圭书画记"。收传印记有："苍岩子""子孙宝之""石墨池外史"等。

《竹石图》轴 纸本，水墨。99.9厘米×33.5厘米。上方自题七言古诗一首，首句"野竹野竹绝可爱"。款署："梅花道人戏墨。"钤印二。美国王己千收藏。

《枯木兰竹图》轴 又名《高节凑云图》轴。元顺帝至元四年戊寅（1338）作。美国王己千收藏。绢本，水墨。167.8厘米×97.9厘米。左上自题七绝一首，首句"高节凌云只自□"。款署："至元四年夏五月，梅花道人戏墨。"

《芦滩钓艇图》卷 又名《渔父图》《苇滩钩艇图》卷。纸本，水墨。21.3厘米×53.8厘米。自题《渔父词》一首，首句"红叶村西夕照余"。款署："梅老戏墨。"钤印二："一梅""梅华"。曾经张大千、美国顾洛阜收藏，现收藏于美国大都会博物馆。

《松石图》卷 收藏于美国大都会博物馆。

《仿荆浩渔父图》卷 又名《渔父图》卷。元至正十二年壬辰（1352）题款，自称十余年前作。纸本，水墨。32.5厘米×562.2厘米。曾经庞元济收藏，现收藏于美国弗利尔美术馆。题款：书柳宗元《渔父词》十六首。

第一首，首句“洞庭湖上晚风生”。

第二首，首句“重整丝纶欲棹船”。

第三首，首句“残阳浦里漾渔船”。

第四首，首句“如何小小作丝纶”。

第五首，首句“极浦遥看两岸斜”。

第六首，首句“雪色髭须一老翁”。

第七首，首句“绿杨湾里夕阳微”。

第八首，首句“月移山影照渔船”。

第九首，首句“风揽长江浪搅风”。

第十首，首句“舴艋为舟力几多”。

第十一首，首句“残霞返照四山明”。

第十二首，首句“无端垂钓空潭心”。

第十三首，首句“钓得红鳞拽水开”。

第十四首，首句“五岭风光绝四邻”。

第十五首，首句“舴艋舟人无姓名”。

第十六首，首句“桃花波起五湖春”。左侧自题首句“余昔喜关仝山水”。款署：“至正十二年壬辰九月廿一日，梅花道人书于武塘慈云之僧舍。”拖尾有张萱、文荣、周鼎等人跋。

《墨竹图》轴 又名《仿苏文忠公墨竹图》《竹》《风竹》轴。收藏于美国弗利尔美术馆。元至正十年庚寅（1350）作。纸本，水墨。109厘米×32.6厘米。左侧自题三行，首句“东坡先生守湖州日”。款署：“梅道人时年七十一，至正十年庚寅夏五月十三日竹醉日书也。”钤印二。

《风竹图》轴 收藏于美国弗利尔美术馆。左上方自题二行。款署：“梅道人戏墨。”

《草亭诗意图》卷 元至正七年丁亥（1347）作。纸本，水墨。23.9厘米×991厘米。收藏于美国克利夫兰艺术博物馆。左侧自题五律一首，首句“依村构草亭”。款署：“至正七年丁亥冬十月，为元泽作草亭诗意。梅沙弥书。”拖尾有沈周、陈仁涛跋。

《墨竹图》轴 元至正三年癸未（1343）作。款署：“至正三年冬十月二日，梅道人戏墨。”钤印一：“梅华”。收藏于关冕钧。钤有项元汴、安岐鉴藏印记。

《山水图》轴 左上自题七绝一首，款署：“梅花道人戏墨。”钤印二。

《苍虬图》轴 又名《画松》轴。纸本，水墨。右上方自题七绝一首，首句“乱石堆头松子树”。款署：“梅花道人戏墨。”

《竹石图》轴 元至正九年己丑（1349）作。左上方自题五绝一首。款署：“至正九年冬十月之晦，梅花道人戏墨于□□之客次。”钤印二。画上有祝允明、王铎题。

《洞庭晓风图》轴 又名《山水图》轴。元至正元年辛巳（1341）作。上方自题《渔父词》一首，首句“洞庭湖上晚风生”。款署：“至正元年秋九月梅花道人戏墨。”钤印二。左下方又款署：“梅花道人戏墨。”钤印二。右上方有乾隆丁卯御题。

《竹石图》轴 元至正四年甲申（1344）作。右上自题五绝一首。款署：“至正四年夏五月梅道人戏墨也。”此幅在《宋元明清书画家年表》中误作《松石图》轴。

《野竹居图》卷 元至正九年己丑（1349）作。自题草书七行，款署：“至正九年冬十一月望日，□李景元□□□□。梅花道人戏墨也。”钤印二。又题草书十一行，款署：“至正己丑冬十一月望梅道人再书也。”钤印一：“梅华”。引首有赵仲穆题“竹居”两个大字。鉴藏玺印有：“嘉庆御览之宝”“嘉庆鉴赏”“宣统御览之宝”。

第二类是明清时期画家的临摹本，主要有：

（1）《携琴观瀑图》卷。收藏于北京故宫博物院。

（2）《墨竹谱》卷。又名《竹谱》。收藏于辽宁省博物馆。

（3）《竹石图》轴。绢本，水墨。175.1厘米×106.9厘米。款署："梅道人戏墨。"日本薮本庄五郎收藏。

（4）《仿荆浩渔父图》卷。绢本，水墨。32厘米×278厘米。日本朱福元收藏。

（5）《山水图》卷。收藏于吉林省博物馆。

（6）《墨竹图》卷。绢本，水墨。右方自题七绝一首，首句"愁来白发三千丈"。款署："梅道人书于醉李春波亭。"收藏于日本慈照院。

（7）《山水图》轴。纸本，水墨。24.5厘米×24.1厘米。日本阿形邦三收藏。此幅无款。

（8）《竹石图对幅》轴。绢本，水墨。一幅为116.5厘米×516厘米；一幅为98厘米×9厘米。题款：其一，右中侧自题七绝一首，首句"万竿新绿草堂东"，款署"梅道人戏墨"；其二，左上自题五绝一首，首句"径深茅屋陋"，款署"梅道人戏墨"。日本阿形邦三收藏。

（9）《墨竹图》轴。绢本，水墨。98厘米×43厘米。日本菅原寿南收藏。

第三类是真伪一时难辨，需要加以深入考证研究的，主要有：

（1）《溪山高隐图》轴，又名《溪山草阁图》轴。绢本，水墨。160.5厘米×73.4厘米。收藏于北京故宫博物院。款署："梅花道人作。"钤印二："梅花□""嘉兴吴镇仲圭书画记"。

（2）《后赤壁赋图》轴。绢本，浅设色。109.1厘米×60.3厘米。收藏于台北故宫博物院。右上方有乾隆御笔"陈迹长新"四字。又有郁逢庆题，郁氏云"都南豪定为梅道人笔"。鉴藏玺印有：八玺全、"嘉庆御览之宝"、"宣统御览之宝"。

（3）《溪山雨意图》轴。纸本，浅设色。119.3厘米×46.8厘米。收藏于台北故宫博物院。右上方自题七绝一首，首句"石枕生凉菌阁虚"。款署："笑俗陋室坐雨戏墨并题。至正辛亥夏五月十又六日也。"钤印二："梅花道人""嘉兴吴镇仲圭书画记"。鉴藏玺印有：五玺全、"宝笈三编"、"宣统御览之宝"。

（4）《疏林远山图》页。纸本，水墨。39.7厘米×50.2厘米。收藏于台北故宫博物院。题款："疏林远山。梅道人戏墨也。至正（"戊午"二字朱印）秋九月。”此幅在《名画荟萃》册（八开）中，真伪难辨。

（5）《湖船图对幅》轴。纸本，水墨。尺寸分别为：27.1厘米×39.2厘米；27厘米×44.5厘米。收藏于日本大阪市立美术馆。此对幅均无款印，传为吴镇作。下角钤“石田”印，非沈周手笔。附罗振玉宣统癸亥五月题跋，定为“梅道人湖船图”。

（6）《十六应真图》卷。绢本，水墨。收藏于日本惠林寺。此幅无款，恐非吴镇手笔。拖尾有陈继儒跋。

（7）《墨竹图》卷。元至正二年壬午（1342）作。纸本，水墨。日本江田勇二收藏。款署：“至正二年冬十月廿又一日，奉为升叟沟师清玩。梅道人戏墨。”钤印二。拖尾有王同祖跋。

（8）《墨竹图》卷。绢本，水墨。收藏于美国哈佛大学福格美术馆。右方书《修竹赋》。款署：“梅道人录。”左方自题五绝一首，首句“凉阴生砚池”。款署：“梅道人戏墨。”

（9）《山水人物图》页。元至正二年壬午（1342）作。纸本，水墨。27厘米×36.1厘米。款署：“至正二年春，梅道人戏墨。”钤印一。收藏于美国弗利尔美术馆。

（10）《山水图》轴。元至正五年乙酉（1345）作。黄植收藏。款署：“奉为太无练师观静堂作墨戏四幅，永为青云山中传诸不朽云。至正五年乙酉岁冬十月，梅花道人题。”钤印二。

（11）《峦光送爽图》轴。左上自题七绝一首，首句“布谷声中雨乍晴”。款署：“梅道人戏笔。”钤印二。庞元济收藏。画上有乾隆己亥御题。钤有乾隆内府鉴藏玺印多方。此幅黄涌泉疑为清王恽仿作。

（12）《雨歇空山图》轴。庞元济收藏。左上方自题七绝一首，首句“雨歇空山较倍清”。款署：“梅花道人镇。”钤印一：“梅华”。

（13）《水竹幽居图》轴。又名《水竹居图》《松风水阁图》轴。题款在右上方。狄葆贤收藏。

（14）《墨竹图七段》卷。题款：①自题五绝一首，首句“叶密凉气深”。款署：“梅道人戏墨，时秋八月也。”②自题五绝一首，首句“石上白云起”。款署："梅道人戏墨，时老矣七十有一也。"③自题五绝一首，首句"雨过推竹窗"。款署："梅道人戏墨。"④自题五绝一首，首句"有客抱琴来"。款署："梅道人戏墨。"⑤自题五绝一首，首句"竹窗思阒寥"。款署："梅道人戏墨。"⑥自题五律一首，首句"我有渊明琴"。款署："梅道人戏墨。"⑦款署："梅道人戏墨。"

（15）《山水图》轴。元至正四年甲申（1344）作。款署："至正甲申秋八月既望，梅道人戏墨。"钤印二。杨恒收藏。画上有唐寅题。

湿墨团团

吴镇的精品力作，我们重点谈以下几幅：

第一，《渔父图》。吴镇对"渔父"这一主题可谓是情有独钟，从步入绘画大门到晚年作画，都一直孜孜不倦地描写这一题材。渔夫这一意象，早在先秦时期就已经进入诗人与文学家的表现视野。《庄子》杂篇有《渔父》一篇。屈原《楚辞》里有《渔父》篇。五代至两宋，历代歌咏渔父的诗歌比比皆是，抒发了诗人们对其所含丰富意蕴的偏爱。吴镇所画《渔父图》既有立轴形式，也有手卷形式。

采用立轴形式的有：

（1）《渔父图》四幅。顺帝至元二年（1336）秋八月吴镇57岁时作，北京故宫博物院藏。此图绢本，纵84.7厘米，横29.7厘米。起手处画渚石水草于水中，后有一渔夫坐船垂钓，当中一洲，上植二树，对岸是连绵山丘，远处高峰。自题"目断烟波青有无，霜凋枫叶锦模糊，千尺浪，四腮鲈，诗筒相对酒葫芦。至元二年秋八月，梅花道人戏作渔父四幅并题。"此图用浓而有变化的墨勾山石轮廓，略淡的线条作披麻皴加线条，加湿墨衬染，湿墨略分浓淡，罩在线条上面，使线半隐半显，使面透明而光亮。最后再以焦墨、浓墨点苔点。远山用淡墨没骨抹出，愈远山愈淡，前后空间分明。水中一洲用线勾出轮廓及其中石块结构，不皴。沈梦麟说他"兴来纵笔不用皴"，而直以湿墨染之，如他画竹石图中的石头法。但加了很多深苔点，近处的石头亦然。小草柔润，全似董源法；

水面突出，唯舟后画几道水纹。两棵树，前一棵用墨浓重，后一棵用墨轻淡，当然浓中又有浓中淡，淡中也有淡中浓。通篇所画，最后又以淡湿墨润之。所以他的画，数百年之后，仍有“幛犹湿”之感。画法显然类于董源，也明显有他自己的变化，明代沈周画风直接受此影响。

（2）至正二年（1342）作的《渔父图》，收藏于台北故宫博物院。表现的是隐士垂钓的内容。吴镇画了很多幅，形式也很多样，有长轴、短轴，也有长卷、短卷，都有一个隐者坐船垂钓。吴镇每以烟波钓徒自况，这幅画便是他想象的真实写照，反映了他的思想和精神状况。

（3）《独钓图》轴。纸本，水墨。105.2厘米×59.7厘米。收藏于台北兰千山馆。款署在左上方。

采用手卷形式的有：

（1）《渔父图》卷，又名《仿荆浩渔父图》卷。元至正五年乙酉（1345）作。画中题柳宗元《渔父词》十六首分布前后，无款印，拖尾有吴瓘等四家跋。根据《义门吴氏谱》，吴瓘是吴镇之侄，同住魏塘。吴镇的《渔父图》，湖水摇荡，芦荻起伏，扁舟一叶，于幽静的水面呈现出一个清寂宁静的精神乐园，形象地体现了他自题《渔父词》中的意境：“洞庭湖上晚风生，风触湖心一叶横。兰棹稳，草衣轻，只钓鲈鱼不钓名……残阳浦里漾渔船，青草湖中欲暮天。看白鸟，下平川，点破潇湘万里烟。”①

和《渔父图》差不多的还有《芦花寒雁图》《仿荆浩渔父图》《西风萧萧图》《芦滩钓艇图》等，画法、形式和所表现的思想意义都基本相似。

第二，《双桧平远图》轴又名《双松图》，是目前尚可见到的吴镇最早的作品，绢本，纵180.1厘米，横111.4厘米。自识：“泰定五年春二月清明节，为雷所尊师作，吴镇。”此图是吴氏49岁时的作品。墨笔画并立的老桧两株，气势雄伟，背景是平远山峦、树林，林下有房舍、水溪。笔势圆转，水墨湿润，已显示出和黄公望、王蒙、倪瓒三家干笔枯墨不同的特点。同时也显示了法自董源、巨然的作风。

---

①〔明〕汪珂玉：《珊瑚网》卷三十三，《钦定四库全书》本。

第三，北京故宫博物院藏有吴镇《溪山高隐图》轴，又称《溪山草阁图》。绢本，水墨。纵160厘米，横75.5厘米。款署："梅花道人作。"钤印"嘉兴吴镇仲圭书画记"。这幅画气势不凡，层峦叠岭，雄伟高峻，下方丛树溪水，临溪筑有草房两间，屋旁有小径通向山间。仅一片房屋处略施淡赭，通篇皆水墨。此图和常见的吴镇画有所区别，皴法以长披麻皴为主，法巨然画派画格，但线条较长，细长而且疏朗，似有不胜其力之感。

第三章　笔锋墨沉元气垂

高超画艺

吴镇是一位具有独创精神和文化理想的绘画大师，绘画艺术具有自己的独特表现手法。迄今为止，人们对他的画学理论与绘画艺术还认识不足，有待于深入发掘与研究。其艺术成就与艺术特色主要有：

第一，既忠实地继承了以董源、巨然为代表的文人画优良传统，又凭借自己的艰苦探索，发展出新的意笔画表现方法，实现了元代绘画艺术的新创造，给我们留下丰富的绘画理论与绘画经验。

吴镇十分注重承继古代绘画史的优秀传统，在继承中创新。他把唐宋诸贤作为效法的对象，重视笔墨技法的锤炼和古代画法的改良发展，消化吸纳了自王维以来到赵孟頫、黄公望为止的艺术大师们的绘画技法与经验，无论是董源、巨然，还是李成、范宽、郭熙，以及南宋的刘松年、李唐、马远、夏圭，他都反复临摹、不断比较、认真研究，以化为己用。有人把吴镇归为画史上集古细润派的重要一员，是有道理的。明詹景凤谓："刘松年山水一大幅，下有人乘马过长桥，桥东作高松大石巅崖。松长三尺余，上作远山横抹，径三四尺阔而无皴，远山顶作小丛林，参差茂密浓淡相间，丛林横仅二寸短寸余耳。树干中锋双笔为之，干两旁点叶层层重叠而萧洒，吴仲圭酷近之，然清劲峻秀之气，仲圭不逮。乃知仲圭山顶丛林法此也。”[①]詹景凤在观赏这幅画作时，敏锐地意识到吴镇画山顶丛林的技法出自刘松年，点明了其渊源所自，很有见地。詹景凤又谓：“董北苑纸写小长条山水，笔墨秀润，冲古而逸，不着色，元人王叔明差得其墨，吴仲圭差得其笔。”[②]点明了吴镇从董源处学到“笔墨秀润，冲古而逸”的画格。从吴镇总的画格来看，他接受巨然影响无疑是最多的，巨然的用笔用墨到结构布局，都在吴镇的画作上有所体现。王原祁《题仿墨道人》称：“北宋高人三昧，惟梅道人得之，以其传巨然衣钵也。与盛子昭同里闬而居，求盛画者填门接踵，庵主惟茅屋数椽，闭门静坐。人有言者，笑而不答。五百年来，重吴而轻盛，洵乎笔墨有定论也。然人但知其淋漓挥洒，不知其刚健而兼婀娜之致，亦未思一笑之故耳。”[③]

第二，在用墨特点上，吴镇画作墨色缤纷，给予观者极大的视觉冲击。“元四家”山水画中，黄公望、王蒙、倪瓒皆喜用干笔枯墨，独吴镇多用湿墨，他的用墨五色齐备，浑然天成，淋漓酣畅，在“元四家”中最为独特。盛东涛先生称：“吴镇的绘画语汇中，墨法无疑是最富独创性的，他有别于其他三家的标识就是墨法的个性化。”[④]吴镇以湿笔点苔，焦墨擦醒，使得山体气势与厚度都得到了充分的表现。他确是一位具有艺术天赋的画师，把“湿笔点苔”与“焦墨擦醒”融合无间，达到了整体画面的和谐统一。如果光是湿笔点苔，容易显得骨力消解，笔墨轻浮；反之，如果只有焦墨擦醒，也容易显得干燥板结，缺少活力。只有二者兼施，方能取得“干裂秋风，润含春雨”的出色效果。吴镇的独特墨法，是他持久探索、寂寞耕耘艺苑的结晶。近代著名画家余任天先生有感于画史上众多默默奋斗的画家史迹，赋诗曰：“一艺功成岂偶然，人工天分两相连。还须滋养源头水，寂寞楼居四十年。”用这首诗来描述吴镇的艺术生涯，也是非常恰当的。

第三，吴镇喜画竹石，竹石画也确有特色。孙作谓：“与可以竹掩其画，仲

---

① 〔明〕詹景凤：《詹东图玄览编》，《中国书画全书》第4册，第27页。

② 同上书，第23页。

③ 沈子丞：《历代论画名著汇编》，文物出版社1982年版，第394页。

④ 盛东涛：《吴镇》，第87页。

圭以画掩其竹。”[①]吴镇自己也谓：“此君不可一日无，才着数竿清有余。露叶风梢承研滴，潇湘一曲在吾庐。”元代画家画的竹，多拔地而起，或直立或斜立。吴镇画竹多取一枝，这是他不同于一般元人画竹的地方。吴镇在70岁以后，画了多种竹谱册页、横卷，作了不少题跋，书画相映，天趣盎然，相得益彰。在明人眼中，历代画竹的画家中最值得推崇的是宋代文同，詹景凤把吴镇拟之于文同，谓：“麻城董氏宦蜀梓潼，得文与可绢写竹一大幅，盖与可梓潼人也。然画不真，乃是元人临本。于傍作一大筜，直上尽绢无枝，下为平坡，坡上一石，大劈斧，石边作二竹，一中浓墨，一中淡墨，二竹将尽绢而结顶，枝叶纵横摇曳，劲弱相错，婉约动人。近世如吴仲圭得其十之八。”[②]由此可见时人对吴镇竹石画艺的充分肯定。

第四，吴镇画作具有丰富的精神意蕴与文化精神，具有回味深长的隐喻色彩与象征意味，在绘画史上这也是比较特别的。“元四家”都重视绘画的抒情达意，但吴镇画作的象征寓意是最为突出的。他的《双桧平远图》以桧树为对象，画面上双桧挺立，枝干凌空，“根到九泉无曲处”，不惧风雨，带有精神长存的象征意味。吴镇画各种渔父图，并不只是表现单一的隐士情怀，而具有丰富的暗示性。元至正初年创作，现收藏于美国弗利尔美术馆的《渔父图》卷，画上题款书柳宗元《渔父词》十六首，画上有十多个神情各异的渔父，象征了不同的心境、词境，示人以无限遐思。张萱跋云：“仲圭效荆浩画唐人渔父图，笔力老苍，风致高古，虽不事工致而品格异常，气韵良具。舍余味于清淡之中，寄妙想于挥染之外，当与古文字并观，非俗目所能及。”[③]

历史影响

后人将吴镇列为“元四家”之一，肯定了他在画史上的重要地位。郑午昌《中国画学全史》中记：“鹿门柴氏云：‘仲圭山水师巨然，笔力古劲，气韵若苍

① 〔明〕孙作：《沧螺集》卷三，《钦定四库全书》本。

② 〔明〕詹景凤：《詹东图玄览编》，《中国书画全书》第4册，第20页。

③ 盛东涛：《吴镇》，第82页。

苍茫茫，有林下风致，故虽同学董、巨，亦各自有径庭’云云。云林尝自谓：‘仆之所谓画者，不过逸笔草草，不求形似，聊以自娱耳。’仲圭亦谓：‘画事为士大夫词翰之余，适一时之兴趣。’则其画法虽稍有别，而以为寄兴之作，纯受文学化者则一也。盖此数家之画法，皆以渴笔之皴擦，与水墨之渲染，其简淡高古之画风，实能变宋格而为元格，且已启发明清二代南宗画之大辂。”①

明、清有不少画家师法吴镇，其中受其影响最大的是“明四家”之首的沈周。沈周从吴镇画中吸收营养，而形成了自己的独特面貌。沈周题吴镇《水墨册》云“梅花庵主是吾师”。又题吴镇《草亭诗意图》云：“我爱梅花翁，巨老传心印。修此水墨缘，种种得苍润。树石堕笔锋，造化不能吝。而今橡林下，我愿执扫讯。”末句意谓自己愿以弟子身份为吴镇扫墓，表达了极为崇敬的心情。他还去吴镇旧居处谒其墓，对吴镇可谓推崇备至。沈周临摹了吴镇很多画，至今尚传于世。他曾这样赞美道：“吴仲圭得巨然笔意，墨法又能轶出其畦径，烂漫惨淡，当时可谓自能名家者。盖心得之妙，非易可学，予虽爱而恨不能追其万一。”

接受吴镇艺术影响的另一位著名画家是文徵明，文徵明有粗细两种画法，其粗法显然出自吴镇。

郑午昌《中国画学全史》评论说：“洎元季诸家，更能集古人之所长，而以己意融洽之以为用，视其用笔落墨，要无不有其来历，究其来历，亦不能指其究似某家，所谓学古人化，惟元人能之。”②

清朝恽南田曾比较黄公望与吴镇二人画风的基本差异：“吴尚沉郁，黄贵萧散”。黄公望的“萧散”，正由于他的用笔比较疏松，又多干笔俭墨；而吴镇则喜湿笔重墨，皴法的线条结构又较为绵密，因此画面沉厚苍郁。就吴镇在画史上的地位，陈师曾先生说得好：“元季诸家与国初之高克恭，一变宋画山水之格法，可谓元格。而创作明清诸家南宗画一种之典型，其南画之大成最力者，为黄、王、倪、吴四大家也。”③

① 郑午昌：《中国画学全史》，上海书画出版社1985年版，第287页。

② 同上书，第288—289页。

③ 陈师曾：《中国绘画史·元朝之绘画》，人民美术出版社2019年版，第102页。

结　语

黄公望、王蒙、倪瓒、吴镇，被称为“元季四家”，在山水画上都有卓越的成就与极高的地位，尤其对近古山水画的发展起着很大的作用。潘天寿《中国绘画史》评论说：“元初以后，绘画思想，大趋解放，笔墨日臻简逸，至黄公望、王蒙、倪瓒、吴镇四大家出，各立门户，始完成所谓元风者，达吾国山水之最高潮；当时山水画之势力，亦几为四家所占据，可谓盛矣！”[①]郑午昌评曰：“不过元代山水画之能风靡当代，影响后世者，究属水墨渲淡之一派为独盛。此派之嫡传，而为元代山水画增价于古今者，元初则有高克恭，元季则有黄公望、王蒙、倪瓒、吴镇，所谓元季四家也……盖此数家之画法，皆以渴笔之皴擦，与水墨之渲染，其简淡高古之画风，实能变宋格而为元格，且已启发明清二代南宗画之大辂。”[②]这四个人有年龄上的差别，交集大致在泰定初（1324）至至正十四年（1354）左右的30年间。虽然他们的生活境遇各有不同，但在画学思想上多有相通的地方。评价“元四家”的艺术成就与文化贡献，需要把他们放到宋元绘画发展的大背景下来考察，结合当时社会历史条件与绘画思潮、审美趋势的变化发展来作分析评论。

由宋入元，社会历史进入了一个重大的转折期，同时，在艺术思潮与绘画创作上也进入一个多变的时代。最引人注目的现象是文人画思潮的兴起。郑午

① 潘天寿：《中国绘画史》，上海人民美术出版社1983年版，第169页。

② 郑午昌：《中国画学全史》，上海书画出版社1985年版，第286—287页。

昌《中国画学全史》说："忽必烈既灭宋，国号元，数传而至顺帝，朱元璋起而逐之，元遂覆亡。计自至元丁丑——一二七七年至至正丁未——一三六七年，凡历九十年。此九十年中，因异族主中原，政教之旨趣既殊，人民之心理亦变，其影响于艺术也，顿呈特殊之现象；图画之文学化，更较宋代为显著。"在提出了绘画的"文学化"命题后，郑午昌又论述道："自入元后，则所谓文人画之画风，乃渐盛而愈炽。盖元崛起漠北，入主中原，毳幕之民，不知文艺之足重，虽有御局使而无画院，待遇画人，殊不如前朝之隆。在上既无积极提倡，在下臣民，又皆自恨生不逢辰，沦为异族之奴隶。凡文人学士，无论仕与非仕，无不欲借笔墨以自鸣高。故其从事于图画者，非以遣兴，即以写愁而寄恨。其写愁者，多苍郁；寄恨者，多狂怪；以自鸣高者，多野逸；要皆各表其个性，而不兢兢以工整浓丽为事，于是相习为风……其后思想益趋解放，笔墨益形简逸，至元季诸家，至用干笔擦皴，浅绛烘染。盖当时诸家所作，无论山水、人物、草虫、鸟兽，不必有其对象，凭意虚构；用笔传神，非但不重形似，不尚真实，乃至不讲物理，纯于笔墨上求神趣，与宋代盛时，崇真理而兼求神气之画风大异。论者美其名，曰文人画。"①他从社会、艺术因素上分析了元代文人画形成的原因，是符合中国绘画史事实的。此外，"元四家"在山水画笔墨技法上的历史性创造，在干笔技法上的成功探索，造就了元代绘画艺术的重大突破。郑午昌说："元以前之画山水，多用湿笔，谓之水晕墨晕，滥觞于唐，宋复尔尔。至元季四家，始用干笔。其中倪瓒、吴镇二家，尚重墨法，余多以浅绛烘染矣。《瓯香馆画跋》云：'石谷言见房山画可五六帧，惟昨在吴门一帧，作大墨叶，树中横大坡，叠石为之，全用渴笔，潦草皴擦，极苍劲，不用横点，亦无渲染'云云，则元人之能用干笔者，不仅四家，而高尚书已优为之矣。惟高则偶为之，而四家之画，要皆用干笔，而恣其逸趣，寄其高致。子久作浮峦春山聚秀诸图，其皴点多而墨不费，设色重而笔不没，点缀曲折而神不碎，片纸尺幅而气不促，游移变化，随管出没，而力不伤，为能用干笔故也。云林用笔轻而松，燥锋多，润笔少，世多称其惜墨如金。山樵皴法有两种，其一世所传解索皴，一用淡墨

① 郑午昌：《中国画学全史》，第282—283页。

勾石骨，纯以焦墨皴擦，使石中绝无余地，望之郁然深秀。梅花道人画，董思白称其苍苍莽莽，有林下风者，亦其能用干笔故也。”①

元代文人士夫的生存境遇与审美观念已较宋代发生极大的变化，他们舍弃工整浓丽之风，而代之以简逸清雅之韵，专于笔墨上求神韵，开启了山水画的新格局，形成了全新的审美风尚，这确实是中国艺术史的进步。黄公望、王蒙、吴镇是元代中后期画家的代表，他们的创作实践与艺术理论，为文人画创作提供了全新的范式，为文人画中兴提供了历史机缘，他们的艺术成就是无人可以替代的。

① 郑午昌：《中国画学全史》，第289—290页。

大事年表

1269年（南宋咸淳五年，元世祖至元六年）

黄公望出生于江苏常熟。

1271年（南宋咸淳七年，元至元八年）

蒙古改国号为元。

1272年（南宋咸淳八年，元至元九年）

曹知白（云西）生。

1274年（南宋咸淳十年，元至元十一年）

宋度宗卒，恭帝立。元兵攻陷襄阳。

1275年（南宋德祐元年，元至元十二年）

文天祥起兵勤王。

1276年（南宋景炎元年，元至元十三年）

三月，临安失陷。

1278年（南宋祥兴元年，元至元十五年）

黄公望10岁，过继给寓居常熟小山的黄乐为子，改名为公望，字子久。

1279年（南宋祥兴二年，元至元十六年）

元灭宋。

1280年（元至元十七年）

吴镇（仲圭）生。

郭畀（天锡）生。宋汝志（碧云）为开元宫道士。任仁发（子明）作《出圉图》卷。

1281年（元至元十八年）

边武（伯京）作草书《千字文》册。

1282年（元至元十九年）

文天祥（文山）不屈被杀，时年47岁。

1283年（元至元二十年）

李士行（遵道）生。欧阳玄（原功）生。张雨（伯雨）生。

1285年（元至元二十二年）

张孔孙（梦符）行书《题苏轼洞庭春色中山松醪二赋卷》。

1286年（元至元二十三年）

赵孟頫（子昂）应召至京。赵孟頫为张景亮作草书《千字文》卷。

1287年（元至元二十四年）

王冕（元章）生。张翥（仲举）生。赵孟頫跋王羲之《大道帖》卷。赵孟頫题《宋人蚕织图》卷。

1290年（元至元二十七年）

柯九思（敬仲）生。赵孟頫迁集贤学士。鲜于枢（伯机）行书题米友仁（元晖）《云山图》卷。

1291年（元至元二十八年）

赵雍（仲穆）生。释法常（牧溪）卒，终年85岁。阎复任浙西廉访使，徐琰任江浙参政。黄公望与阎、徐交游。

1292年（元至元二十九年）

郑元祐（明德）生。赵孟頫行书为右之题欧阳询《梦奠帖》卷。郭畀跋王献之《保母砖志》。

1293年（元至元三十年）

朱玉（君璧）生。陈植（叔方）生。刘因（梦吉）卒，终年45岁。

1294年（元至元三十一年）

朱德润（泽民）生。杨维翰（方塘）生。钱选（舜举）作《花鸟三段图》卷。

徐琰任浙西廉访使，黄公望被辟为书吏。

1295年（元元贞元年）

康里巎巎（子山）生。陈铎作行书《张氏双桂亭诗》帖。赵孟頫为周密（公谨）作《鹊华秋色图》卷。

1296年（元元贞二年）

唐棣（子华）生。苏大年（昌龄）生。赵孟頫为飞卿作《人骑图》卷。李衎（息斋）楷书《张公艺传》卷。

十二月二十五日，杨维桢（廉夫）生。

1301年（元大德五年）

黄公望为子茂作《山水》。

王蒙（叔明）生。倪瓒（云林）生。

1302年（元大德六年）

黄公望作《深山曲坞》卷。

鲜于枢卒，终年46岁。赵孟頫作《兰竹石图》卷。赵孟頫作行书《张衡归田赋》卷。赵孟頫为钱德钧作《水村图》卷。

1303年（元大德七年）

危素（太朴）生。余阙（廷心）生。赵孟頫作《重江叠嶂图》卷。钱选作《野芳拳石图》。

1304年（元大德八年）

黄公望作《游骑图》。泰不华（兼善）生。龚开（圣予）时年83岁。任仁发作《王马图》。

1305年（元大德九年）

郭翼（义仲）生。高克恭临米元晖画册。赵孟頫书《高上大洞玉经》卷。赵孟頫为南谷书《谕易》一章。赵由宸书楷书《华严经》册。

1306年（元大德十年）

郑思肖（所南）作《墨兰图》卷，并题七绝，款所南翁。赵孟頫为南谷书杜诗《玄都坛歌》一章。赵孟頫为月林上人行书苏轼《古诗》卷。

1307年（元大德十一年）

胡翰（仲申）生。俞和（子中）生。赵淇（元德）卒，终年69岁。张孔孙卒，终年75岁。李衎为王玄卿作《四清图》卷。赵孟頫作行书《灵隐大川济禅师塔铭》卷。

1309年（元至大二年）

黄公望临李思训《员峤秋云图》。

邵亨贞（复儒）生。赵孟頫为德卿作章草《急就章》册。赵孟頫重书《望江南净土祠十二首》卷。

1311年（元至大四年）

黄公望被江浙行省平章张闾辟为书吏。刘基（伯温）生。赵孟頫、倪瓒作《竹兰石图》合装卷。

1312年（元皇庆元年）

张闾调京任中书省平章政事，黄公望随之入京，为书吏。

王振鹏赐号孤云处士。赵孟頫作《秋郊饮马图》卷。

1313年（元皇庆二年）

钱逵（伯行）生。陈遇（中行）生。赵孟頫作行楷《万寿曲》卷。

1314年（元延祐元年）

胡长孺（汲仲）卒，终年75岁。赵孟頫题《唐代国诠善见律》卷。张晏（彦清）行书题怀素《论书帖》卷。

1315年（元延祐二年）

张闾回江浙行省任平章政事，黄公望随之回南方，任书吏。后受张闾案牵连下狱。出狱后返回故乡常熟，隐居于虞山。

1316年（元延祐三年）

吴镇居松江卖卜。

赵孟頫擢翰林院学士承旨。赵孟頫作楷书老子《道德经》卷。袁桷（伯长）作行书题《赵信圜丘季享勅》卷。李昭作《雁荡图》卷。赵孟頫为瞿泽民书《酒德颂》卷。赵孟頫作楷书《胆巴碑》卷。

1317年（元延祐四年）

吴镇在杭州、嘉兴一带卖卜。

1318年（元延祐五年）

黄公望复作画，师从赵孟頫。郑思肖卒，终年78岁。程钜夫（文海）卒，终年70岁。戴淳（厚夫）登匡庐栖云阁，为郭天锡作《匡庐图》。李衎画《纡竹图》。赵孟頫为彦清作行书跋怀素《论书帖》卷。

1319年（元延祐六年）

三月十二日，王逢（原吉）生。管道昇（仲姬）卒于临清舟中，终年58岁。李衎为陈行简作《新篁图》。李衎作《修篁树石图》。赵孟頫作行书《绝交书》卷。赵孟頫为袁安道书《赠杜真人》诗。

1321年（元至治元年）

刘崧（子高）生。龚璛题耶律楚材《七绝诗》卷。俞庸（子中）行书题陆游《自书诗》卷。赵孟頫作行书《光福重建塔记》卷。赵孟頫作《秀出丛林图》卷。牟应龙（伯成）行书题魏了翁《文向帖》卷。赵孟頫书《瑛公主讲西湖疏》卷。

1322年（元至治二年）

马治（孝常）生。赵孟頫重题40年前行书《秋兴诗》卷。虞集（伯生）楷书《刘垓神道碑》卷。赵孟頫卒，终年69岁。

1323年（元至治三年）

危太朴向黄公望索画。

张羽（来仪）生。杨载卒，终年53岁。

1325年（元泰定二年）

曹知白作《寒林图》页。

1326年（元泰定三年）

吴镇为石民瞻题李公麟《揭钵图》，黄公望亦题。

1327年（元泰定四年）

宋克（伯温）生。袁桷卒，终年61岁。张珪（公端）卒，终年65岁。任仁发卒，终年74岁。白珽行书跋魏了翁《文向帖》卷。冯子振（海粟）行书题《虹月楼记》卷。

1328年（元泰定五年、致和元年、天顺元年、天历元年）

黄公望为危素作《春山仙隐图》《茂林仙阁图》《虞峰秋晚图》《雪溪唤渡图》。吴镇为雷所尊师作《双桧平远图》。

1329年（元天历二年）

虞集撰《奎章阁记》。曹知白作《双松图》。

1330年（元至顺元年）

吴镇作《清江春晓图》。

1331年（元至顺二年）

十一月十七日，龚璛卒，终年66岁。

俞贞木（有立）生。盛熙明撰《法书考》。郑元祐楷书跋袁易行楷《钱唐杂诗》卷。康里巎巎为信卿大草书《梓人传》卷。

1332年（元至顺三年）

黄公望为《李倜临右军帖》作跋。

王履（安道）生。

1333年（元元统元年）

黄公望为危素作《秋山图》。

吴澄（幼清）卒，终年85岁。康里巎巎为麓庵书《颜真卿述笔法》卷。刘致行书跋华祖立《玄门十子图》卷。

1334年（元元统二年）

黄公望于苏州文德桥开三教堂授徒。

吴镇作《秋江渔隐图》。

1335年（元至元元年）

黄公望为危素作《柳市桃源》《春林列岫》图。

王蒙作《少白云松图》。

1336年（元至元二年）

吴镇作《渔父图》《中山图》。

1338年（元至元四年）

黄公望游杭州西湖，居筲箕泉，作《听泉图》轴。

马祖常（伯庸）卒，终年60岁。

吴镇为子渊作《松泉图》。黄公望为子明作《富春山居图》卷。黄公望为贞居作《秋山幽寂图》。

1339年（元至元五年）

黄公望作《仿古二十幅》。

1340年（元至元六年）

吴镇作草书《心经》卷。

1341年（元至正元年）

黄公望作《为顾善夫八幅》，作《山水》赠故友王若水。

王蒙作《层峦耸翠图》。王国器题赵孟頫书《黄庭经》卷。

王蒙、黄公望合作《山水图》，朱生绘色。

吴镇作《洞庭渔隐图》。黄公望为性之作《天池石壁图》，时年73岁。

柯九思楷书题扬无咎《四梅图》卷。张雨作行书《绝顶新秋诗》。

1342年（元至正二年）

黄公望作小楷《芝兰室铭》卷，又作《山水二十帧》。

此年冬季，王蒙造访，黄公望作《春林远岫图》赠王蒙。

王蒙作《桃源图》。

1343年（元至正三年）

黄公望作《浮峦暖翠图》。

王蒙作《湖山春晓图》轴，作《东山草堂图》。

十月二十五日，柯九思卒，终年54岁。

1344年（元至正四年）

吴镇为子渊作《松泉图》。

王渊为思齐良友作《竹石集禽图》于西湖寓舍。

黄公望作《云壑幽居图》，赠故人张伯雨；作《南村草堂图》，赠陶宗仪。

王蒙作《深林叠嶂图》《设色山水》。

1345年（元至正五年）

黄公望作《吴门秋色图》。

王蒙作《水墨山水》。康里巎巎卒，终年51岁。俞和作小楷《急就章释文》册。

黄公望题赵孟頫书《黄庭经》卷。倪瓒为庐山甫作《六君子图》。吴瓘（莹之）作行书诗题吴镇《渔父图》卷。顾安（定之）为古山作《墨竹图》。

1346年（元至正六年）

黄公望作《万里长江图》。

王蒙作《湘江风雨图》。

王冕作《梅花图》卷。李升（子云）作《淀湖送别图》卷。

吴镇为元泽作《草亭诗意图》卷。

1347年（元至正七年）

黄公望作《层峦积翠图》，赠道玄处士。

王蒙作《一梧轩图》。

王渊作《秋景鹑雀图》。应本题赵孟頫书《黄庭经》卷。赵雍作《挟弹游骑图》。夏永（明远）作《岳阳楼图》页。

黄公望题赵孟頫行书《千字文》卷。

郭畀楷书题《曹娥诔辞》卷。

吴镇为元泽作《草堂诗意图》卷。

1348年（元至正八年）

黄公望与倪瓒合作《江山胜览图》。黄公望又作《良常山馆图》《溪山欲雨图》。

王蒙作《茅屋讽经图》轴。

黄公望题钱选《浮玉山居图》卷。

吴镇作《老梅图》卷。

吴瓘作《梅竹图》卷。

1349年（元至正九年）

黄公望为士贤作《剡溪访戴图》，时年81岁；为彦功作《九峰雪霁图》；作《水阁清幽图》于云间客舍。

王蒙作《秋山暮霭图》《秋山书屋图》。

1350年（元至正十年）

黄公望为无用师作《富春山居图》卷成。

吴镇为可行作《枯木竹石图》卷；为长卿作《万竹图》；作《筼筜清影图》《墨竹谱二十二开》册。

王蒙作《蓝田山庄图》《秋山读书图》。

1351年（元至正十一年）

黄公望作《蓬莱第一峰图》。

王蒙作《天香深处图》《冬青图》。

杨维翰卒，终年58岁。张雨卒，终年69岁。陈立善作《墨梅图》。曹知白作《疏松幽岫图》，自署壬申生人，时年80岁。盛懋作《秋江待渡图》《沧江横笛图》。张中作《天中花鸟图》。陈贞（履元）为大空道者作《白云山房图》。

1352年（元至正十二年）

黄公望作《秋山幽居图》。

王蒙为刘彦敬作《竹趣图》。

倪瓒散财弃家。

吴镇作《渔父图》卷。

1353年（元至正十三年）

黄公望作《秋山图》。

王蒙作《松风泉石图》。

倪瓒为公远作《双树青竹图》。

王冕作《墨梅图》，唐肃题。

张士诚在苏北起义。

1354年（元至正十四年）

十月二十五日，黄公望卒，终年86岁。

吴镇卒，终年75岁。

王蒙为仲方作《夏山隐居图》。倪瓒作《松林亭子图》《五株烟树图》。

1355年（元至正十五年）

王蒙作《松窗读书图》。吴睿卒，终年58岁。曹知白卒，终年84岁。王冕作《墨梅图》。刘秉谦为克明作《双勾竹石图》。倪瓒作《渔庄秋霁图》。

1357年（元至正十七年）

方孝孺（希直）生。沈度（民则）生。黄溍卒，终年81岁。欧阳玄卒，终年75岁。倪瓒为仲权作《竹石乔柯图》。陈选作《岩阿琪树图》。王冕为云峰上人作《墨梅图》。

1358年（元至正十八年）

王蒙作《溪山高隐图》。

余阙卒，终年56岁。杨基作楷书《送虞克用访求雍公遗集之松江诗》帖。张观（可观）作《山水图》卷。

1359年（元至正十九年）

王蒙作《曲江草堂图》。

正月，王冕卒，终年73岁。

盛懋作《清溪渔者图》；为始祯作《松石图》。顾安作《竹石图》。吴志淳

（主一）作隶书《朱石庵琴操》卷。方从义作《武夷放棹图》。

1360年（元至正二十年）

倪瓒为云岗作《怪石丛篁图》。方从义作《太日龙湫图》。

1361年（元至正二十一年）

王蒙作《听松图》卷。

胡俨（若思）生。赵雍卒，终年71岁。张渥（叔厚）作《九歌图》卷。

1362年（元至正二十二年）

王蒙作《松窗高士图》。

王绂（孟端）生。陈植卒，终年70岁。朱德润作行书范成大《田园杂兴诗六十首并序》卷。倪瓒行书题《水竹居》卷。杨维桢行书题张南轩《城南唱和诗》卷。

1363年（元至正二十三年）

倪瓒为明复孝廉作《竹树野石图》。倪瓒作《江岸望山图》，密印书《次韵寻梅诗》帖。王绎（思善）与倪瓒合作《杨竹西像》卷，倪瓒补松石。邵亨贞作行书《致东维诗》帖。倪瓒作《林亭远岫图》。倪瓒为张德机书七绝二诗帖。

1364年（元至正二十四年）

王蒙作《竹石图》《秋山萧寺图》。唐棣卒，终年69岁。郭翼卒，终年60岁。苏大年卒，终年69岁。郑元祐卒，终年73岁。倪瓒为伯昂作《溪山图》。顾安作《风雨墨竹图》卷。朱德润作《秀野轩图》卷，时年71岁。

1365年（元至正二十五年）

王蒙为彦明作《夏山高隐图》。

倪瓒作《雅宜山色图》《汀树遥岑图》。倪瓒跋李成《茂林远岫图》卷于吴城庐氏楼。

王蒙行楷自题《购得〈定武兰亭〉拓本长跋》。

1366年（元至正二十六年）

王蒙作《青卞隐居图》。

1367年（元至正二十七年）

王蒙作《花溪渔隐图》。

1368年（明洪武元年）

王蒙作《夏日山居图》。

1370年（明洪武三年）

王蒙作《桃源春晓图》。

1374年（明洪武七年）

王蒙作《乔松绝壑图》。

1379年（明洪武十二年）

王蒙作《松窗读易图》。

1385年（明洪武十八年）

王蒙死于狱中。

参考文献

周良霄、顾菊英：《元史》，上海人民出版社2003年版。

史卫民：《元代社会生活史》，中国社会科学出版社1996年版。

朱瑞熙、张邦炜等：《宋辽西夏金社会生活史》，中国社会科学出版社1998年版。

孙立群：《中国古代的士人生活》，商务印书馆2003年版。

欧阳光：《宋元诗社研究丛稿》，广东高等教育出版社1996年版。

赵琦：《金元之际的儒士与汉文化》，人民出版社2004年版。

潘天寿：《中国绘画史》，上海人民美术出版社1983年版。

阮荣春主编：《中国绘画通论》，南京大学出版社2005年版。

陈传席：《中国山水画史》，天津人民美术出版社2001年版。

杜哲森：《中国绘画断代史·元代绘画》，人民美术出版社2004年版。

陈高华编：《元代画家史料汇编》，杭州出版社2004年版。

徐建融：《元代书画藻鉴与艺术市场》，上海书店出版社1999年版。

王伯敏：《中国绘画通史》，生活·读书·新知三联书店2000年版。

潘天寿、王伯敏：《黄公望与王蒙》，上海人民美术出版社1964年版。

万新华：《元代四大家——文人画的重要里程碑》，辽宁美术出版社2003年版。

吕澎：《溪山清远——两宋时期山水画的历史与趣味转型》，中国人民大学出版社2004年版。

崔卫：《黄公望》，河北教育出版社2006年版。

王克文：《王蒙》，河北教育出版社2002年版。

黄朋：《中国山水画通鉴·湿墨繁笔》，上海书画出版社2006年版。

薛永年主编：《中国绘画的历史与审美鉴赏》，中国人民大学出版社2000年版。

金维诺：《中国美术史论集》，人民美术出版社1981年版。

陈野：《浙江绘画史》，杭州出版社2005年版。

浙江省书画志编纂委员会编：《浙江省书画志》，方志出版社2004年版。

徐永明、杨光辉整理：《陶宗仪集》，浙江人民出版社2005年版。

俞剑华编：《中国古代画论类编》，人民美术出版社1998年版。

潘运告主编：《元代书画论》，湖南美术出版社2002年版。

郑午昌：《中国画学全史》，上海书画出版社1985年版。

么书仪：《元代文人心态》，文化艺术出版社1993年版。

黄士珊：《图写真形：传统中国的道教视觉文化》，浙江大学出版社2022年版。

方建新、徐永明、童正伦编：《浙江文献要目》，浙江古籍出版社2016年版。

杜正贤主编：《西湖名碑》，杭州出版社2013年版。

徐晓刚：《杨维桢传稿》，浙江教育出版社2021年版。

后 记

从我家南窗向外望出去，近处是美丽宁静的浙江大学西溪校区，楼群错落，绿荫遍布；远处是静如卧佛、山色苍苍的栖霞岭；再远处，是连绵起伏、若隐若现的西湖诸峰。目力所及的湖山胜景，存留着历代无数文人士子的遗踪。山环水抱，峰聚峦攒，所在都有文化名人的佚事遗迹。且不说思想史上的王充、叶适、陈亮、王阳明、黄宗羲等贤哲，也不说文学史上的李白、白居易、陆游、李渔等文豪，单是看看中国书画史上的历代大师，有多少人与西子湖结下了不解之缘，从苏轼、文同、赵孟頫、黄公望、王蒙、吴镇、王冕，到赵之谦、阮元、吴昌硕、黄宾虹、潘天寿、林风眠、李可染、常书鸿……数不胜数。在这些彪炳千古的绘画大师中，因个人的性情与学术经历之故，我特别偏爱绘画史上有“元四家”之称的黄公望、王蒙、吴镇、倪瓒。周末暇日，我常独自徜徉于湖西筲箕湾的子久草堂，怀想“井西道人七十三，犹能远景写江南”的历史一幕。每年的春夏之交，我总是独自“驾长车”，越山路，跋涉于富春江畔，追踪7个世纪以前大痴道人独步江村山径时的遗迹，常能体验到“结茅离市廛，幽心幸有托”之情怀。我曾数上临平附近的黄鹤山，这是王蒙弃官后的隐居之地，一生有许多佳作酝酿挥写于此地。登临松涛呼啸的山顶，深感于一代丹青高手的不幸人生结局，常生唏嘘之声。我曾数度踏访吴镇故乡，在嘉善魏塘镇这座江南古镇感受吴镇名作《槐阴读书图》里的诗情画意。在这部传记的写作过程中，常常伴有对宋元两朝江南士夫骚人生命感悟的体认，内心翻卷出无数波澜。

这次修订，重新审读了全稿，主要作了以下几方面的改进与完善，以裨益读者。

一是补充了若干新的美术史料。2007年以来，黄公望的代表作《富春山居图》有过台北故宫博物院收藏的无用师卷、子明卷与浙江省博物馆收藏的《剩山图》的合璧之旅，两岸艺术史学界也举行了多场学术研讨活动。十余年来，出现了比较有代表性的绘画史学著作，如黄士珊教授专著《图写真形：传统中国的道教视觉文化》（2022年12月由浙江大学出版社出版），作者对黄公望的思想体系作了比较有说服力的阐析，通过对黄公望为挚友杨维桢创作的《九珠峰翠》等具体画作的内涵分析，对黄公望的整体道教观作了深入阐析，由此对其名作《富春山居图》的创作成因进行富有启示意义的探讨。这次修订中，对黄士珊教授基本得到学界肯定的学术见解吸收到第三章探讨黄公望的思想体系的文字中，提升了本书对元代山水画思想内涵与价值的认识。

二是近年来，由于加强了与台北学术界的交流，原先未知台北故宫博物院除子明卷、无用师卷外，还存有一幅纸本墨笔的《富春山居图》，这次对其相关信息作了搜集整理，在第五章黄公望存世作品中补进了该作尺寸等重要信息。

三是近年来，比较系统地收录散失于海外博物馆的元代画作的《元画全集》出版，本次修订吸收藏于英国大英博物馆的黄公望《层峦叠嶂图》的尺寸篇幅及装裱形制等要素，以供学术界作深入研讨之用。

四是改正讹误与错漏，不一一列举。

五是对脚注存在的问题作了修改。

六是对全书的思想内容倾向、个人学术见解作了审读把关，没有发现倾向性或带有敏感内容的文字。

七是增补参考文献。

期望通过修订，能弥补第一版的不足，有助于读者更好地认识“元四家”中的这三位绘画艺术大师。

如有不足，敬请读者指正！

作者

2024年春月于湖畔